1953년
엄마의 문신

1953년 엄마의 문신

이영숙 지음
정재헌 엮음

주의깃

차례

1부 **시골** 1953년~ 7
2부 **폐광** 1978년~ 159
3부 **초대** 1988년~ 219
4부 **땅끝** 2013년~ 261
5부 **문신** 1975년~ 347

마치는 글 418
편집자의 말 422

일러두기
일부 충남/전북 사투리는 영숙 씨 표현 그대로 적는다.

1부
시골
1953년~

홍주 이씨(洪州李氏)가 집성촌을 이루고 사는 충청남도 서천군 마산면 안당리 필당 부락.

증조할아버지와 증조할머니, 할아버지와 할머니, 삼촌 다섯과 고모 둘 그리고 부모님이 모여 사는 대가족 품에서 영숙 씨는 맏딸로 태어났다. 한 달이 멀다 하고 오시어 며칠씩 묵다 가시는 대고모 할머님들까지 하면 한집에서 스무 명가량 북적이는 게 일상이었다.

활동감 넘치는 대가족 생활의 중심은 솥이다. 오늘의 싱크대 상판 격인 부뚜막에는 솥이 세 개가 앉혀 있다. 오른쪽에는 가장 큰 가마솥이 놓여 있고, 가운데에는 중간 크기 솥, 왼쪽에는 작은 솥이 있다. 가족이 다 모여 있을 때는 오른쪽 큰 솥에다 밥을 하고, 가운데 솥으로는 국을 끓인다. 그러면 20인분 치의 밥과 국이 동시에 마련된다. 가족이 적을 때는 가운데 솥으로 밥을 하고 왼쪽 솥에 국을 끓인다.

부엌 뒤로 난 뒤곁(뒤뜰)에도 간이용 양철 화덕에 양은솥이 놓여 있다. 이 솥은 개에게 줄 먹이를 끓일 때 쓰인다. 할미 개, 어미 개, 강아지 10여 마리가 '대가족'을 이루어 사는 '그들'에게도 나름 순서가 있다. 솥에서 끓인 먹이를 밥그릇에 담아서 놓아 주면 먼저 할미 개가 와서 먹는다. 그러는 동안 어미 개와 강아지들은 밥그릇 주변으로 조르르 둘러앉아 기다린다. 할미 개가 자기 먹을 만큼 먹고 빠지면 어미 개가 밥그릇의 한 부분을 또 먹을 만큼 먹고 빠진다. 그다음 강아지들이 자기 몫을 먹는다. 어린 영숙 씨 눈에는 마냥 신기한 장면이다.

마당 건너 사립문 오른편으로는 소 전용으로 쓰는 대형 쇠죽솥이 있다. 사람 20인분 치 솥보다도 절반은 더 크다. 소에게 주는 먹이는 그 양이나 정성에 있어서 다른 가축들의 경우와는 차원이 다르다. 가을에 깨끗하게 정리해서 쌓아 놓았던 짚을 손가락 길이만큼 작두로 썰어 거기에 콩깍지를 섞고 싸래기(쌀부스러기)와 쌀겨를 넣어서 팔팔 끓인다. 커다란 주걱으로 위아래 골고루 섞고 한 소끔 끓여서 소구유에 부어 준다. 재산 1호인 소는 논밭을 갈 때 힘을 쓰고, 장에 오갈 때 달구지에 물건을 싣고 운반한다. 새끼를 낳아서 팔면 가계에 큰 도움이 된다. 그러니 소는 먹이는 것도 달랐다.

날씨가 추워지면 집안 곳곳에 놓인 아궁이에 불을 땐다. 이때 아궁이 위로도 솥이 놓여 있다. 솥 안에는 전날 샘에서 길어다 부은 물이 한가득 담겨 있다. 새벽녘이 되면 삼촌들이 가마솥의 물을 끓이고, 끓인 물을 박 바가지로 퍼서 안 쓰는 솥에 부어 놓는다. 온수시설이 없던 당시 솥에다 물을 데워 가족들이 일어나면 세수나, 설거지, 빨래용으로 사용했다. 한겨울에는 방 안에 있는 물그릇이 땡땡 얼 정도로 추웠는데, 이런 날 이른 새벽 불을 때면 방도 따듯해지고 뜨듯한 물도 얻는다.

솥에다 밥을 할 때는 한 솥 안에서 밥과 반찬을 동시에 만든다. 솥에 밥을 끓이다가 밥이 뜸들 무렵 솥뚜껑을 열어 양푼 그릇에 달걀 갠 것, 양념한 생선, 호박잎, 가지, 우렁된장찌개 등을 담아 집어넣고 솥뚜껑을 덮는다. 15~20분이 지나 뚜껑을 열면 계란찜, 생선찜, 삶은 호박잎, 삶은 가지 등 요리가 완성되어 있다. 찌개는 솥에서 꺼내 뚝배기로 옮겨 아궁이 앞에 타고 남은 장작 위에 올려놓고 조금 더 끓인다. 지글지글 끓이다가 밥상이 올라갈 때 상 위에 함께 놓는다.

솥이 있어서 사람과 짐승이 밥을 먹고, 추위를 피하고, 뜨듯한 물을 쓰고, 반찬과 찌개까지 만들었다. 대가족의 우주는 솥을 중심으로 공전했다. 솥은 태양이었다.

*

영숙 씨네 4대 대가족을 소개하면 이렇다.

증조할아버지는 1880년대생으로 19세기 조선 말 출생하셨다. 아침저녁으로 객지에 나가 있는 자손들을 위해 비셨다. 눈을 감고 두 손을 모아 후손들이 사는 곳을 향하여 뭐라 하시는데, 영숙 씨는 어려서 알아듣지 못했다. 객지에서 병나지 않고 남에게 해코지

안 당하며 무탈하기를 빌지 않으셨을까, 추측해 볼 뿐이다.

증조할아버지는 음식을 드시기 전에는 "고수레" 하면서 상 위에 올려진 음식을 조금 떼어서 동서남북으로 뿌리셨다. 드시기 전에 먼저 조상님께 떼어 드리는 것이다. 유교 사상이 투철하고 장손 사랑이 극진하신 증조할아버지는 장손에게는 '대호'(大虎)란 이름을 지어 부르셨다.

꼬마 영숙 씨는 증조할아버지 무릎에 앉아 할아버지 수염을 두 손으로 잡아 훑어 내리는 것을 좋아했다. 초등학교 때까지도 증조할아버지 수염을 쓰다듬으면서 놀았다. 그러면 할아버지께서는 "고-치"라고 하셨다. 어려서 그 말이 무슨 뜻인지는 몰랐지만, 긍정적이라고 생각했다. 싫으셨으면 수염을 잡는다고 꾸중하셨을 것이다.

증조할아버지는 영숙 씨네 본가에서 사시다가 신작로 바로 건너편 가장자리에 집을 지어 나가셨다. 증조할아버지가 지은 집은 담장을 세우지 않은 것이 특이한 점이다. 대문도 만들지 않았다. 집 안과 집 밖의 구분이 없는, 신작로와 마당이 연결된 구조였다. 집에는 대청마루 크기의 툇마루를 만들어서 사람들이 쉬어갈 수 있게 했다. 오늘날로 치면 휴게소 느낌이다. 증조할아버지는 햇볕 잘 드는 툇마루에 앉아 행인들과 이야기 나누는 것을 낙으로 삼으셨다.

영숙 씨는 증조할아버지네 마당에서 친구들과 고무줄놀이를 많이 했다. 고무줄놀이는 세 명 이상이면 된다. 가위바위보를 내서 이긴 사람이 먼저 넘기를 시작하고, 진 사람은 양쪽에서 줄을 잡는다. 발등부터 시작해서 차차 높아져 무릎, 허리, 가슴, 어깨, 머리, 머리 위에 한 뼘, 그리고 까치발 들고 머리 위로 한 뼘까지 간다. 가장 높게 넘은 사람이 이긴다. 고무줄놀이를 할 때는 다 같이 노래를 부른다. 6·25 이후라서 그럴까. '전우야 잘 자라'란 노래를 많이 불렀다. 본래 4절까지 있지만 1절만 불렀다. 1절밖에 몰랐기 때문이다.

전우의 시체를 넘고 넘어 앞으로 앞으로
낙동강아 잘 있거라 우리는 전진한다
원한이야 피에 맺힌 적군을 무찌르고서
꽃잎처럼 떨어져 간 전우야 잘 자라

증조할아버지는 아이들이 마당에서 노는 것을 물끄러미 바라보며 웃으신다. 가끔 사탕 통에서 눈깔사탕도 꺼내 주신다. 친구들은 해가 떨어질 때까지, 집에서 "아무개야, 밥 먹어라" 부를 때까지 놀았다. 하지만 영숙 씨는 조금만 놀다가 집으로 돌아간다. 할머니가 찾으시기 때문이다. 집에 가서 토방*도 쓸고, 아궁이에 군불도 지펴야 하기에 부르시기 전에 알아서 간다. 맘껏 뛰놀 수 있는 증조할아버지네 집과 달리 본가에는 일거리가 계속 기다리고 있다. 어리다고 아무 일 않고 논다는 건 생각할 수 없다. 뭔가를 하고 있지 않으면 할머니가 일거리를 주셨다.

* 마루 아래 약간 높고 편평하게 다진 흙바닥.

증조할아버지네 마당 앞 신작로 곁으로는 개울이 흐른다. 비가 오지 않을 땐 말라 있지만, 비가 내리는 날에는 계곡에서 내려오는 물로 개울이 찬다. 그런 날이면 영숙 씨는 한 살 터울인 막내삼촌과 동네 아이들이 모여 모래 둑 쌓기 놀이를 한다. 각자 쌓기도 하고, 편을 이뤄 쌓기도 한다. 먼저 무너지는 쪽이 지는 것이다. 비 오는 날 새 고무신 한 짝이 떠내려간 줄도 모르고 놀았던 적이 있다.

비가 많이 와서 냇가의 물살이 셀 때는 증조할아버지가 오셔서 집으로 돌아가라고 해산시키지만, 보통 때에는 지그시 바라보기만 하신다. 할아버지도 어렸을 적 이 개울에서 동무들과 물놀이하던 시간을 떠올리고 계셨는지 모른다. 한때는 그런 아이였을 증조할아버지를, 또 어느 어른은, 바라보며 세월에 관한 생각에 잠기셨었겠지? 지금은 어디에 계신지, 어떻게 생기셨는지, 알 길이 없지만 저 냇물은 다 알 것이다.

약국이나 병원이 거의 없던 당시 증조할아버지는 가정의원 역할을 하셨다. 초등학교 입학 전 영숙 씨가 몹시 배앓이했을 때 증조할아버지는 구절초, 익모초, 도라지, 대추, 밤, 꿀 등을 넣고 푹 달여서 둥근 환약을 만들어 주셨다. 갑자기 복통이 왔거나 설사할 때는 익모초 달인 물을 마시게 했다. 이는 말할 수 없이 쓰다. 그래도 믿고 먹어서 그런지 잘 나았다. 피부병이 있을 때는 밀가루에 꿀을 섞어 발라 주셨다. 손가락을 베면 쑥을 이겨서 천으로 묶어 지혈해 주셨다. 아프거나 다치면 언제나 증조할아버지한테 갔고, 민간요법으로 치료해 주셨다.

증조할아버지는 무더운 여름이면 산에 올라 담쟁이 줄기를 잘라다 엮어 등배자를 만들어 입으셨다. 등배자는 겉옷 속에다 입는 조끼 같은 것으로 겉옷이 땀에 배거나 몸과 달라붙는 것을 막는다. '덩굴 메리야스'라고 생각하면 될 것 같다.

선풍기나 에어컨이 없던 시절이니 바람을 내서 시원하게 할 수 있는 것은 부채뿐이다. 가정마다 대나무와 창호지로 만든 부채가 필수로 있다. 어른들은 이 부채로 아기나 애들에게 달라붙는 모기를 쫓아 주기도 하고 바람을 내 주기도 한다. 증조할아버지는 부채를 많이 만들어 가족에게 나누어주셨다. 증조할아버지가 툇마루에 앉아서 신호대*를 잘라다가 부채 만드시는 장면이 영숙 씨는 아직도 머릿속에 필름처럼 선명하다고 한다.

증조할아버지는 1년에 여러 차례 뱀탕을 드셨다. 뱀은 땅꾼(뱀장사)에게서 산다. 신작로 가에 집이 있고 뱀탕을 단골로 드시니까 땅꾼들이 알아서 증조할아버지를 찾아와 권한다. 주로 드시는 건 독사였다.

증조할아버지는 산 채로 뱀 머리에 끈을 묶은 뒤 뱀탕 항아리에 넣는다. 항아리에 물을 붓고, 팔팔 불을 때서 뱀을 푹 곤다. 뱀탕은 집에서 멀리 떨어진 곳에서 끓이신다. 가족들이 냄새만 아니라 뱀 자체를 싫어하니까 사람이 잘 다니지 않는 밭 언덕 가장자리에서 하신다.

---

* 키가 작고 가느다란 대나무로, 영숙 씨네 마을에서는 조릿대를 신호대라고 불렀다.

뱀탕이 다 끓으면 먼저 조상님을 위해 한 종지 떠서 "고수레" 하고 허공에 던지신다. 그 뒤에 뱀탕 항아리를 기울여서 간장 종지에 따라 드신다. 한번은 증조할아버지가 꼬마 영숙 씨에게도 한 종지 건네셨는데, 보니 기름이 둥둥 떠 있고 비릿한 냄새와 흙냄새가 섞여 코를 찔렀다. 영숙 씨는 질색하고 달아났다.

증조할아버지가 다양한 활동을 하실 수 있었던 것은 본래 활동적인 성격 덕분이기도 하지만, 경제적 능력도 어느 정도 뒷받침되었기 때문일 것이다. 증조할아버지는 서천 전매청에 허가를 받아 봉초 담배*를 파셨다. 증조할아버지가 자리를 비우실 때면 증조할머니가 이 일을 도우셨다.

증조할아버지는 버릴 법한 것들도 쓸모 있게 활용하는 분이셨다. 봉초 담배를 담아 오는 커다란 종이 포대는 일기장으로 삼으셨다. 소리 나는 대로 우리말로, 이제는 쓰지 않는 아래아(ㆍ) 자를 섞어서 붓으로 일기를 쓰셨다. 그 글 뭉치가 세 상자나 되었다. 증조할아버지가 돌아가신 뒤 영숙 씨는 이걸 소중히 여겨 집 대청마루 한쪽 종이 상자 안에 넣어 두었는데, 결혼 후 가 보니 흔적도 없이 사라져서 허탈했었다. 영숙 씨 아버지는 구질구질한 걸 못 보시는 성격이시라 상자 안에 뭐가 들었는지 확인도 안 하시고 태워 버리신 것 같다. 담배 포대에 쓰여 있었을, 우리 민족의 '일상사'를 담고 있었을 귀중한 '순우리말 일기' 세 상자는 포대와 함께 담배처럼 불태워진 것이다.

---

* 종이에 말아서 피울 수 있도록 담뱃잎을 잘게 썰어서 파는 담배.

증조할아버지는 담배 껌도 파셨다. 담배처럼 둥글고 기다랗다 하여 담배 껌으로 불린 것 같다. 껌이 귀하다 보니 한참 씹은 뒤 벽에 붙여 놓았다가 다음 날 떼어서 다시 씹었다. 덕분에 날이 갈수록 색이 거무튀튀해졌다.

증조할아버지는 적은 양의 식사를 세끼 때마다 꼭 드셨다. 식사하실 때는 막걸리를 반주로 곁들이셨다.

증조할아버지는 돌아가실 즈음에 죽음을 감지하시고 본가로 올라오셨다. 임종 직전, 가족들에게 샘에 가 물을 떠 오라고 하셨다. 한 그릇 잡수시고는 당신을 북쪽으로 향하게 누이라고 하셨다. "내가 곧 갈 것 같다" 하신 뒤 말씀대로 곧 임종하셨다.

당시는 40대, 50대에 떠나는 사람들이 많았기에 60만 살아도 장수한다고 축하하며 환갑잔치를 열었다. 돌아가실 때까지 딱히 아픈 데도 없으셨던 증조할아버지는 89세까지 사셨다. 장수하셨기에 호상(好喪)이라 하여 가족뿐만 아니라 온 동리 분들도 기쁨으로 보내드렸다.

*

광산 김씨이신 증조할머니는 성만 있고 이름이 없으셨다. 여자라고 다 그런 건 아니지만, 또 남자라고 다 그렇지 않은 것도 아니지만, 이름이 없고 성만 있는 경우가 있었다. 막내 중에는 그냥 '이 막내', '김 막내'로 불리는 이도 있었다. 이름이 있어도 자녀의 이름을 붙여서 호칭하는 것이 일반적이었다. "○○ 어매", "○○ 아범 "이런 식으로 말이다. 영숙 씨의 증조할머니는 '점방 할머이'로 불리셨다. 구멍가게를 하고 계셔서 그렇게 붙여진 것 같다.

점방은 증조할아버지가 차려 주신 것이다. 가게가 따로 있는 건 아니고, 집 안에 간단한 진열장을 두고 판매하신다. 한두 사람이 들어갈 정도의 좁은 공간이다. 점방에는 담배와 눈깔사탕, 담배 껌 이렇게 세 가지를 팔았다. 소일거리로 하셨고, 그 수익으로 용돈 정도 쓰셨다.

증조할머니는 집안에서 약자 중의 약자셨다. 증조할아버지의 법적인, 그러니까 호적에 올린 첫째 부인은 아들 하나, 딸 둘을 낳고 열병으로 일찍 떠나셨다. 증조할아버지가 맞은 두 번째 부인은 딸 하나를 낳고 집을 나가셨다. 세 번째로 맞은, 그러니까 영숙 씨의 증조할머니는 딸 둘을 데리고 들어오셨다.

당시 첫째 부인은 호적에 올리는 것만 아니라 결혼 잔치를 열어 집안과 이웃 전체에 공식적으로 알렸다. 하지만 둘째와 셋째 부인은 당사자들이나 부모들끼리 이야기해서 들어오시는 분들이고, 따라서 호적에 오르지 못하고 유산상속에도 관여가 없었다. 그렇게 들어오시는 부인은 대개 갈 곳이 없어 생존의 위협을 받는 처지에서 오는 것이기에 '내 몸 하나 의지할 곳만 있으면 족하다'는 생각이었다. 그렇게 와서 혼인신고 없는 재혼 또는 사실혼으로 사는 것이다. 어쨌든 시간의 양으로 보면 셋째 부인과는 40년 이상을 함께하셨으니 내용상으로는 가장 오래 연을 맺은 것이다.

증조할머니는 천성이 온유하셨다. 집에서 큰소리 내시는 것을 영숙 씨는 한 번도 보지 못했다. 증조할머니의 두 딸도 엄마를 닮아 무척 온순했다. 하지만 세 번째로 들어온 부인인데 자식까지 있으니 같이 사는 건 부담이 되셨는지 두 딸은 걸어서 두어 시간 거리의 고살메와 살그머니 동네에 살면서 가끔 엄마를 보러 왔다.

증조할머니는 주로 증조할아버지 수발드는 일을 하셨다. 빨래, 밥하기, 반찬 만들기나 3km 이상 되는 마산장터 양조장에 가서 대두병이나 주전자에 막걸리를 받아 오는 일 등이다. 봉초 담배나 눈깔사탕을 사러 온 사람이 있으면 파는 일도 하셨다. 그 외에는 장을 담그시거나, 집 앞에 있는 종답*에 가서 잠깐씩 풀 뽑는 일을 하며 지내셨다.

당시는 여자가 경제력이 미약해서 남편만 바라보아야 하는 처지였다. 남편은 '하늘'이라고 했고, 남편이 죽으면 '끈 떨어진 뒤웅박이 되었다'라고 했단다. 세 번째 부인으로, 거기다 자식까지 데리고 대가족 안으로 오신 증조할머니를 볼 때면 영숙 씨는, 할머니가 그러한 처지이지 않을까, 생각이 들었다.

영숙 씨의 집은 한 사람도 쉬는 분위기가 아니라 계속 움직이며 일을 했기에 꼬마 영숙 씨는 졸음이 밀려와도 어디서 쉬고 앉아 있을 수 없었다. 그럴 때는 길 건너 증조할머니 집에 가면 다리 펴고 누워 자도 문제가 없었다. 증조할머니와 있는 시간은 피난처였다. 집에 손님이 많이 와서 잠잘 데가 마땅치 않을 때도 영숙 씨는 증조할머니댁 직행이다. 그러면 할머니는 아무 말씀도 안 하시고 빙그레하시며 이부자리부터 깔아 주신다.

---

* 제사에 쓰이는 곡식을 위한 논밭으로 장손에게 상속된다.

증조할머니는 겨울이면 화로를 방 안에 두셨다. 증조할아버지는 불씨가 떨어지지 않게 화로를 뒤적여 주시고, 증조할머니는 화로에서 구운 고구마의 껍질을 벗겨 주신다. 가마솥 밑바닥에 붙은 누룽갱이는 주걱으로 긁어 돌돌 말아 뭉치가 되면 꺼내어 영숙 씨 손에 쥐여 주신다.

어린 영숙 씨가 목이 아파서 밥을 삼키지 못할 때는 증조할머니가 누룽지를 팔팔 끓여 부드럽게 해서 먹여 주셨다. 대가족이 북적이는 영숙 씨네 집에서는 영숙 씨만을 위해 별도로 누룽지를 끓인다는 것은 생각하기 힘든 일이지만, 증조할머니한테 내려가면 말하지 않아도 벌써 다 아시고 누룽지를 끓이고 계시는 것이었다.

'크면 정말 잘해 드려야지.'

당시 그런 생각을 자주 했었다는 사실을 영숙 씨는 노인이 된 지금까지도 어제의 일처럼 느낀다고 한다.

증조할머니 손맛이 담긴 고추장 맛도 여전히 입속에 남아 있다. 짜고 매운 영숙 씨네 집 고추장 맛과는 달랐다. 증조할머니가 담근 고추장은 달짝지근하고 구수한 맛이 났다. 다른 반찬이 없어도 증조할머니 표 고추장 하나만 있으면 밥알이 술술 넘어갔다. 정말 맛이 있어서 맛이 있는 것이었겠지만, 증조할머니가 있어서 더 맛이 있었던 건지도 모른다.

영숙 씨가 대학에 다닐 때 증조할머니는 중풍을 앓으셨다. 영숙 씨는 음료수도 사다 드리고, 기도도 해 드렸다. 할머니 두 손을 잡고 하나님께 병이 낫게 해 주시라고 기도해 드리니, 하나님이 누구인지 모르시지만 여하튼 편안한 얼굴로 좋아하셨다. 병이 심하지 않을 때는 식사 때만 본가로 올라오셨는데, 거동이 불편해지고 임종이 가까워지면서는 본가로 올라와 지내시다가 88세로 임종하셨다.

증조할머니는 돌아가신 뒤 종산으로 못 가셨다. 종산에는 증조할아버지께서 첫째 부인의 묘와 합장되어 있기 때문이다.

영숙 씨에게 물었다.

"증조할아버지는 돌아가시기 전에 자기를 첫째 부인과 합장하라고 지시하셨나요? 아니면 그때는 그게 무슨 지시할 것도 없이 당연한 일이었나요? 만약 증조할아버지께서, 먼저 죽은 첫째 부인이 아니라 40년 같이 산 셋째 부인과 합장하라고 유언하셨다면 당시 정서로는 맞지 않는 일일까요? 자식들이 반발했을까요? 셋째 부인인 증조할머니 입장에서는 40년이나 같이 살았던 남편이 자기가 아니라 첫째 부인과 합장될 때 좀 서운해하셨나요? 아니면 당연하게 받아들이셨나요? 그러한 증조할머니가 딱하시다는 생각은 안 들었나요?"

"당시의 법적인 절차는 오직 혼인신고 된 첫째 부인에게만 있지. 주변에 있는 사람들도 당연히 그렇게 여겼고. 조강지처*에 대한 예우, 유교적인 사상이 아주 강하던 시기이니까. 지금은 일부일처이나 그땐 일부다처인 사람도 간혹 있을 때였지. 그런 경우에도 작은 부인이 아무리 예쁘고 사이가 좋다

---

* 여기서는 본처, 첫째 부인을 뜻함.

할지라도 유산상속은 첫째에게로 갔지. 작은 부인도 그걸 당연하게 여기고. 두 분이 함께 오래 살고의 기준이 아니라, 첫째 부인인 게 중요했지. 조강지처를 버리면 천벌을 받는다고 했지."

'이 몸 하나 붙일 곳만 있으면 족하다'라고 생각하며 셋째 부인으로 오셨던 영숙 씨의 증조할머니는 돌아가실 때도 '이 몸 하나 묻힐 곳만 있으면 족하다'라는 생각이셨다고 한다. 증조할머니는 영숙 씨네 집 뒷산 감나무 동산에 모셨다. 멀리 있는 종산의 무덤이 하나도 부럽지 않을 것은, 집 뒷산 무덤은 가까워서 자손들이 찾아뵙기가 훨씬 편하기 때문일 것이다.

*

일제강점기에 출생하신 할아버지는 3대 독자셨다. 한창때에 일본 북해도(홋카이도)로 강제 징용되어 몇 해 간 캄캄한 갱도에서 탄광 일을 하셨다. 해방되자 연락선을 타고 부산을 통해 고향으로 돌아오셨다. 징용으로 끌려간 이들 중 연락선이 가라앉는 바람에 영영 고국 땅을 밟지 못하게 된 경우도 많았다고 한다.*

---

* "일제의 강제징용이 본격화된 1939년부터 45년까지 징용된 조선인 72만여 명 중 14만 5000여 명이 홋카이도로 끌려와 유바리를 비롯한 탄광, 항만, 비행장, 댐 건설 노역에 동원됐다. 이중 상당수가 사망해 해방된 뒤에도 고국에 돌아가지 못한 채 이국땅에서 이름 없는 혼으로 떠돌고 있다." 박용채, 강제징용 日 유바리 上. 폐허 방치 홋카이도 탄광지, 경향신문, 2007. 1. 21.

할아버지가 집에 막 돌아오셨을 때만 해도 젊고 아직 기운이 좋아 일을 잘하셨다. 하지만 탄광 후유증으로 폐병을 앓으셨고, 병은 계속 악화했다. 그만큼 일도 많이 하실 수 없었다.

할아버지는 몸이 좀 괜찮아지면 장날에 맞추어 장에 가 눈깔사탕을 사서 손녀딸 영숙 씨에게 건네주셨다. 몸을 움직여 일하고 싶은 마음과 달리 몸은 나날이 무거워지셨다. 기침도 심해지다가 급기야 피를 토하시기 시작했다. 당시 폐결핵으로 목숨 잃는 사람이 많았다. 할아버지는 가족들에게 병을 옮길까 봐 뒷방에서 스스로 '자가격리' 하셨다. 잠도 혼자 주무시고 음식도 따로 잡수셨다.

할아버지의 병세가 나빠질 때 영숙 씨는 네 살 정도였기에 친할아버지에 대한 기억은 고작 몇 장면뿐이다. 할아버지가 툇마루에 혼자 우두커니 앉아 계신 모습이 유달리 기억에 남아 있다고 한다. 3대 독자, 종갓집 장손, 맏아들인 할아버지는 북해도 탄광 강제노역에서 얻어 온 폐병으로 40대 중반 이른 나이에 돌아가셨다. 그리운 고국으로, 피붙이가 있는 집으로 돌아온 지 10년이 채 못 된 때였다.

일찍 가셨지만 자식은 많이 남기고 가셨다. 6남 2녀를 낳으셨다. 3대 독자 집안에 아들을 여섯이나 안겨 주신 것이다.

*

한산 연봉리가 고향이신 할머니는 9남매 중 여자 막내로 1915년께 출생하셨다. 종갓집 맏며느리로 시집오셨을 때는 16세였다.

소리를 내지 않으셨던 증조할머니와 달리 할머니는 천성적으로 목소리가 크셨다. 남편을 일찍 떠나보낸 뒤 홀로 시부모를 모시며 6남 2녀를 키워야 했으니 자연히 목소리도 커지고 자식들도 무섭게 대하셔야 했을 것이다.

외향적이고 리더 성향의 할머니는 명실상부 대가족의 실권자셨다. 창고 열쇠를 갖고 있는 곡간 주인이기도 했다.*

할머니는 키가 작지만 동작이 빠르고 웃음소리가 호탕했다. 할머니는 주로 말씀하시고 집안 대소사를 결정하는 일을 하셨다. 4대 대가족을 움직이는 중심인물은 맏며느리인 할머니셨다.

할머니는 밥 한톨이라도 허투루 나가는 것을 바로 보지 않으셨다. 설거지하고 남은 밥 톨이 있으면 한곳에 모아 돼지 구수(구유)에 붓도록 하셨다. 초등학교에 들어갈 나이도 안 된 영숙 씨에게까지 작은 일들이 끊임없이 주어졌다. 알뜰함과 부지런함의 화신(化身)이신 할머니 말씀에 가족들은 거의 순종했다.

할머니는 시아버지(영숙 씨의 증조할아버지)와 가끔 의견 충돌이 있었다. 영숙 씨가 초등학교 2학년 때 하루는 수업 시간에 공부가 안된다. 등교하기 전 집에서 할머니가 증조할아버지와 고래고래 다투는 모습이 어린 눈에는 무섭게 보여 기억에서 떠나지 않는다.

할머니는 손녀에게는, 엄하게 하실 때도 있지만 친근하게 하실 때가 더 많았다. 명절 음식을 만들 때는 꼭 옆에 앉혀 놓고 설명

---

* 곡간을 관리하는 책임은 안주인이 가졌다. 당연히 집안에서 가장 어른이 맡게 되는데, 증조할아버지는 길 건너로 집을 지어 나가셨기에 할머니가 관리하셨다. 곡간에는 쌀, 벼, 콩, 보리 등 각종 곡식이 보관되어 있다.

하면서 음식을 하셨다. 팥죽을 쑬 때도, 큰 솥에 대가족 밥을 지을 때도 직접 보여 주며 가르쳐 주셔서 영숙 씨는 중학생이 되었을 때 벌써 많이 해 본 사람처럼 할 수 있었다.

할머니는 손이 커서 음식을 했다 하면 넘치게 하셨고, 지나가는 분들이 집에 들르면 빈손으로 보내는 경우가 없었다. 붙잡아서라도 물 한 모금은 마시고 가게 하는 인정이 있으셨다. 손님용 밥상을 따로 갖추어 놓고 차려 주시는 것도 많이 보았다. 식사가 끝난 뒤에 손님이 찾아올 경우를 대비하여 밥이 담긴 그릇에 뚜껑을 덮어서 뜨뜻한 아랫목에 묻어 두고 있다가 그것으로 대접하셨다.

농사철이 되면 봄에는 모내기, 여름에는 피사리(논 잡초 뽑기)를 한다. 가을이면 벼 수확을 한다. 아침에 일꾼들이 집으로 모이면 다 같이 논으로 간다. 10시경에 한 번, 오후 3시경에 한 번 곁두리(새참)를 일꾼들에게 내간다. 주로 국수다.

점심때가 되면 일꾼들이 집으로 식사하러 오신다. 한 20명은 모이니 잔칫집 같이 시끌벅적하다. 할머니의 동네 친구들도 오셔서 일꾼 먹이는 일손을 거드신다. 점심을 마친 일꾼들은 다시 일하러 논으로 가고, 일꾼들이 식사한 것을 다 정리한 후 할머니들은 마당 한가운데로 모이신다. 장구를 멘 영숙 씨 할머니는 중앙에 서고, 나머지 할머니들은 빙 둘러서 노래하며 춤춘다.

닐리리야 닐리리야
니나노 난실로 내가 돌아간다
닐리 닐리리 닐리리야

할머니는 노래도 잘하시고 흥이 나면 어깨춤도 잘 추신다. 마당에서 반 시간 그렇게 보낸 후에는 각자 일터로 돌아간다.

할머니는 밭일을 나갈 때 몸뻬 바지에 저고리 복장을 하고 가신다. 저고리는 끈이 달리지 않고 고리를 끼울 수 있는 거추장스럽지 않은 것으로 무명옷이다. 머리에는 수건을 동인다. 이때 하나의 특징은 깨끗한 옷 한 벌을 따로 싸 들고 가신다는 점이다. 밭 한쪽에 놔두고 일하다가 개 짖는 소리가 나면 손님이 오는 줄로 아시고 얼른 깨끗하게 바꿔 입고 손님을 맞이하셨다.

장날이면 할머니는 머리에 채소가 가득 든 바구니를 이고 장터로 향하신다. 주로 열무나 가지 등인데 바구니 위로 넘칠 정도로 쌓여 있다. 그래도 하나 떨어지는 것이 없다. 그 상태로 할머니는 날아갈 듯 빠른 걸음으로 걸으신다. 바구니를 한 손으로 붙잡을 때도 있지만 어느 땐 두 손을 놓고서도 날렵하게 걸으셔서 초등학생이던 영숙 씨는 뛰다시피 할머니를 따라가야 했다.

남편을 일찍 떠나보낸 뒤 홀로 팔남매를 키워야 하는 할머니가 안방 마루에 서서 통곡하시는 모습을 어린 영숙 씨는 자주 봤다. 할머니가 계신 안방 마루와 영숙 씨가 쓰는 방은 마당을 두고 떨어져 있었지만 그 통곡 소리는 영숙 씨 방 깊이 들어왔다. 이른 아침이나 늦은 저녁 애통하시는 소리를 들으면 꼬마 영숙 씨도 마음이 아팠다. 반백 년도 더 지난 때의 일이지만, 그 우시던 영상이 영숙 씨는 지금까지도 지워지지 않는다고 한다.

할머니는 장날이면 무거운 짐을 머리에 이고 4km나 되는 거리를 종횡무진 걸어 다니시다가 결국엔 목암(임파선암)으로 66세에 세

형제들, 세 번째가 자녀들, 마지막이 엄마 같았다. 할머니가 1번인 것은 할아버지가 일찍 돌아가시고 홀로 팔남매를 키우며 고생하시는 것을 생각해서였을 것이다. 딸 영숙 씨가 볼 때도 아버지는 할머니를 지극정성으로 모셨다. 군산에 큰 배가 들어와 새로운 생선이 장에 나왔다 하면 사다가 할머니께 드리실 정도였다.

형제들을 두 번째로 챙기신 것은 할아버지가 일찍 돌아가시다 보니 첫째인 아버지가 동생들의 아버지 역할을 하셔야 했기 때문일 것이다.

시골에서 자녀 하나를 도시로 보내어 하숙비나 등록금을 댄다는 것이 농사만 지어서는 어려운 노릇이었다. 보통은 큰형의 공부를 위해 동생들이 진학을 포기하는 식이었다. 배우고 싶은데 부모님이 가르치지 않아 불만인 자녀들도 있었다. 공부에 관심이 없다면 초등학교만 나온 뒤 자연스럽게 농촌에서 일하는 길을 택하게 된다.

학업의 기회를 누리지 못한 삼촌들이 장가갈 때 아버지는 집과 논밭을 떼어 주어 자립할 수 있도록 도우셨다. 할아버지가 살아계셨더라면 할아버지께서 하셨을 일을 아버지가 대신한 것이다.

아버지에게 자녀와 아내는 챙겨 주기 끄트머리에 있는 것 같았다. 꼴찌라고 해서 무관심하다는 것이 아니라, 누가 따로 챙기기 어려운 이들을 먼저 챙긴다는 것이라고 한다. 자식과 아내는 곁에 있으니 언제라도 챙길 수 있고 가까이에서 돌볼 수 있다.

엄마가 마지막이라고 해도 동네 사람들은 두 분을 잉꼬부부라고 불렀다. 어디를 가도 같이 다니고, 무슨 일을 결정할 때도 의논

하는 모습을 보며 그렇게 불렀다. 그때만 해도 남자가 아내 자랑, 자식 자랑하는 것을 달갑지 않게 여기고 그런 자랑하는 사람을 모자란 위인이란 뜻에서 팔불출이라고 했다. 그러니 실질적으로는 아내를 사랑하고 자녀를 아낄지라도 다른 사람 앞에서는 낮춰서 말했다. 아내를 지칭할 때는 '내자'(內子)라고도 했는데, 아내를 홀대하기 위한 표현은 아니었다고 한다. 다만 당시 분위기가 그랬다는 것이다.

*

한산 이씨인 영숙 씨의 엄마는 4남매의 둘째로 한산 종지리가 고향이다. 외할아버지는 이승두이시고 외할머니는 김옥진이시다. 월남 이상재(李商在, 1850~1927) 선생의 가까운 집안이었다고 한다. 월남 선생은 영숙 씨 엄마에게는 증조할아버지뻘이 되신다. 월남 선생은 1887년 박정양 어르신께서 조선의 초대 미국 대사로 가실 때 동행하셨다. 이후 독립활동을 하시던 중 체포되어 한성감옥에서 성경을 읽으시며 신앙을 얻으셨다. 1904년 고향인 한산 종지리에 종지교회를 설립하셨다.

집안 어른이 세우신 교회이니 자연스럽게 엄마는 세 살 적부터 종지교회에 다녔다. 배움에 열의가 컸던 엄마는 교회에 가면 배울 것이 많았기에 더욱 열심히 나갔다. 시집가기 전까지 교회학교 반사(교사)도 하셨다.

하지만 엄마의 아버지(영숙 씨의 외할아버지)는 증산교를 따르고 있으셔서 딸이 교회 나가는 것을 몹시 싫어하셨다. 하도 말리시니까 엄마는 모시 광주리 밑에 성경을 넣고 모시 한다면서 교회에 갔다. 하루는 외할아버지가 교회 가는 엄마의 머리를 싹 밀어 버리는 일이 있었다. 그러면 아무 일 없었다는 듯 머리에 수건을 두르고 교회로 가셨다고 하니 엄마도 참 대단하시다고 영숙 씨는 혀를 내두른다.

6.25 전쟁 중 한산 종지리도 공산군 손아귀에 놓여 있었을 때다. 엄마가 교회학교 반사를 했다는 이야기를 듣고 동네 인민청년회에서 집으로 찾아왔다. 외할머니는 집에 있던 딸을 얼른 산속으로 보낸 뒤 청년들에게는 논에 새 쫓으러 갔다고 하여 딸의 목숨을 구했다. 인민 청년들은 붙들어 온 사람들을 한 곳에 몰아넣고 불을 질러 죽였다.

엄마는 스물두 살에 중매로 결혼했다. 엄마와 아버지가 서로를 처음 본 것은 혼례청*에서였다. 엄마가 아버지를 처음 보는 순간 아버지에게 쏙 빠지셨다. 아버지가 미남이시고 인상이 좋으셨단다. 물론, 결혼식 날 배우자의 얼굴을 처음 보고는 마음에 들지 않는다면서 거부하는 일은 당시에 없었다. 짝지어진 배우자가 잘났건 못났건 부모님이 맺어 주신 결혼이면 평생 배필로 여기고 살았단다.

영숙 씨는 엄마가 현대적인 미인이었다고 말한다. 눈이 크고 키가 컸다. 날씬하고 코도 오뚝했다. 하지만 당시는 눈이 크면 겁이

---

* 혼례를 치르기 위해 마련하는 장소로 마당 가운데 차렸다.

많다고 했고, 키가 큰 여자는 싱겁다면서 선호하지 않았단다. 어른들이 하던 말인데, 영숙 씨는 지금 생각하면 편견으로밖에 안 들린단다.

엄마는 일제로부터 해방되던 해에 한산초등학교를 33회로 졸업하셨다. 졸업 후에도 학교를 6개월 더 다니면서 한글을 떼셨다. 배움에 열의가 뜨거웠던 엄마는 중학교에 가고 싶었지만 당시는, "여자가 많이 배우면 팔자가 사나워진다"라는 옴짝달싹 못 하게 만드는 말들이 힘쓰던 때였다. '남자 맏이'만 상급 학교로 가고, 남동생들이나 딸들은 초등교육만 받는 것이 보통이었다. 어려운 농촌 형편에서는 그것 외에 다른 선택지가 없었는지 모른다. 그렇다고 해도 배우지 못한 아쉬움이 사그라드는 건 아니다. 아흔을 넘기신 백발노인께서 오늘까지도, "한산에 중학교만 있었어도 내가 갔을 거여"라고 말씀하시는 걸 보면 말이다.

모시로 유명한 한산에서 나고 자란 엄마는 시집와서 베 짜기를 도맡으셨다. 시집오기 전까지 200필 정도를 짜셨단다. 당시는 시집을 잘 가려면 모시를 잘 짜야 한다는 말도 있었다.

엄마가 베를 짤 때는 아기인 영숙 씨를 옆에 뉘어 놓았다. 그렇지 않고 안방에 두면 한 살 위인 막내 삼촌이 와서 영숙 씨 얼굴을 꼬집었다. 엄마는 베를 짤 때도 젖먹이 딸을 곁에 두어야 안심이 되었다.

베 짜는 방에는 창문이 없었다. 어둑하고 열악한 공간이다. 겨울에는 몹시 춥다. 엄마는 바닥에 누워 있는 영숙 씨가 젖이 먹고 싶어 울 때만 손으로 끌어다가 먹이셨다. 유아 적에 추운 방에서 지내서인지 아기였을 때 백일해('백일 동안의 기침')를 앓았다. 아이가 되었을 때까지도 감기를 달고 살았다.

추운 기억만 있는 것은 아니다. 베짜기를 마치시면 엄마 방으로 데리고 가 성경 말씀을 읽어 주시고 찬송을 들려주셨다.

"어둔 밤 쉬 되리니—"

"삼천리 반도 금수강산—"

영숙 씨는 노인이 된 지금에도 어려서 엄마가 들려주신 찬양이 불쑥불쑥 귓가에 와닿는다. 엄마가 쇠죽솥 위에 데운 물을 방에 들여와 세수시켜 주실 때의 느낌과 솥 안에서 삶아진 달걀을 까서 먹여 주시며 성경과 찬양을 들려주실 때의 느낌이 마치 어제의 일처럼 다가온다고 한다. 사람의 기억 속에 소중한 장면으로 오래도록 남게 하는 힘은 학력에 있지 않다. 잘 잡히지는 않지만 잘 잊히지도 않는 애정의 여운에 그 힘이 있다.

엄마와 두 살 적 영숙 씨. 입고 있는 옷은 엄마가 직접 만들어 주신 것이다.

*

　다섯 삼촌과 두 고모 덕분에 대가족의 하루는 활기차게 돌아갔다. 공부에 몰두하던 둘째 삼촌을 제외한 네 분의 삼촌은 논일, 밭일, 가축 돌보기, 풀베기 등 주로 바깥일을 했다. 고모들은 밥 짓기, 빨래하기, 청소하기, 조카 돌보기 등 집안일을 담당했다.

　집에 시계가 없던 시절에는 장닭이 새벽에 울음을 알리면 일을 시작했다. 점심에도 해그림자로 때를 알았다. 삼촌들은 점심 먹고 아래 마루에서 낮잠을 자고, 땡볕에 다시 일한다. 저녁에 해가 지기 시작하면 일손을 놓고 집으로 온다.

　일을 많이 하시는 만큼 먹는 것도 신기할 정도로 많이 드신다. 영숙 씨네 집 밥그릇은 양푼이다. 국그릇도 양푼이다. 숭늉 그릇도 양푼이다. 오늘날로 치면 2리터 그릇은 될 거다. 어떻게 그게 뱃속으로 다 들어가는지 어린 영숙 씨는 놀라운 눈으로 바라본다. 그렇게나 많이 먹는데 고혈압이니 당뇨병이니 하는 성인병이 없었다.

　아버지보다 세 살 아래인 첫째 삼촌은 마산장과 한산장에서 잡화장사를 했다. 장사가 잘된 날은 집에 돌아올 때 북두산 거리에 쩌렁쩌렁 흥겨운 노랫소리가 울려 퍼진다.

　　파랑새 노래하는
　　청포도 넝쿨 아래로
　　어여쁜 아가씨여 손잡고 가잔다

> 그윽히 풍겨주는 포도향기 달콤한
> 첫사랑의 향기 그대와 단둘이서 속삭이면
> 바람은 산들바람 불어준다네
> 파랑새 노래하는 청포도 넝쿨아래로
> 그대와 단둘이서 오늘도 맺어보는 청포도 사랑

첫째 삼촌은 50대에 맹장이 터져 복막염으로 전주예수병원에서 수술하셨다. 배가 아플 때 바로 병원에 가야 했는데, 참고 일하다가 그리되신 것이다. 퇴원 후에도 몸을 아끼지 않고 일하시다가 복막염이 재발되어 50대 중반에 일찍 가셨다.

둘째 삼촌은 공부에 쏙 빠진 사람 같았다. 영숙 씨가 어렸을 때 둘째 삼촌은 늘 공부하는 모습을 보여주셨다. 삼촌은 1차로 서울대 법대를 지망했으나, 2차로 성균관대학교 약학과에 합격했다. 방학을 맞아 학교 친구들과 시골에 내려오시면 같이 일손을 도왔다. 초등학교에 다니던 영숙 씨는 서울에서 온 그 삼촌들을 보며 '나도 대학에 꼭 가겠다'라고 다짐했다. '여자도 배우고 여자도 직장에 다니면서 생활력을 가져야 한다'라는 뜻도 확고해졌다. 둘째 삼촌은 졸업 후 약사가 되셨다. 여약사와 결혼하여 한산과 서울에 약국을 냈다.

셋째 삼촌은 초등학교를 나온 뒤 집안일을 돕다가 카투사로 입대했다. 지금처럼 특별히 영어가 안 되어도 배치된 것 같다. 인물과 키가 받쳐줬는지도 모른단다. 카투사니까 부대에서는 영어로 소통해야 한다. 휴가 나오면 군복을 차려입고 집에 와서 영어를 자랑한다.

"아침 인사를 영어로 뭐라고 허는지 알어?"

"뭔디?"

"'굿모닝'이여. 그럼 '내가 너 사랑한다'는 뭐 게?"

"뭐라 허는디?"

"아이 러브 유."

"와아-! 중학교 안 가도 영어가 되네."

"와하하."

삼촌들과 뜨끈한 안방에 둘러앉아 시간 가는 줄 모르게 웃고 떠들며 보내는 시간이다.

셋째 삼촌은 1970년대에 사우디아라비아로 가서 외화를 벌었다. 이후 시골로 돌아와서 농사일에 전념하다가 식도암으로 70세에 돌아가셨다.

넷째 삼촌은 공부하고는 거리가 멀었지만 대신 일에는 누구보다 성실했다. 집안일 대부분을 감당했다. 장가를 가서도 이웃의 궂은일을 도맡아 했다. 논 갈기, 장례와 매장 등 동네에서 부르면 달려갔다. 매사에 긍정적이고 인정이 많았고, 아무리 힘든 일도 끝까지 마무리 해주었다. 성격이 온화하고 미소가 끊이지 않는, 누구를 만나든 빈손으로 보내지 않고 있으면 다 주려고 하는 분이었다.

영숙 씨보다 여덟 살이 많은 큰고모는 어린 영숙 씨가 부모님과 떨어져 살 때 엄마같이 보살펴 주었다. 영숙 씨가 잠을 잘 자지 못할 때는 포대기로 둘러서 업어 재워 주었다. 엄마처럼 영숙 씨의 옷도 빨아 주었다. 집에서는 밥 짓기, 빨래하기, 청소하기, 모시 짜기 등을 하시는데, 앉아서 쉬는 모습을 보지 못했다. 그 많은 가족의 옷을 다 큰고모가 관리했다.

큰고모는 초등학교만 나오고 살림을 하다가, 손재주가 좋아 한산 양재학원에 들어갔다. 학원을 마친 뒤 고모는 동네의 바느질감을 도맡아 했다. 집안에서만 아니라 동네에서도 많은 일거리를 감당하시던 중 40대 초반에 위암으로 일찍 떠나셨다.

영숙 씨보다 네 살 위인 둘째 고모는 마산초등학교를 졸업하고 한산중학교를 나왔다. 당시로는 시골에서 드물게 군산여고까지 졸업한 뒤 서울에서 약국 하는 작은엄마를 도왔다. 집에 있을 때는 장손인 (영숙 씨의)남동생을 업어 주고 돌보았다. 엄마는 어딘가에서 일을 하셔야 했기에 젖 먹을 때나 만난다. 보통 때는 엄마 대신 형제들이 아래 동생을 보살펴 준다.

막내 삼촌은 한산에 있는 성실중학교를 졸업했다. 영숙 씨와 한 살 차이밖에 나지 않지만, 친구같이 지내지는 않았다. 삼촌이니까 깍듯이 삼촌 대접을 해야 한다. 친구처럼 했다가는 할머니한테 혼이 난다.

막내 삼촌은 세 살 때 마루에서 토방으로 떨어져 허리를 다쳤다. 아기는 등뼈가 혹처럼 부어올랐다. 지금처럼 병원이 많지 않아 웬만하게 아픈 것은 가만히 놔두어 자연 치료가 되든지 민간요법으로 해결하던 때였다. 하지만 다친 뼈가 그런 식으로 좋아질 리가 없다. 당시 박태선이라는 사람이 병을 고친다는 소문이 전국에 자자하여 할머니는 혈혈단신 저 멀리 신앙촌까지 찾아가 아기 고칠 길을 구했다. 하지만 그런 게 거기 있을 리 만무하다.

이후 막내 삼촌은 바쁜 대가족살이에서 무얼 하든 다 열외가 되었다. 해봐야 소 풀 뜯기기 정도다. 누구보다 강인하셨던 할머니도 막내아들의 약한 모습 앞에서는 약해지실 수밖에 없었다.

영숙 씨가 대여섯 살이었을 때의 일이다. 마을에 송 서방이란 할아버지가 혼자 살고 있었다. 할아버지 댁 가장자리에는 아름드리 대접 감나무가 한 그루가 있었다. 막내 삼촌이 그 집에 가자고 해서 영숙 씨도 따라갔다. 감나무는 가지가 늘어져 있어 아이들도 손이 닿을 정도였다. 막내 삼촌이 영숙 씨에게 감을 따라고 해서 그걸 따 집으로 가지고 와서 구정물통에 넣어 두었다. 거기에 두면 땡감의 떫은맛이 빠진다. 아버지께서 보시고는 어디서 온 것인지 물었고, 막내 삼촌은 큰형인 아버지한테 영숙이가 따온 것이라고 일러바쳤다. 삼촌이라고 해야 한 살 차이니 영숙 씨와 같은 어린아이였다.

영숙 씨는 남의 집 감을 함부로 땄다고 대낮에 종아리에 핏자국이 나도록 아버지에게 맞았다. 한참을 울다 방에서 잠들었다. 잠에서 깨어 보니 종아리에는 빨간약이 발라져 있었다. 엄마가 와서 하시는 말씀이, 아버지가 발라 주신 것인데 딸에게 회초리를 들고 아버지도 마음이 많이 아프셨단다. 당시는 아버지가 자식에게 "미안하다"라는 그런 표현이 잘 쓰이지 않았으니 그런 식의 언어표현은 안 하셨지만, 일어난 딸을 꼭 끌어안으면서, 남의 집 감을 주인 허락도 안 받고 따는 것은 잘못된 거라고 이르며 다독여 주셨다. 영숙 씨가 태어나서 회초리를 맞아 본 처음이자 마지막이었다.

삼촌들이 장가가면 작은아버지와 작은엄마는 1년 정도 영숙 씨네 집에 살다가 가까운 곳으로 분가해 나갔다. 그래서 집 주변에 친척들이 모여 살며 작은 집성촌을 이루게 되었다.

사람이 태어나 처음 눈을 뜨면 그 앞에 벌써 세상이 펼쳐져 있다. 태어나 본 것이 그것이니 그에게 그것이란 세상의 전부다. 그런데 눈앞의 그 세상이란 이전부터 내려오며 만들어진 세상, 긴긴 사연이라는 역사를 안고 있는 세상이다. 사연의 사이사이에서 인간과 인간이 오간다. 영숙 씨의 삼촌들이 집 주변으로 분가해 나가기 이전에도 분가는 계속해서 있었다. 영숙 씨가 태어나지 않아 보지 못했을 뿐이다. 인간이 오래전부터 분가를 거듭하는 동안 영숙 씨의 집도 분가해 나온 하나의 집이었을 따름이다. 우리도 이 땅에 '하나의 분가'로 온다. 분가는 단절이 아니다. 실은 너와 내가 멀리 한 가족이었음에 대한 오랜 한 증거다.

애경사

대가족 안에서는 애경사도 집에서 해결한다. 애경사는 1년에 최소 세 차례 이상이다. 대표적인 애경사는 회갑이다. 50년 사는 것이 당연한 일이 아니던 때였으니, 60살이 지나는 날을 뜻깊게 기념했다. 그 외에도 장례, 결혼, 돌 등 행사가 연이었다.

큰일(애경사)이 있으면 보통 8촌까지 모이고, 집안이 아니더라도 가깝게 지내는 이웃사촌에서 먼 친척까지 종갓집인 영숙 씨네 집으로 모여들었다. 결혼이나 회갑, 장례 때는 증조할아버지부터 당숙, 대고모, 할아버지, 할머니, 사촌 등 여기저기서 모이는 어르신만 200여 명이 넘었다. 가까운 서천 마산이나 한산만 아니라, 부여, 임천, 연기, 대전, 군산, 전주, 서울 등 전국 각지에서 오셨다.

오시면 바로 가지 않고 잔치가 끝날 때까지 보통 이삼일에서 일주일 정도 머무신다. 길면 한 달을 지내다 가시는 분들도 있다. 잠은 이 방 저 방으로 몰려서 주무신다. 방이 비좁으면 근처에 형제가 많으니 내려가 주무시기도 한다. 어려서 함께 자란 동무들이 아직 동네에 살고 있으면 그쪽으로 가서 주무신다. 그렇게 많은 사람이 와도 잠자는 것이 문제나 걱정된 적이 한 번도 없었다.

집안에 큰 행사가 있을 때는 동네 청년들이 와서 힘을 보탠다. 청년들은 일사불란하게 움직여 마당에 차일(천막)을 치고 멍석을 깐 뒤 그 위에 상을 척척 놓는다. 방이 꽉 차서 못 들어가신 분들이 마당에서 잔치를 즐기시도록 하기 위한 것이다. 애쓰는 청년들에게는 잔치 끝나고 선물이나 수고료를 전한다.

"동네 사람들은 누구네 집에 무슨 행사가 있는지 어떻게 알고 와서 도와주나요?"

"시골에서는 '마실'이라고 해서, 일 끝나고 한가한 시간에 이웃집에 놀러가는 일이 있었지. 이때 누구네 집 애경사에 대해 이야기를 들은 사람은 또 다른 곳에 마실이나 일을 하러 가서, '누구네 집에 이런 일이 있다더라' 알려 구두로 소식이 전해지지. 그런 소식을 들으면 자기 일을 접고 그 집에 가서 팔을 걷고 돕는다. 어떤 방법으로 연락을 받으면 어디서든 곧바로 달려와 주는 마음이 있었지."

마당 한쪽에는 부엌에서 다 씻지 못하는 그릇들을 담당하는 아낙들이 계시고, 씻은 그릇을 평상에 올려놓고 필요한 접시를 꺼내주는 분도 계시다. 마당 다른 한쪽 가마솥에서는 족발이 익어가고, 부엌에서는 밥과 반찬을 담당하는 젊은 엄마들이 수고하신다.

마당 오른쪽 뒤편에서는 솥뚜껑을 뒤집어 놓고 돼지비계를 녹여 전을 부친다. 돼지비계는 껍질에 붙어 있는 것을 떠내어 사용한다. 고기를 보관하는 냉장고는 없었지만, 그게 필요하지 않았다. 동네마다 돼지 잡는 분들이 있어서 고기가 필요한 날은 그분들을 불러 그때그때 돼지를 잡았다.

각종 전을 부칠 때도 재료를 따로 공수해 올 것 없이 자체적으로 해결한다. 밀 농사를 지으니 밀가루도 있고, 녹두를 집에서 농사지으니 녹두전도 만들어서 쓴다. 필요한 여러 채소도 집에서 심은 것을 먹는다.

전을 담당하는 동네 어른들께 재료만 준비해 드리면 알아서 척척 부치신다. 두껍지도 얇지도 않게, 전 부치는 선수들이시라 먹음직스럽게도 부치신다. 빈대떡, 파전, 배추전, 새우전, 동태전 등등 돼지비계로 부치는 것이라 고소한 맛이 있고 식감은 부드럽다.

생선처럼 집에서 구할 수 없는 것은 아버지가 군산에 가서 장을 봐 오신다. 군산 어시장에 가면 온갖 생선이 있다. 어느 때는 고래고기도 있다. 주로 사 드시는 것은 홍어다. 홍어를 삭히면 고약한 냄새가 난다. 영숙 씨네는 홍어를 말려서 쪄 먹거나 탕을 끓였기에 냄새가 없고 담백했다. 잔치 때에는 회로 내놓기도 한다.

부엌에서는 음식을 만들고, 과방*에서는 음식 솜씨로 손꼽히는 동네 어르신 네댓 분이 음식을 담당하신다. 홍어회나 고래회 같은 생선회를 써는 분도 있고, 과일과 떡, 고기를 예쁘게 손질하는 분도 있다. 음식을 접시에 담는 일만 하는 분도 있다.

상을 방에 들여가고 내오는 역할은 삼촌들이 한다. 팔팔한 삼촌들이 2인 1조로 교자상을 올리고 내리니 일사천리다. 방에 손님이 꽉 차면 대청마루나 마당에 멍석을 펴서 상을 놓아 드린다. 어디든 상은 올라간다. 시끌벅적한 가운데 잔칫상이 부엌에서 이 방으로 저 방으로 휙휙 빠르게 움직이면서도 한 치 실수가 없다. 장관이다. 오신 한 분도 서운하지 않고 편히 드시도록 하는 게 중요하고 그것이 즐거움이다.

동리 이웃들은 정해진 시간 없이 자유롭게 들르신다. 오실 때는

---

* 만들어진 음식을 접시에 담아 내가는 곳.

축하해 주기 위해 계란 한 꾸러미를 들고 오거나 박 바가지에 담아 온다. 돈 대신 부조로 가져오는 것인데 그것은 또 손님 대접용으로 그날그날 사용된다. 행사가 끝나고 집에 돌아가실 때는 오지 못한 가족을 위해 음식을 싸 간다. 비닐이 없었으니 박 바가지나 양동이에 담아 간다. 혹은 밀가루가 담겨 있던 부대 종이에 싸서 갖고 가기도 한다. 음식을 나누어주는 집도 기쁘고, 그것을 싸서 집에 가져가는 사람도 얼굴이 밝다.

장손인 아버지는 호탕하게 웃으며 "바쁘신데 먼 걸음 하셔서 이렇게 찾아주시니 고맙습니다. 즐겁게 시간 보내시다 가십시오" 하며 오는 한 분 한 분을 맞이하고, 가시는 분을 따라서 길가까지 나와서 "먼 길 평안하게 안녕히 가십시오" 하고 배웅한 뒤 잔치가 한창인 집으로 돌아오신다.

집에서 큰 잔치를 열 때는 여닫이 문짝을 떼어내어 이 방과 저 방을 연결한다. 아버지는 맏이인 영숙 씨로 시작해서 동생들까지 하나씩 이름을 불러 소개하시고 어른들께 절을 시키신다. 어르신 중에는 꼬마 영숙 씨가 처음 뵙는 분도 계시고 눈에 익은 분도 계신다. 아버지는 집에 오신 손님들에게 영숙 씨와 동생들을 소개하는 걸 좋아하시고 또 중요하게 여기셨다.

"이 애가 맏딸 영숙이요. 할아버지께 인사드려라."

영숙 씨가 절을 올리면,

"노래도 불러야지."

이런 식으로 소개하셨다.

초등학교 다닐 때는 '뜸북새', '반달', '고향의 봄', '부모님 은혜', '어머니의 마음' 등을 부르고, 중고등학생 때에는 '봄처녀', '비목', '그네' 등을 불렀다.

맏이인 영숙 씨 아래로 친동생 셋에 사촌 동생들까지 하면 30명에 가깝다. 안방에 모인 어른들은 식사 후 아이들에게 질문을 던지신다.

"증조할아버지 성함은?"

"할아버지의 성함은?"

"할머니 성함은?" 등등.

족보를 중요하게 여기던 시절이라 성씨와 돌림자까지 다 물어보신다. 그러다 보니 그때로부터 60년이 더 지난 지금까지도 영숙 씨는 어르신들의 이름을 잊지 않고 있다.

하루는 일가친척이 방에 가득 모인 자리에서 아버지가 흡족한 얼굴로 말씀하셨다.

"우리집에 가족이 이렇게나 많이 모이니 꽉 찬다."

대여섯 살이던 영숙 씨는 그 말을 듣고는 좋은 생각이 떠올랐다는 듯 어르신들 앞에서 힘주어 말했다. 왜 그렇게 말했는지는 지금도 모르겠단다.

"아버지, 그러면 나이 드신 분들부터 한 분씩 돌아가시면 되겠네유!"

"??? ...... !!!"

아버지한테 된통 혼나는 날이었다. 그 뒤로는 말을 하기 전에 오래 생각한다.

증조할아버지 돌아가시고 1년 후 탈상 때 찍은 것 같다. 탈상 때는 가족이 즐거운 마음으로 보내 드린다. 탈상도 하나의 중요한 행사로 보았다. 한 사람의 출생부터 탈상까지 챙겨 주는 세상이었으니. 외로움의 우울증 같은 건 모르는 세상이었을까.
1960년대 말까지 시골에서는 사시사철 가족 행사가 이어졌다. 이후 산업화로 농촌 인구가 도시로 빠져나가면서 이런 풍경은 시골에서도 점차로 사라졌다. 모이고 만나고 뭉치는 것이 익숙하고 편한 세상은, 점차 흩어지고 따로 살고 만나지 않는 것이 익숙하고 편한 세상으로 바뀌어 갔다.

혼례

영숙 씨가 꼬마였을 때까지도 결혼은 두 사람이 서로 마음에 든다고 하는 것이 아니었다. 1950~60년대에는 중매 결혼이 성행했다. 중매쟁이를 통해 소개 받아 부모가 짝을 정해 주는 식이다. 양가 부모는 동네 이웃으로 서로 잘 알고 지낸 사이가 대부분이다. 당시는 누구 집에 숟가락 젓가락이 몇 개 있는지도 알 정도로 가까이 지냈기에, 두 집안이 화평하게 지낼 수 있겠다는 생각이 들면 중매쟁이를 통해 자녀의 혼사를 주선했다.

"둘이 서로 좋아 결혼하는 경우는 특이한 경우였겠네요?"

"간혹 자유연애로 결혼하는 사람도 있었는데, 그들을 향하여 앞뒤에서 '되바라졌다'라고 손가락질했지. 70년대에는 좀 누그러졌지. 문명의 혜택이라고나 할까."

"왜 자유연애를 비난했을까요? 젊은 사람들이 제멋대로 행동하는 것 같았을까요? 혹은, 우리는 그러지 못했는데 자기들만 욕심을 부린다고 생각했을까요?"

"자유연애를 해서 결혼까지 하여 잘 살면 되지만, 결혼하기도 전에 애부터 낳고 뒤 책임을 못 지는 남자들이 있지. 당시는 여자들의 직업이 제한적이다 보니 경제력이 떨어져. 그러면 어떻게 될까. 친정살이를 해야 하는데 친정 부모 입장에서는 큰 부담으로 느껴지거든. 주변 시선도 따갑고. 경제적인 부분도 말할 것 없고. 모두 사회적인 현상이야."

"그렇다고 이런 이유를 세세하게 늘어놓고 설명하시는 게 아니라, 한마디로 '부모님 말씀에 순종하지 않는다'라고 표현했지."

"결혼처럼 중요한 부분에서 부모님의 결정을 따라 드리는 것이 부모님의 기를 세워 드리거나 부모님의 자존심을 인정해 드리는 것이 되었나요? 부모의 체면을 위해 자녀는 자유연애를 포기하는 식이었다고 할 수 있나요?"

"그런 것은 아니지. 대신 부모님의 입장도 세워 드리고 무엇보다 결혼에 신중을 기할 수 있지. 좋아한다고 덥석 애 생기고 책임도 못 진다면 보바리 부인의 경우가 생기지. 그런 상황을 막기 위해 부모된 입장에서는 자녀가 평탄한 삶을 살기 바라는 마음에 염려하시는 거지."

혼례식은 먼저 신부댁에서 이루어지고 신랑댁에서 다시 잔치를 벌인다. 신부댁 마당에 차려놓은 초례청*에서 신부는 원삼을 걸치고 족두리를 쓴다. 신랑은 신부가 해 준 한복을 입고 그 위에 사모관대를 한다. 신랑이 신부댁에 도착하면 혼례가 이루어진다. 혼례가 끝나면 신방에서 합궁한다. 신랑 신부는 신붓집에서 3일 정도 머물다가 신랑집으로 간다.

영숙 씨의 엄마가 집에서 혼례를 마치고 아버지 집으로 오실 때는 가까운 곳이라 한 시간 걸어오셨다. 거리가 먼 경우 신랑은 말을, 신부는 가마를 탄다.

---

* 초례를 치르도록 만들어놓은 장소로. 초례는 신랑 신부가 서로에게 절하는 것과 술잔을 나누는 것으로 이루어진다.

가마는 여자 한 사람이 들어가 앉을 정도의 크기다. 먼 거리는 두세 시간 이상 걸릴 수도 있다. 화장실을 갈 수 없어 가마 안에 요강을 넣어 준다. 소리 나는 것을 방지하기 위해 요강 안에는 고운 지푸라기를 깔아 배려한다.

셋째 삼촌이 장가갈 때는 할머니, 아버지, 작은아버지, 삼촌 친구들, 고모와 영숙 씨까지 스무 명 가량이 세 시간 눈보라를 헤치며 신부댁으로 갔다. 도착하니 몰골이 말이 아니었다. 신랑을 기다리던 신부와 신부 측 집안사람들은 반가워 웃어야 할지, 안쓰러워 울어야 할지 난감했을 거다.

전기가 없던 시절이니 신랑 신부는 등잔불이나 호롱불을 밝히고 신붓집에서 첫날밤을 맞이한다. 이때 신방에 음식을 넣어 준다. 떡과 고기, 전, 한과 등이다.

이웃들, 주로 엄마들이 신방의 분위기를 느끼기 위해 창호지 문에 침을 발라 구멍을 내어 숨을 죽이며 방 안을 엿본다. 그러면서 자기들의 기억을 떠올린다.

전해지는 이야기가 있는데, 어린 새신랑이 신방에서 신부와 첫날밤을 지내려고 하는데, 신부를 짝사랑하던 이웃 총각이 들어와 새신랑은 죽이고 신부는 부대 자루에 넣어 도망쳤다는 이야기다. 그런 상황을 막기 위해 신방을 엿본다는 해석도 전해 온다. 하지만 영숙 씨가 생각하기에는 동네 아주머니들은 그저 재미 삼아 지켜보는 것이었다.

첫날밤에는 함께 다과를 하면서 주로 신랑이 신부에게, "오늘

혼례에 얼마나 고생했느냐, 앞으로 힘들고 어려운 일이 있을지라도 잘하겠다"라는 식으로 말한다. 이때 남자가 여자의 족두리를 벗겨 주는 것이 예의였다.

혼례가 끝난 다음 날, 신랑집에서 온 이바지(보내온 음식)를 가지고 신붓집에서 동네잔치를 베푼다. 순서 중에는 동네 청년들이 신랑을 천장 석가래에 매다는 시간이 있다. 신랑 신부를 한곳에 있게 하고 남자들이 신부에게 노래를 시키거나 내기를 해서 지면 신랑 발목을 끈으로 묶어 거꾸로 매단 다음 신부가 노래를 다 부를 때까지 장작으로 신랑 발바닥을 때린다. 왜 신랑을 다는지는 몰라도 재치라던가 건강 상태, 말솜씨 등 한 가정을 이끌만한 인물이 되는가를 알아보려는 방법이 아니었을까.

혼례를 치른 후 신부가 시댁에 도착하면 가마가 토방까지 오고 신부는 얼굴을 원삼으로 가린 채 준비된 방으로 들어간다. 신부는 온 동리 분들의 구경 대상이다. 신부가 얼굴을 가리는 것은 다소 곳함의 표현이다. 시댁에 들어오면 방에서 온종일 고개를 숙이고 얌전히 앉아 있어야 했다. 혹 얼굴을 들어서 사람들과 눈이라도 마주치면 겸손하지 못하다고 했다. 도착하면 내내 아래를 내려다보고 앉아 있어야 얌전한 며느리가 들어왔다고 칭찬했다. 꼬마 영숙 씨가 시골에서 보았던 풍경이다.

출산

영숙 씨가 어려서 본 집은 산부인과 역할도 하는 집이었다. 아기는 집에서 태어났다.

경험 많으신 집안 할머니 두세 분이 산파가 되어 출산을 돕는다. 해산 준비로 문고리에 면 기저귀를 돌돌 말아 띠를 묶어 산모가 두 손으로 붙잡게 한다. 출산했을 때 분비물이 흘러내리지 않도록 바닥에는 고운 지푸라기를 깐다. 지푸라기는 겉껍질과 속대가 있는데, 겉껍질을 벗겨서 부드러운 짚을 아기 낳을 정도만큼 카펫처럼 놓는다. 그 위에다 밀가루 부대를 뜯어서 깔고 거기서 출산하는 것이다. 해산 후 피와 출산 분비물이 묻어 있는 짚과 포대종이는 거두어 가져다가 태운다.

새 생명은 아들이어야 가족들의 반응이 화기애애하다. 딸이면 시큰둥하다. 아들이어야 '대를 잇는다' 해서 귀하게 여기는 것이란다. 딸은 시집보내면 시댁 식구가 되니까 딸을 빼앗긴다 생각하고 서운하게 여기기도 한다.

"딸을 하찮게 여긴 것이 아니라, 대가족에서는 가족 숫자가 중요한데 결국 다른 곳으로 가니까 '우리 것이 아니다' 그렇게 느낀 건가요? 아들은 일단 하나를 낳으면 대를 이을 수 있으니, 그럼 둘째나 셋째는 꼭 아들이 아니어도 좋아했나요?"

"대를 이을 아들이 있으니 둘째 셋째는 성별에 신경 쓰지 않아도 되지. 그러나 딸만 줄줄이 날 경우 아들을 낳을 때까지 계속 출산을 해야 한다는 강박감이 있지. 주변에서도, 자기 자신도. 대를 이어야 한다는 생각이 강했지. 아들이 없고 딸만 있으면 양자를 받을 정도였으니까. 얼마 전의 일이지만 지금에서는 납득이 안 가는 얘기지."

갓 태어난 아기는 준비해 둔 따뜻한 물로 씻기고, 중탕하여 소독한 가위로 탯줄을 자른다. 아기를 포대기로 감싸서 산모 옆에 뉘어 놓고 엄마 젖을 물려 준다. 산모는 젖이 잘 나오라고 젖 주변을 부드럽게 주물러 준다.

산모에게는 흰쌀밥에 뜨거운 미역국을 먹게 한다. 미역국을 하루에 아홉 번 먹어야 산혈이 멈춰진다고 했다.

요강에는 따뜻한 물에 약쑥을 넣어 산모의 회복을 돕는다. 출산 후 3주까지는 산모와 아기가 외부인과 접촉을 피하도록 했다. 대문이나 사립문에 새끼줄을 꼬아 만든 금(禁)줄을 매달아 아기가 태어났음을 알렸다. 딸이 태어나면 숯을, 아들이 태어나면 숯과 고추를 달아 집안 상황을 전했다. 사람들은 그걸 보고 출산한 것을 안다. 산모와 아기에게 해를 주지 않기 위해 삼칠일(21일)을 기다렸다가 방문하여 축하해 준다.*

---

* 사람만 아니라 짐승도 새끼를 낳으면 이를 표시하여 외부인이 들어오는 것을 막았다. 어미 소나 돼지가 새끼를 낳으면 황토를 한 삽 정도 대문 밖 입구에 양쪽으로 여섯 군데에 뿌려 놓는다. 그러면 외부인이 집에 들어오지 않는다. 전염병이나 해로부터 보호하려는 것은 새끼들이 소중한 자원이 되기 때문이다. 한 마리라도 잃으면 그만큼 수입원이 줄어든다. 잘 키워 팔아서 자식들 공부도 시키고 출가(결혼)도 보내야 한다.

"당시는 결혼해서 아기를 가졌다고 특별한 대우를 받는 것이 아니었지. 여자라면 시집가서 애 낳는 것쯤은 당연한 일로 여겼으니까. 할머니도 그러셨고 엄마도 그러셨다. 아기를 출산하는 날까지 고된 일들을 평소와 똑같이 하셨어. 입덧으로 메스껍고 구토가 나서 음식을 먹지 못한다고 힘들어하면 유난을 떤다고 했다. 유난 떤다는 소리를 듣지 않으려 임산부는 더욱 애를 썼지."

"힘든 것도 괜찮은 듯 숨겼다는 뜻이지요? 어떤 식으로 숨겼나요?"

"힘든 티를 내지 않으려고 더 열심히 일하는 거지. 임신하면 먹고 싶은 것도 많은데 말을 못 한다든지, 잠이 쏟아지는데 눈치가 보여서 맘대로 못 잔다든지. 애를 낳고 그날 바로 일하는 사람도 있었어. 난 첫째 낳고 일주일 만에 시댁 식구들이 우리집으로 이사 오셨어."

"아기 낳으면 밥은 누가 해서 가져다주었나요? 그 시간에 남편은 출산한 아내를 위해 무엇을 하나요? 오늘날은 보통 산후조리원에 가는데, 비슷한 게 있었나요?"

"임신하였다고 별다른 배려는 없었지. 출산해서도 '열외' 휴식 같은 게 주어지는 건 아니었고. 그래도 나는 교사라서 출산휴가가 한 달 있었어. 밥은 시어머님이 해 주셨고, 남편은 숙직이어서 학교 숙직실에 있었지. 산후조리원이란 것은 따로 없었고."

장례

결혼이나 출산만큼 장례도 집에서 치르는 중대한 행사다. 대가족이니 가족 중 하나의 빈자리쯤이야 별 티가 나지 않을 거란 생각과는 반대다. 매일 몸을 부딪치며 동고동락하는 대가족의 끈끈한 감정이란 지금과는 차원이 달랐다고 한다.

죽음에는 부모의 죽음, 배우자의 죽음, 자식의 죽음, 고모/삼촌의 죽음, 형제의 죽음, 친척의 죽음, 마을 사람의 죽음 등 여러 종류가 있다. 당시의 유교적 세계관 안에서 가장 영향력이 큰 것은 부모의 죽음이었다.

여태 함께 지낸 부모를 여의고 영원히 이별한다는 생각에 죽음은 가슴이 메이는 것이다. 삼년상이라 하여 부모의 묘 옆에 움막을 짓고 3년간 시묘살이 하는 사람도 있었다. 그렇게까지 안 해도 부모가 돌아가시면 3년 동안 방 한 칸에 살아계셨을 때처럼, 살아계신 분께 하듯, 음식상을 갖다 드렸다.

영숙 씨는 할머니가 먼저 떠난 남편을 위해 그리하시는 것을 보았다. 뒷방에다 영정을 상에 올려놓고 돌아가신 분이 아직 계시다 생각하고 기억하면서 아침, 점심, 저녁 식사 때마다 음식을 올려주셨다. 처음에는 슬프게 차리지만, 이후로는 점차 받아들이게 된다. 3년을 하면 탈상이라고 해서 애도를 마친다. 삼년상은 본래 부모를 위해 하는 것인데 영숙 씨 할머니는 일찍 떠난 남편을 위해서도 그리하셨다. 그리우시니 그리하셨을 것이다.

이후 3년은 1년으로 줄었고, 점점 짧아지다가 그런 풍경은 오늘날 완전히 사라졌다. 현대인들에게는 조금 이해하지 못할 일인지 모르나, 그 정도로 부모를 귀중하게 여겼다는 점은 알 수 있다.

곰곰이 생각해 보면, 그러한 '비효율적인' 애도 방식은 부모의 죽음이라는 둘도 없는 충격과 스트레스를 느린 템포와 호흡으로 매만지고 치료하여 삶의 활력을 다시 일으켜주는 '고효율적인' 애도 표현이기도 하다. 살아계실 때 못다 한 봉사의 한(恨)을 3년간의 기억과 기념 그리고 추억과 묵념의 애도로나마 대신한다면, 남겨진 산 사람을 죄스러움의 수렁에서 건지고, 나아가 살아야 할 새 의욕으로 부활케 하는 넉넉한 과정의 시간이 되지 않을까.

물론 최상의 애도란 돌아가시기 전에 아름다운 추억을 많이 만들어 드리는 것이리라. 당시는 부모의 존재가 그렇게 컸음에도 충분한 애도의 시간과 과정을 통해 부모를 보내 드릴 수 있는 기회의 시공이 확보되어 있었다. 오늘날은 애도할 시간도 힘도 없을 정도로 바쁘게 쫓기며 산다. 부모의 죽음에 있어서는 현대인들이 정신적으로 훨씬 취약할 수 있는 구조다. 시대가 바뀌면 가치가 바뀌나, 부모를 보내는 고통은 바뀌지 못한다.

*

가족 중 누가 돌아가시면 전보를 치거나 직접 다니면서 부고를 우선 집안 어른들께, 그다음은 가까운 이웃과 지인에게 알린다. '노란 봉투'가 대문 옆 담장 눈에 잘 띄는 곳에 꽂혀 있으면 부고장인 줄 안다. 부고장 안에는 붓글씨로 쓴 장례 내용이 있다. 사람들은 부고장을 보면 일단은 돌아가신 것을 알고 무척 섭섭한 마음을 갖는다. 그런데 영숙 씨는 어려서 그런지 누런 봉투가 담장에 꽂혀 있는 것을 본다든지, 초상이 나서 야밤 대문에 검정 글씨로 '근조'(謹弔)라고 쓰인 등을 보면 일단 무서운 느낌부터 들었다.

지방이나 집안마다 풍습이 조금씩 다르지만, 보통 돌아가신 당일에는 염(殮)*하기 전이라 돌아가셨을 때 입었던 옷 그대로 시신을 안방에 모셔 둔다. 이보다 더 극적인 세팅이 있을 수 있을까. 지금은 영화를 영화로 보지만, 그때는 삶 자체가 영화였던 걸까. 돌아올 수 없는 강을 이미 건너간 사람을 죽었던 때의 모습 그대로 한 방에 두고 하루를 보낸다는 것은 오늘에서 볼 때는 지구 반대편 나라의 이야기처럼 들린다.

돌아가시고 하루가 지나면 몸에 염을 한다. 염은 장의사가 한다. 염을 할 때는 하얀 천으로 시신을 싸고 끈으로 여덟 군데를 묶어 매듭을 짓는다. 염을 해서 겹겹이 싸야 시신 썩는 냄새를 막을 수 있다. 그러나 아무리 둘러싸도 부패한 냄새를 완전히 막지는 못한다. 시체의 눈, 코, 입, 귀 같은 구멍을 다 막아야 부패물이 빠져나오지 않는다. 구멍을 막을 때는 솜뭉치를 사용한다.

염을 할 때는 방에서 여자들을 다 나가게 했다. 보고 있기 힘해서 그랬던 것 같단다. 좀 전까지만 해도 살아계시던 부모가 돌아가셨다고 하여 갑자기 구멍을 다 틀어막고 끈으로 묶는 등의 모습을 보면 기절하는 자녀도 있을지 모른다.

염을 마친 뒤, 돌아가셨을 때 입었던 옷을 벗기고 새 옷을 입혀

---

* 죽은 사람의 몸을 씻긴 뒤 옷을 입히고 염포로 싸는 일.

드린다. 그런 후 고인을 병풍으로 가리고 안방에 모신다. 병풍은 보통 앞면은 꽃으로, 뒷면은 글씨(한자)로 되어 있다. 결혼이나 회갑 등 좋은 일에는 꽃이 그려진 앞면이 보이게, 장례 때는 글씨로 된 뒷면이 보이게 세워 놓는다.

오늘날 장례에서 시신은 냉동실에 있고 조문객들이 상징적으로 빈소 영정 앞에서 조문하지만, 당시는 같은 방 병풍 뒤 실제 시신을 모셔 놓고 그 앞에서 조문하며 곡을 하거나 술을 따랐다. '죽은 자와의 거리'가 병풍 하나 만큼 거리였으니, 그 울음소리가 오죽하였을지 상상이 간다.

시신을 가리고 있던 병풍 앞으로는 단을 만들어 놓는다. 교자상에 1m 높이의 다리를 붙여 놓은 상이다. 조문객은 그 앞에서 절을 두 번 하며 고인이 천당에 잘 가시고 남아 있는 가족들이 슬픔을 이겨내게 해 달라고 빈다. 안 믿는 사람들도 천당은 좋은 곳으로 알고 있어서 꼭 교회에 다니는 사람만 천국을 생각한 것은 아니다. 세상에 살며 나쁜 짓 안 하고 착한 일 많이 한 사람은 천당에 간다고 생각했다.

고인과 친분이 깊었던 분들은 대성통곡한다. 기절할 듯 울다가 나와서 상주와 인사를 나눈다. 조문객은 살아생전의 고인을 생각하며, "그렇게 남한테 주기를 좋아하고 법 없이도 사신 분인데 이렇게 황망하게 가시다니… 아이고" 하며 운다.

상주는 굴건제복을 하고 지팡이를 든다. 지팡이를 짚는 것은 부모상을 당하여 슬픔으로 쇠잔한 몸을 의지한다는 뜻이고, 또한 상주의 신분을 나타내기 위함이다. 머리에는 건이라는 삼베로 만든 모자를 쓴다. 40cm 높이로 아랫부분은 머리가 들어갈 정도의 크기이고 윗부분은 평평하게 하여 실로 꿰맨다. 그걸 머리에 쓰고 삼베 상복을 입고 광목 두루마기를 그 위에 걸친다.

고인의 명이 짧게 가면 악상이라 하고, 수를 누릴 만큼 사시고 가면 호상이라고 한다. 악상을 당했을 때는 상주도 조문객과 함께 "아이고" 하면서 목을 놓아 울지만, 호상일 때는 그냥 "아이고"만 한다.

밤이 되면 남자 조문객들은 마당에 멍석을 깔고 큰소리로 웃고 떠들며 화투를 친다. 어린 영숙 씨는 그 모습이 이해되지 않고 좋지 않게 보였다. 어른이 된 후 그 이상한 모습의 의미를 알게 되었다고 한다. 상주가 외롭지 않도록 옆에서 시간을 같이 보내 주려는 마음, 상을 당한 가족을 위로하기 위한 행동이었다는 것이다. 시골에서 야밤에 상주 홀로 고요히 남아 있으면 얼마나 쓸쓸하겠는가. 그러잖아도 상을 당해 슬프고 외로운데 말이다. 밤도 깊어 그만 쉬고 싶었을 남자 조문객들은 괜히 더 목소리를 높이며 화투를 쳤다. 겉으로는 아무것도 모르는 체하며 떠들고 있었지만 속으로는 깊은 것을 알아 몸으로 위로하고 있었던 것이다. 평소 도박 근절을 외치시던 영숙 씨 아버지도 이때는 화투에 밑천도 보태 주셨다.

증조할아버지가 돌아가셨을 때는 장손인 아버지가 상주가 되셨다. 친할아버지가 증조할아버지보다 먼저 돌아가셨기 때문이다. 아버지는 할아버지, 증조할아버지, 증조할머니, 친할머니가 돌아가셨을 때까지 총 네 번 상주가 되셨다.

상엿집

고인을 운구할 때는 상여를 이용한다. 상여는 시신을 메어 장지로 모실 때 사용하는 기구다. 나무를 깎아 만드는데, 조립식으로 되어 있어 장례가 나면 조립해서 쓴다. 상여는 마을에서 공동으로 사용하고, 주로 이장이 관리한다.

장례에 필요한 상여와 물품을 보관하는 곳이 상엿집이다. 동네 외딴곳에 괴괴한 모습으로 조그맣게 서 있다. 이상야릇한 문양과 색이 겉에 칠해져 있고, 오색천이 걸려 있다. 상엿집은 공포의 대상이었다.

영숙 씨네 집 앞으로 난 신작로는 북두산 고개를 넘어간다. 영숙 씨가 어렸을 땐 이 고개를 서낭당 고개라고 불렀다. 이 고개 옆으로 2~3평 될법한 상엿집이 있다. 신작로에서는 불과 5~6m 떨어져 있다. 산등성이에 난 소나무들에 가려 보일락 말락 서 있다. '안 봐야지' 하는데 슬쩍슬쩍 보게 된다. 비 오는 날 상엿집 주변을 지나갈 때는 등골이 오싹하다. 어른들도 그쪽으로 지나가는 것은 꺼릴 정도다.

안주인이셨던 할머니가 66세로 눈감으셨을 때는 꽃상여를 메었다. 조립식 상여는 상엿집에서 가져다가 쓰지만, 꽃상여는 직접 만들어 쓴다. 그만큼 정성이 들어간다. 상여에 쓸 꽃은 큰고모와 친구들이 하얀 습자지를 오려서 만들었다. 고인을 매장 후 고인이 사용하던 이불, 옷 등을 태울 때 꽃상여도 같이 태운다.

상여를 멜 때는 동네 삼촌들 6~8명 정도가 합심하여 멘다. 상여 앞으로는 만장기를 든 사람들이 앞서간다. 깃대가 많아야 돌아가신 분의 생전의 부를 가늠한다고 했다.

상여는 바로 묫자리로 가지 않고 평소 할머니가 자주 다니시던 장소나 길로 상여꾼들이 모시고 다닌다. 이때 리더 격인 요령잡이가 땡그랑 땡그랑 방울을 흔든다.

요령잡이가,

"이제 가면 언제 오나 오실 날이나 일러 주오" 하면

상여꾼들은

"어-허노 어-허노 어-허노야 어-허네"로 받는다.

길을 가다가 다리를 건너야 할 때는 상여꾼들이 상주에게 상엿줄에 돈을 걸라고 한다. 상엿줄은 포목으로 두껍게 꼬아서 세로로 상여 앞 양쪽에 건다. 꼬여진 상엿줄 사이에 돈을 끼워 넣는데 돌아가신 분이 좋은 곳으로 가시라는 뜻의 노잣돈이라고 한다. 이 돈은 상여꾼들의 몫이다.

환갑(61세)을 넘기고 돌아가신 경우, 명을 다하여 장수하셨으니 호상이라 하여 상여꾼들이 부르는 곡이 경쾌하다. 명보다 빨리 가시는 악상이면 구슬프고 애처로운 소리로 "아이고, 아이고" 한다.

상여 앞에는 할머니 영정사진이 가고, 상여 뒤로 아버지와 삼촌들, 집안 및 동네 사람들이 따라간다. 엄마나 작은엄마, 고모들은 울면서 얼마만큼 가지만 장지까지는 갈 수 없었다. 여자들은 왜 매장지까지 못 따라가게 했는지 영숙 씨는 지금도 모르겠다고 한다. 추측건대, 매장할 때 상여에서 시신을 내려 땅에 묻는 장면을 보고 기절할까 봐 그런 게 아니었을까, 한단다. 물론 지금은 그런 게 다 옛이야기다.

영숙 씨가 매장을 직접 본 최초는 시아버님이 돌아가셨을 때였다. 며칠 전까지 살아서 같이 계셨는데 땅에 묻고 흙으로 덮은 뒤 사람들이 올라가 발로 밟는 장면을 보면서, '무덤 속에서 얼마나 답답하실까?' 하는 생각이 마음속에 오래도록 떠나지 않았다.

영숙 씨는 대가족으로 살며 여러 차례 장례를 보았다. 가장 잊을 수 없는 것은 아버지의 죽음이다. 종갓집 장손으로 대가족을 이끌어 오신 아버지는 66세에 교통사고로 급작스레 가셨다. 더는 아버지의 목소리를 들을 수 없게 만들었던 그날은 멀리서 할아버지 보러 손녀딸이 찾아온 날이었다. 손녀에게 줄 빵을 사러 자전거로 나가셨다가 뺑소니 차에 치이셨다. 빵 사 오신다던 아버지가 싸늘한 주검이 되어 집에 돌아오신 날, 이제는 돌아오시지 못하게 되었던 그날의 충격은 말로 어떻게 할 수 없다.

대가족에서 아버지란 정신적으로나 경제적으로나 집안의 기둥 자체였다. 집안이 나라라고 하면 아버지는 성을 지키는 용사요, 외부 침략을 막아내는 총사령관이었다. 영숙 씨는 아버지가 못 하시는 것이나 불가능한 것이 없는 분이라고 느꼈었다, 마치 하나님처럼. 또한, 영숙 씨는 자기를 향한 아버지의 특별한 애정과 보살핌을 문득문득 느끼곤 했다, 하나님의 보살피심과 같이. 죽을 수 없을 것 같고, 죽어서도 아니 될 존재의 죽음을 듣게 되었을 때, 그것도 횡사로 그리되셨을 때, 영숙 씨에게 이는 슬픔의 쓰나미만 아니라 세계관의 대지진과 같았다.

아버지는 돌아가시기 직전까지도 병원 한 번 간 일이 없으셨고,

평행봉을 50번 넘게 하실 수 있었다. 환갑이 넘어서도 쌀 80kg을 거뜬히 어깨에 메는 장사셨다. 아버지가 관에 들어가실 때 관 뚜껑이 안 닫힐 정도였다. 아버지와 작별한 지 거의 한 세대만큼 지났는데 영숙 씨는 아직도 아버지의 웃음소리가 귓가에 맴돈다. 그럴 때마다 영숙 씨의 입은 자기도 모르게 중얼거린다.

"아버지, 아버지. 너무너무 보고 싶어요"라고.

집안에 초상이 났을 때 상주와 식구들의 옷차림. 남자와 여자, 혼인 여부 등에 따라 다르다. 앞쪽에 큰고모는 결혼을 하지 않아 머리띠가 없다.

기억하는 존재인 사람에게 기억으로 남는 것도 하나의, 죽어서도 사는 길이다. 그렇게, 떠나보낸 부모를 곁에 사시는 존재로 인식할 수 있다. 하지만 그것은 인식일 뿐, 육체로서 만지고 모실 수 없음은 고통의 깊이를 더한다. 그것은 인간의 깊이를 더한다. 그리하여 관계의 너비를 넓힌다. 떠나신 부모의 소중함을 뼈저리게 느끼는 사람은 주변의 아직 살아 있는 자들을 향한 소중함도 더 수월하게 절감한다. 결국, 아직 산 자들을 향한 따듯한 대우를 베풀고 나누어서 더 아름다운 기억들을 이 땅에 남기게 된다. 이제 그가 눈 감을 순간 – 부모를 먼저 보내고 변화된 그가 세상에 남겨 놓은 아름다운 기억들로 인해 그의 마음은 평안하고, 그를 떠나보내는 사람들은 슬플지라도 생전에 쌓았던 많은 추억들로 그를 기억하고 기념할 수 있으니 울면서도 평안히 놓아 줄 것이다. 누구를 그리워하고, 누구를 떠올리고, 누구로 인해 아파하고, 그로 인해 누구에게 잘해 주고자 하는 특성들은 모두, 인간의 평범한 비범함을 알려 온다.

시골 대가족의 삶이란 대자연의 품에서 이루어지는 것이었고, 그 자체로 대자연의 일부이기도 했다. 영숙 씨의 어린 시절 시골에 존재했던 세계의 구성물들 가운데 몇 가지를 살펴보자.

샘

영숙 씨네 집 앞에 있는 샘은 여름에는 시원하고 겨울에는 아지랑이 피어오르는 따듯한 물을 내주었다. 집 앞으로 지나가는 이들은 자유롭게 들러서 이 샘물을 마시고 갔다. 이들을 위해 영숙 씨네 가족은 바가지를 깨끗이 씻어 샘 가장자리에 엎어 놓았다.
한 달에 한두 번 이웃과 시간을 정하여 샘물을 푸며 청소한다. 우선 양동이나 바가지로 우물 안에 고여 있는 물을 최대한 퍼낸다. 그런 뒤 한 청년이 사다리를 넣고 내려가서 대나무 빗자루로 우물 안쪽을 쓸고, 호미로 바닥의 오물을 싹 걷어 낸다. 샘물에 뚜껑이 없으니 나뭇잎도 들어가고 이끼도 낀다. 바가지로 샘물을 뜨다가 물건이 떨어지는 일도 있어 이런 것들도 수거한다.
청소하고 나면 맑은 물이 샘구멍에서 콸콸 솟아 나온다. 잠시 후에 보면 샘물이 우물에 반 정도 차 있다. 그만큼 차면 딱 그 자리에서 멈추고 넘치거나 마르지 않는 것이 어린 영숙 씨는 참 신기하다고 느꼈다.
삼촌들은 아침저녁 물지게로 샘물을 길어 집으로 온다. 길어 온 물을 부엌에 있는 큰 솥이나 물항아리에 부어 놓는다. 그러면 솥이 마르는 것도 방지하고, 다음 날 아침에 물을 쓸 수도 있다. 불을 때서 따뜻한 물로 쌀을 씻는다든지, 세수를 할 수도 있다.

씻는 물은 다음 날까지 남겨 두었다 쓰기도 하지만, 먹는 물은 떠온 그날 다 사용한다. 구약에 나오는 '만나'처럼 하루에 하루치다. 신선한 물을 그때그때 마시려고 한 것이다.

지름이 2m 안쪽인 영숙 씨네 샘은 바가지나 양동이로 뜬다. 한 손으로는 바가지를 들고 다른 손으로는 샘 가장자리를 붙잡고 엎드린 자세로 뜬다. 엎드려 뜨다가 고꾸라질 수도 있어 조심해야 한다. 40여 가구가 사용하는 아랫샘은 훨씬 깊어서 두레박으로 물을 퍼 올렸다.

아이들이 장난을 치거나 호기심으로 밑을 내려보다가 샘에 거꾸로 떨어지는 끔찍한 일이 없지 않았다. 부모는 논밭에 나가 일하고 있고, 아이들이 많아 부모가 일일이 돌볼 수도 없었다. 큰형이나 언니가 동생을 봐주는 정도고, 좀 더 자라면 각자 알아서 놀다가 집으로 돌아오는 것이다. 그러다 보니 생각지도 못한 일들이 가끔 일어났다.

건너편 마을 한산에서 있었던 일이다. 장자를 낳아 애지중지 키우던 어느 집은 해가 지도록 아이가 집에 오지 않아 찾아보니 샘 안에 둥둥 떠 있는 것을 발견했다. 장자를 잃은 어머니는 넋이 나간 듯 보였다. 평소 굿을 하지 않던 사람도 이런 일이 발생하면 뭐든 붙잡아 보려는 마음이 생긴다. 어머니는 곧장 무당을 데려왔다. 굿판이 시작된다. 무당은 긴 막대기 끝에 하얀 습자지 같은 것을 커다랗게 꽃 모양으로 매단 채 샘을 향해 흔들며 옥수수수염을 샘에 넣고, 죽은 아이 넋을 건져야 다음에 이런 사고가 나지 않는다고 하며 빌었다.

당시 죽은 자는 방 안에 병풍 하나를 두고 시신을 모셔 가까이에서 작별하는 대우(?)를 해 주었음은 앞서 보았다. 이미 떠난 사람이니 어찌할 수는 없지만 그래도 가까이서 울 수 있다니 가슴이 조금은 덜 서러울 것 같다. 그런데 집 안에서 죽지 않고 바깥에서 죽으면 횡사(橫死)라고 하여 집 안으로 들이지 않고 가마니에 싸서 지게로 지고 하룻밤도 안 지내고 바로 공동묘지에 묻는 것이 당시 그곳 풍습이었단다. 밖에서 사고로 죽는 경우는 귀신이 붙어서 그런 죽음을 당했다고 생각했기에 바로 굿을 하고 묻었다.

하지만 아무리 횡사라고 해도 사랑하는 자식을, 그것도 장자를, 집에도 못 데리고 오고, 죽은 자 대접도 못 해 주고, 그대로 가마니에 둘둘 말아 묻어 버려야 한다니. 그걸 지게로 지고 묘지로 걸어야 하는 그 걸음은 또 얼마나 천근만근에 아팠겠는가. 그게 당시 세계의 법이었으니 아무 말도 못 하고, 다른 생각도 못 하고, 그대로 넋이 나가 버려도 충분히 이해가 될 정도다.

아이 엄마는 살아 있는 것이 죄스러워 병이 난다. 충격으로 우울증을 앓기도 한다. 큰 도시로 가서 약을 타다 먹거나 교회에 다니면서 마음을 붙잡아 본다. 하지만 자식 잃은 슬픔은 평생 가슴에 안고 간다잖은가.

샘은 당시 생활에 반드시 필요한 것이었지만, 호기심 많은 아이들에게는 신비로우면서도 이 세계를 떠나 다른 세계로 들어가는 무시무시한 입구이기도 했다.

목욕

영숙 씨는 삼촌들이 샘에서 씻을 때면 곁에서 수건을 들고 서 있다가 다 씻으시면 건네 드렸다. 처음에는 할머니나 어른들이 시켜서 그렇게 했지만, 점차 스스로 그렇게 하였다. 영숙 씨만 아니라 누구든 먼저 씻은 사람은 다음 사람을 위해 대야에 샘물을 떠 놓고 갔다. 당시 '배려'라는 고상한 낱말은 쓰이지 않았지만, 삶의 내용에 있어서는 보이지 않는 배려의 그물이 일상 속에 촘촘했다.

손님이 오시면 손님이 먼저 씻으시도록 한다. 손님이 씻으실 때도 꼬마 영숙 씨는 옆에서 수건을 들고 서 있다가 다 씻으시면 건네 드린다.

물을 길어서 쓰다 보니 집에서 하는 목욕은 1년에 몇 차례 정도다. 땀이 쏟아지는 여름에는 샘 곁이나 냇가로 가서 미역(목욕)을 자주한다. 미역 대신 좀 더 간편하고 물이 적게 드는 등목도 많이 했다. 하지만 여자는 등목을 할 수 없어 더 더울 수밖에 없다.

여자들은 밤에 여럿이 샘 곁으로 가서 물을 끼얹으며 미역을 감는다. 누가 엿볼 수도 있어 서로 망을 보면서 씻는다. 밤하늘을 수놓은 은하수 속 북극성, 북두칠성, 카시오페이아자리를 함께 찾으며 목욕한다. 저 멀리 별똥별이 떨어지는 것도 보는 재미를 더한다. 가까운 곳에서는 반딧불의 공연이 한창이다. 이 놀라운 장면들은 밤이면 언제든 누리고 즐기는 것이었다. 그것도 목욕을 하면서 말이다.

물기는 각자 수건을 준비해 와서 닦거나 수건 한 장을 여럿이 돌려 가며 닦는다. 이때 자연스럽게 연장자순으로 한다.

여자들이 여름밤 동네 저수지나 냇가에서 목욕하는 장면은 1960년대까지는 시골에서 어렵지 않게 볼 수 있는 풍경이었다.

겨울에는 물 끓이는 일이 번거로워 목욕을 자주 못 하지만, 아궁이에 장작이 타고 있는 훈훈한 부엌에서는 가능하다. 바닥에 큰 목욕통을 놓고 한다. 애들은 방으로 데리고 가서 바닥에 밀가루 포대 같은 걸 깔고 그 위에 세숫대야를 놓고 씻긴다.

목욕이 간단한 일이 아니었으니 몸에서 각종 냄새가 났다. 땀 냄새, 불 땐 냄새, 가축 냄새 등이다. 땀 냄새는 끈적끈적한 느낌이 나고, 불 때는 냄새는 연기에 그을린 퀴퀴한 냄새가 난다. 가축 냄새는 비린내, 썩은 내, 똥 냄새 등 저마다 가지각색으로, 서로 섞여 새로운 냄새를 이루기도 한다.

사람들은 서로에게서 냄새가 나도 그러려니 했다. 누구든지 나는 냄새였으니까. 하지만 자주 씻을 수 없고 약도 여의찮아서 남녀노소 피부병이 흔했다. 입술 주변이 부르트고 얼굴에는 버짐이 피었다. 손등이 트고, 겨드랑이나 무릎 뒤, 두피에 피부병이 났다. 벌겋다가 고름이 흐르고, 아물었다가 다시 헐고 하는 식이다. 아이들은 코가 흘러내리면 손등으로 문질러서 소매 끝이 반질반질했고, 코끝은 헐어서 벌겋게 되었다. 어른들은 잔기침을 많이 했다. 별다른 약 처방도 없었다. 씻지 못해 생기는 크고 작은 질병을 몸에 달고 살았다. 큰 병인데도 참고 살다 보면 면역력이 생겨서 이겨낸 사람은 살고, 이겨내지 못한 사람은 일찍 가는 식이었다.

집

 영숙 씨네 집은 기와집으로 바뀌는 초등학교 4학년 이전까지만 해도 초가집이었다. 초가집 처마 끝에 고드름이 죽 기다랗게 매달리는 것이 운치가 있다. 겨울에 고드름이 얼면 애 어른 할 것 없이 처마 끝에 매달린 고드름을 아이스케이크처럼 따 먹었다.
 늦가을이면 곶감을 켜서(겉껍질을 벗겨서) 초가집 처마 끝에 매달아 놓는다. 영숙 씨는 가끔 할머니 몰래 곶감을 따 먹었다. 할머니는 곶감을 제사 때 쓰시려고 못 먹게 하셨다.
 마당 앞쪽으로는 죽나무, 감나무, 대추나무, 백일홍, 향나무, 사철나무 등이 새들의 보금자리가 되어 준다. 아침이 되면 이곳저곳에서 들려오는 새소리로 환한 새날을 맞이한다. 참새 떼가 이쪽에서 저쪽으로 후루룩 몰려가는 장면도 아침을 축복한다. 집주변을 둘러보면 꾀꼬리, 종달새, 참새가 나뭇가지나 마당으로 찾아온다. 멀리 논에서는 뜸부기가 뜸북뜸북 짝을 찾는 소리가 간간이 들려온다.
 집 위쪽으로는 북두산이 서 있다. 영숙 씨가 어릴 때는 산 중턱 정도만 올라가고 위쪽으로는 어른들이 다니지 말라고 했다. 그곳은 경사가 급하고, 인적이 뜸하여 길도 나 있지 않다. 게다가 수풀로 우거져 있다. 어쩌다 고모나 삼촌들하고 나무를 하거나 버섯을 딸 때는 높은 곳까지 같이 갔다. 올라가면 국수같이 생긴 하얀 것이 무더기로 널려 있다. 국수버섯이다. 산등성이를 곧바로 따라가다 보면 아그배나무도 보고 돌감나무도 만난다. 나무들 이름은 고모나 삼촌들이 이야기하는 것을 듣고 자연스레 배운다. 지금은 돈을 주고 배워야 하거나, 또는 그다지 배울 관심도 없는 것들이지만, 꽃과 나무를 보면 알아보고 이름을 불러 줄 수 있는 능력은 정서적으로 매우 값비싼 것이다.

집 뒤편에는 20m가 넘는 왕대나무가 숲을 이루고 있다. 한번은 시간당 600mm 폭우가 쏟아져 서천군에 홍수가 난 적이 있다. 거기다 산사태까지 덮쳐 가족들은 집문서, 패물 등 중요한 것만 챙겨서 피신했다. 홍수가 잦아든 뒤 집으로 돌아오니 과수나무들이 뿌리까지 뽑혀 밭과 논에 뒤엉켜 있고, 채소와 벼가 흙으로 뒤범벅이 되었다. 그런데 집은 대나무 덕분에 안전했다. 대나무는 뿌리를 깊고 단단히 박고 있기에 홍수에도 버티어 준 것이다.

집 담벼락 안쪽에는 작은고모가 가꾸는 화단이 있다. 영숙 씨의 화단은 사립문 밖 변소 뒤쪽에 있다. 꼬마 영숙 씨는 호미로 흙을 고르고 가장자리에는 돌멩이를 빙 둘렀다. 뒤쪽으로는 해바라기꽃, 나비꽃, 앞쪽으로는 서광(금송화), 국화꽃, 봉선화, 채송화, 맨드라미 등을 심었다. 씨앗은 동네에서 얻어 온다. 친구들끼리 씨앗이나 꽃모종을 서로 나눈다.

사립문 옆에는 암소 어미 한 마리가 외양간 한 채를 차지하고 있다. 바닥에는 짚을 깔아 주었다. 겨울에는 담요나 이불을 바닥에 펴 준다. 춥지 말라고 거적때기를 등 위에 둘러 준다. 다른 짐승들도 각자 잘 곳이 있지만, 소 우리는 사람 집과 같은 크기로 마당 안쪽에 들어와 있다.

사립문 밖에는 돼지우리가 있다. 암퇘지 한 마리를 키우지만, 새끼를 나면 보통 열 마리 이상이다. 암퇘지가 발정을 내면 수퇘지 키우는 집으로 데리고 가든지, 수퇘지를 데리고 오든지 하여 교미를 시킨다. 이를 '암붙인다'라고 했다. 교미 삯으로 새끼 났을 때 한 마리 주거나 또는 곡식을 주었다.

돼지우리 지붕은 초가지붕으로 만들고, 울타리는 돼지가 밖으로 빠져나오지 못할 높이의 나무 기둥으로 막아 준다. 어미 돼지는 청소할 때만 밖으로 내보내고 거의 우리 안에서 지낸다. 새끼들은 자유다. 맘껏 어미 젖을 빨다가 좀 뛰고 싶으면 우리 밖으로 탈출하여 이곳저곳으로 뛰논다. 그렇게 사육된 새끼 돼지들은 생기가 있다. 장에 가지고 가면 인기가 좋아 순식간에 팔린다.

새끼들 가운데는 '무녀리'라고 하는 아이가 있다. 다른 것에 비해 약한 돼지 새끼를 말한다. 꼭 한 마리 정도가 있다. 무녀리는 팔지 않고 키워서 잔치가 있으면 어미 돼지가 됐을 때 잡는다. 또는 무녀리를 키워서 새끼를 낳게 하여 팔면 수입이 된다. 무녀리는 태어날 때는 약하지만 자라면서 먹이를 혼자 먹으니 이후 잘 자란다. 약하게 나온 것이 건강하게 자라는 모습을 보는 일은 뿌듯하다.

마당에는 귀여운 병아리들이 어미 닭을 따라다니며 즐거운 시간을 보내고 있다. 그러다 불쑥 매가 나타나 병아리를 채어 가는 경우도 있다. 매가 나타나면 어미 닭은, 꼬꼬댁 꼬꼬꼬, 위험 신호를 보내며 병아리들을 안전한 장소로 숨게 한다. 주로 마루 밑으로 데리고 간다. 수탉은 자기 몸을 보호하느라 암탉이 병아리를 어디로 데리고 가든지 상관하지 않는다. 닭의 세계는 모계사회다.

포획물을 얻지 못한 매는 병아리 대신 병아리를 숨기는 어미 닭을 채 가기도 한다.

닭집은 아랫방 쇠죽솥 옆에 있다. 장닭 한두 마리에 어미 닭 20여 마리를 기른다. 수탉과 암탉은 같이 어울리고 같이 잠자고 같이 다닌다. 수탉을 한두 마리만 키우는 것은 그 이상이면 서로 암탉을 차지하려고 싸우기 때문이다.

닭은 계란과 고기를 주는 고마운 가축이다. 손님이 오시면 특별 반찬으로 계란후라이나 닭백숙을 해 드린다. 남편이 처가에 올 때면 아버지가 꼭 암탉을 잡아 주셨다. 시부모님 드시라고 씨암탉*을 상자에 넣어 산 채로 보내 주실 때도 있었다. 이는 특별한 정성의 표시다.

고양이는 뜨뜻한 부뚜막 위를 차지한다. 거기가 잠자는 곳이다. 시골에는 쥐가 많아 가정마다 고양이를 키웠다. 실제로 고양이가, 야-옹, 소리만 내도 쥐는 쏜살같이 도망친다. 고양이는 주로 암컷을 키운다. 새끼를 낳아 주기 때문이다. 먹이는 가족들이 먹는 밥에다 비린 것이나 생선 가시 등을 섞어 주면 잘 먹는다.

엄마가 "나비야" 하고 부르시면 어디선가 고양이가 나타나 엄마 옆에서 밥을 먹고 있다. 고양이를 왜 '나비'라고 부르는지는 모른다. 나비는 낮에는 안 보인다. 밥을 부뚜막에 놔 주면 어느새 먹고 간다. 나비가 수명이 다 되어 죽으면 집에서 먼 곳에다 땅을 파고 묻어 주었다.

의식주를 집에서 해결하다 보니 고기를 먹기 위해 소, 돼지, 닭,

---

* 시골에서는 아무리 흉년이 들어 먹을 것이 없어도 씨종자는 건드리지 않는다. 씨종자를 잘 보관하여 이듬해 봄 농사지을 때 쓰기 위해서다. 씨암탉도 그런 역할을 한다.

염소 등을 키웠다. 주로 잔치용이나 수입원으로 쓰였다. 가축과 가족처럼 지내니 정이 들어 가축이 죽을 때는 무척 아쉬워했다. 대가족의 삶은 사람만 아니라 집짐승들과도 가족처럼 어우러져 사는 생활이었다.

장

장은 물물교환이나 거래가 이루어지는 통로로, 매달 여섯 번 열리는 것이 보통이다. 장날이 되면 각종 채소, 과일, 잡화 등이 장터로 모인다. 면 단위 사람들이 몰려들기에 잔치 분위기가 난다. 장을 보고 국밥이나 짜장면, 칼국수를 먹는 것도 기분이 좋다.

마산은 매달 2일과 6일(2일, 6일, 12일, 16일, 22일, 26일), 한산은 1일과 5일에 장이 선다. 마산장은 작고, 한산장이 활발하다. 한산장 같은 경우는 모시장과 우시장(소장)도 있다. 송아지를 사기 위해, 혹은 농사지을 어미소를 사기 위해, 사람들은 새벽부터 한산장으로 모여들어 분위기는 시끌벅적해진다. 보통 오전이면 흥정이 다 끝난다.

한산에서 약국을 하는 영숙 씨네 집의 관심사는 매상을 얼마나 올렸느냐다. 장날이면 평소보다 더 많은 사람이 영숙 씨네 이화약국을 찾았다. 1960년대 초 마산이나 한산에는 약방이 하나씩 있었을 뿐, 약국은 이화약국이 유일했다. 약방은 약국처럼 약을 팔지만, 약국처럼 조제를 할 수는 없었다.

장터 한쪽에는 서커스단이 있어서 구경거리가 되었다. 공중그네 타기, 자전거 세워서 손 놓고 타기, 공 여러 개를 하늘로 던지고 받는 곡예, 공중제비, 마술쇼 같은 재주부리기, 동그란 불 때를 맨몸으로 통과하거나 입속에 불을 넣었다가 뿜는 불 쇼 등등. 곡예나 서커스를 할 때 사람들은 숨죽이고 지켜보다가 끝나면 열렬한 박수를 보낸다.

만담가나 소리꾼들도 장터에 나타난다. 만담가는 "인천 앞바다에 사이다가 떴어도 고뿌(컵)가 없으면 못 마십니다" 식의 웃기는 말로, 소리꾼은 '춘향가' 같은 창이나 우리 가락 민요를 부른다. 볼거리가 생기니 사람들은 얼씨구나 와글와글 모여든다.

한산장은 한산 세모시가 전국적으로 유명했다.* 세모시가 필요한 분은 장날에 맞춰 각처에서 한산으로 몰려왔다. 한산 세모시는 모시 중에서도 아주 가느다래 다루기가 어려운 것으로 극히 귀한 대접을 받는다.

한산장으로 가는 길은 영숙 씨네 집 앞으로 난 신작로를 지난다. 장날이면 비포장도로인 이 길로 사람들이 끊임없이 오간다. 남녀노소가 기대를 안고 장터로 향한다. 장으로 가는 분들은 목이 마르거나 시장하면 길가에 있는 영숙 씨네 집으로 곧장 들렀다.

누가 들어오면 영숙 씨네 가족은 "진지 잡쉈슈?" 묻는다. 아직 못 먹었다고 하면 밥상을 차려 드린다. 마루에 앉아서 식사하시거나 안방으로 들어와서 드신다. 밥상 위에는 식구가 먹는 반찬 그대로 올라간다. 짠지, 젓갈, 찌개가 있으면 드리고, 고추장과 고추

* 한산모시짜기는 2011년 유네스코 인류무형문화유산에 등재되었다.

도 내어 드린다. 거창한 반찬은 아니나 마음을 담아 드린다. 식사 하시고 천천히 쉬었다가 가시라고 하면 고맙다고 인사한 후 식사를 마치고 가신다. 그러면 "다음에 또 들르슈" 하고 보내 드린다.

처음 보는 사람이라도 숙식이 필요한 상황이라면 기꺼이 대접한다. 먼 마을에 사는 경우 새벽에 열리는 한산 모시장에 갈 수 없기에 근처 아무 집에 부탁하여 하루를 묵고 가는 것이다. 다음 날 새벽 장을 봐야 하는 사람이 영숙 씨네 집으로 들어와서 사정을 이야기하면 딱한 걸 아시고 할머니는 처음 보는 분에게라도, "늦었는데 저녁 잡숩고 주무시고 내일 아침 떠나슈" 하신다. 그러면 그분은 고마워 어쩔 줄 모르고 쉬었다 가는 것이다.

어린 영숙 씨는 이런 장면을 일상으로 보며 자랐다. 보고 배운 것이 가장 오래간다고 했던가. 남을 위해 자기 것을 쓰기 아까워하지 않고, 남을 위해 수고하는 것을 당연함으로 알던 당시의 세계를 흡수하며 자란 영숙 씨는 낯선 이를 향한 환대가 불편하거나 불쾌하지 않은 마지막 세대일 것이다.

하루는 할머니와 삼촌들이 채소를 갖고 한산장으로 모두 가시고 영숙 씨 혼자 집을 보고 있었다. 쭈그러지고 시커먼 깡통을 들고 구걸하는 거지가 왔다. 거지들은 집 안으로 들어오지 않고 대개 사립문에서 구걸한다. 어린 영숙 씨는 생각해서 드린다고 바가지에다 쌀하고 보리를 섞어서 드렸다. 그런데 거지는 "왜 섞어주냐" 하고 영숙 씨를 꾸중한다.

한참 후 어른이 되어서야 영숙 씨는 그 이유를 알게 되었다. 그분은 자기가 먹기 위해서 구걸하던 게 아니었다. 장에 내다 팔려고 했던 것이다. 장에 팔려면 곡식이 섞이면 안 된다. 쌀을 장에 팔아 밥을 먹일 가족이, 있었던 것이다. 거처가 없어 다리 밑에 거적때기를 쓰고 살지라도 가족을 생각하는 마음은 같았다.

영숙 씨네 집은 큰길가에 있어서 그런지 꼭 장날이 아니어도 구걸하러 오는 사람이 많았다. 어린 눈에 나병 환자는 제일 무서웠다. 당시는 애들이 말을 듣지 않으면 "용천뱅이(나병 환자)가 잡아간다"라면서 겁을 주었다. 그러면 아이들은 무서워하며 꼼짝 못 했다. 아이들은 봄이 되면 산에 올라가 진달래꽃을 따 먹기도 했는데, 그러면 어른들이, "진달래꽃 따 먹으러 가면 용천뱅이가 물어간다"라고 했다. 왜 그렇게 말했는지 영숙 씨도 정확히는 모르겠단다. 진달래꽃이 지고 나면 모양이 비슷한 철쭉이 꽃을 피우는 때가 오는데, 철쭉은 독성이 있어 못 먹게 하려고 했던 게 아닐까 싶단다.

6.25 상이군인들도 찾아왔다. 가끔 성질이 고약한 막무가내도 있었다. 옷은 해졌고 몸은 씻지 않아 얼굴이고 손이고 새까맣다. 손에 쇠갈퀴가 달린 상이군인이 그 손으로 지목하며 무얼 달라고 하면 어린 영숙 씨는 몸이 얼어붙었다. 먹을 것을 달라고 해서 주었는데 시원찮으면 집어던지기도 했다. 그런 사람은 집에서 재우지 않았다.

한산장보다 훨씬 작은 마산장이 열리는 날이면 영숙 씨는 초등학교가 끝나는 대로 장터에서 잡화장사를 하시는 첫째 삼촌에게로 간다. 삼촌은 근교 군산에서 빨랫비누, 머리빗, 고무줄, 실, 바늘, 대야, 요강, 농기구 등을 떼 와서 파신다. 리어카에다 물건을 실어서 하는 일종의 이동 잡화상이다. 고기를 좋아하지 않는 영숙 씨도 삼촌이 사 주시는 장터 국밥은 꿀맛이었다.

삼촌은 장사가 잘된 날이면 늦은 저녁 큰 소리로 노래 부르며 집에 온다. 삼촌이 도착할 시간이 되면 할머니랑 다른 삼촌들은 등불을 들고 마중 나간다. 가로등이 없던 시절이니 보름달이 뜨기 전에는 어두컴컴하여 호롱불이나 후레쉬를 들고 간다. 리어카에 물건이 많으면 고개를 내려오기가 힘들어 같이 붙잡아 준다. 할머니는 삼촌 보고 "오늘 마산장 시세는 어떴어. 물건은 많이 팔었어. 수고했다"라는 말로 위로한다. 서로 보듬어 주는 모습이 화기애애하다.

할머니와 집에 남아 있는 가족들은 종일 장에서 고생했을 삼촌을 기다리며 애쓴 것을 알아주고 위로하기 위해 마중 나가는 것이다. 장사가 잘 안됐다고 해도 가족들은 삼촌을 반겨 준다. 언덕배기로 등불을 들고 마중 나가는 가족들과, 자기를 기다려 주고 환영해 주는 가족들을 향해 돌아오는 삼촌. 가족이 삶의 재미였던 때라고 한다.

길

집 앞 신작로는 장터로도 갈 수 있지만 학교로도 이어진다. 서낭당고개(북두산고개)를 넘으면 긴 내리막이다. 길 양옆에는 논들이 앉아 있다. 내리막길을 돌아서 직진하면 '황치네'라는 외딴집이 있다. 황씨 성을 가진 사람인데 힘이 장사라는 소문이 있었다. 자녀도 10명 가까이 되었다. 그때는 남의 집에서 일하고 있었는데 성실하여 지금은 부자가 되었다고 한다.

다시 작은 고개를 넘고 가다 보면 성당이 있다. 그 옆으로 작은 마을이 펼쳐진다. 좀 더 가면 마산면 소재지가 보인다. 오른쪽으로 돌아서 1.5km쯤 가면 영숙 씨가 다니는 마산초등학교다. 학교까지 걸어서 40분이다.

학교 갈 때는 대개 서너 명이 한 줄로 서서 간다. 5, 6학년 고학년 중 애향단 단장이 등하굣길 안전 규칙을 가르쳐 준다. 학년별로나 조별 이웃끼리 신작로에서는 일렬로 가라고 했다.

하굣길에 여러 명이 가다가 황치네에서 두 갈래로 나누어서 갈 때도 있다. 영숙 씨네 집은 신작로 도로변이니 계속 걸어도 되지만, 아래뜸(아랫마을)에 사는 애들은 산길로 해서 집에 가야 지름길이다.

학교 끝나고 신작로를 혼자 지나야 하는 경우도 있다. 오르락내리락 하는 길에 인적도 뜸하니 무서워서 뛰어간다. 영숙 씨는 어려서 걷던 길이 지금까지도 이따금 꿈에 나온다고 한다. 그러면 꿈속에서 그 길을 다시 걷는다.

비가 와도 눈이 와도 학교에는 간다. 비 오는 날은 장화를 신고 종이우산*을 쓴다. 아니면 나이론 우비를 입거나, 커다란 오동잎을 임시방편 우산으로 삼아 비를 피한다. 갑자기 소나기가 쏟아

---

* 한지에 콩기름을 발라 만든 대나무 살 우산으로, 장터에서 산다.

지거나, 가족이 많아 우산이나 우비가 영숙 씨 차례까지 오지 않아 맨몸으로 갈 때는 비를 홀딱 맞아야 한다. 물에 빠진 생쥐 꼴로 학교에 도착하는 아이들이 많았다. 비를 맞으면 몸에서 비릿한 냄새가 난다. 비를 맞고 집에 오면 꼭 물을 끼얹어야 비 비린내가 안 나고, 머리에 이도 생기지 않는다.

길에서 어른들을 만나면 꼬마 영숙 씨는 모르는 사람이라도 그냥 인사를 드린다.
"안녕하세유?"
"장에 가세유?"
"진지 잡수셨어유?" 하면,
"응, 뉘 집 자손인지 인사성이 밝구나" 하시며 칭찬하신다. 영숙 씨는 이 소리가 듣고 싶어 인사를 더 잘하게 되었는지 모른단다.
집 앞 높은 고개로 무거운 짐을 끌고 오르는 분이 있으면 영숙 씨는 뒤에서 리어카를 밀어 드린다. 꼬마의 고사리 같은 팔이 얼마나 힘이 되는지는 모르나 낑낑거리며 고개까지 함께 오르면 고맙다고 하신다. 반대로 고개를 내려올 때는 뒤에서 잡아 드려야 한다. 길가에서 놀다가도 누가 고개 위에서 수레를 끌고 내려오면 얼른 올라가 뒤에서 잡아 드리는 것이 순서처럼 되어 있었다. 어린 나이지만 영숙 씨는 그런 일들을 좋아했다.
손님이 집에 왔다가 떠나면 집 밖 신작로까지 따라가서 인사한다. 대고모 할머니나 아버지 사촌들이 오셨다 가는 경우에는 온 가족이 나와서 잘 가시라고 안고 볼을 비빈다. 집안끼리는 남녀

구분이 없었지만, 외부인에 대해서는 악수로 하고, 이성이면 고개를 숙여 인사하는 정도다.

떠나시는 분이 보이지 않을 때까지 손을 흔들다가 버스를 타시면 버스가 보이지 않을 때까지 또 손을 흔든다. 걸어서 떠나시는 경우에는 자꾸자꾸 뒤를 돌아보며 손을 흔든다.

헤어질 때는 아쉬움으로 눈물을 흘리면서 다음에 또 오시라고 인사한다. 가는 사람이나 보내는 사람이나 눈물을 흘린다. 쉽게 오갈 수 있는 상황과 형편이 아니라는 것을 서로 알기 때문이다. 언제 다시 볼지 기약할 수 없는 때였다. "살아서 보자"라는 말은 그렇게 나온 건지 모른다. 그러니 살아서 볼 수 있다면 그게 얼마나 반가웠을 터이고, 살아서 헤어진다면 그건 또 얼마나 안타까웠을까. 볼 수만 있어도 세상을 다 가졌고 큰일을 이룬 것처럼 느끼게 해 주는 사람들이 있었다. 그들을 가족, 집안이라고, 그때는 그리 불렀으니 지금에서 보면 먼 나라 외국이다.

어린 영숙 씨에게는 나라와도 같았던 대가족은, 대자연이라는 우주에 터를 두고 있었다. 집과 가족과 사람살이만 아니라, 샘물, 짐승, 장터, 산길 등 생활의 그 무엇도 대자연과 외따로이 존재하는 것은 없었다. 대자연의 우주 안에는 다채로운 빛을 내는 별들이 인간 삶에 신비와 영감을 수놓아 주었다. 그때의 스크린은 6.7인치 화면이 아니라, 12.4인치나 32인치 또는 49인치가 아니라, 눈이 담을 수 있고 눈이 닿을 수 있는 모든 곳 저 높은 은하수까지였다.

도시로

1950~60년대 영숙 씨네 동네에 유치원 같은 건 아직 없었다. 서당은 사라진 지 오래였다. 당시 시골 아이들은 대가족을 선생으로, 대자연을 교실로 삼아 자라다 여덟 살이 되어 입학통지서가 날아오면 초등학교로 직행하는 것이 순서였다. 아이들은 입학 전까지 특별히 이것저것을 배우지 않고 자기 이름 쓸 정도만 익힌다. 읽기, 쓰기, 셈하기는 학교에 들어가서 배운다. 그전에는 심부름하거나 동네 애들이랑 놀고 가족과 온종일 시간을 보낸다. 영숙 씨의 시골 어린 시절은 그랬다.

초등학교 입학을 앞두고 아버지가 대전에 있는 구세군 후생학원(고아원)에서 총무로 근무하시게 되었다. 아버지의 당숙인 이환권 할아버지가 구세군 사관으로 계셔서 다리가 되어 주셨다.* 이에 엄마와 영숙 씨(7살), 남동생(3살)도 아버지를 따라 대전으로 가게 되었다. 4대 대가족이 2대 핵가족으로 바뀌는 순간은 생각지도 않은 순간에 생각지도 못한 방식으로 찾아왔다.

대도시로 떠난 영숙 씨네 핵가족은 삼성동에 있는 구세군 대전 후생학원 옆 사택서 살게 되었다. 방 두 칸에 마루와 부엌이 딸린 기와집이다. 사택 주변에는 후생학원에서 운영하는 포도밭이 있었다. 영숙 씨는 직원들이 가지치기하고 버린 포도나무 가지를 주워다가 사택 담장 가에 심고 아침저녁으로 물을 주었다. 가지치기

---

* 영숙 씨의 증조할아버지는 이환권 할아버지의 아버지와 친형제이시다. 그런데 이환권 할아버지의 아버지는 집안 어른들의 결정으로 대종갓집의 대를 이을 양자로 나가시게 되어 영숙 씨의 증조할아버지는 독자가 되셨다. 이환권 할아버지는 1922년 생이시고, 미국 샌프란시스코에 거주하신다.

한 포도나무는 꺾꽂이가 되기에 흙에 묻고 물을 주면 뿌리가 내려 살아난다. 그때는 포도나무 가지가 꺾꽂이가 되는지 그런 건 몰랐지만, 꽃 가꾸기를 좋아하니 포도나무 가지를 담장 안에 심었다.

사택 옆으로는 판잣집이 늘어서 있다. 닥지닥지라는 표현이 맞을 것이다. 판잣집 안으로 들어갈 때는 머리를 숙여야 한다. 일곱 살 아이였던 영숙 씨도 고개를 숙여야 들어갈 수 있었으니, 어른들은 허리를 직각으로 굽혀야 했을 것이다.

들어가면 내부에 무엇이 있는지 확인할 수 없을 정도로 컴컴하다. 판잣집은 전기가 들어오지 않고 호롱불 신세다. 하루 먹고 살기 힘들어 불도 마음 놓고 켤 수 없었나 보다. 다만 아이들이 많다는 것은 감지할 수 있다. 아이들은 얼굴과 손을 씻지 못해 땟구정물이 얼굴로 줄줄 흐른다. 부모님들은 낮에 하루 벌어 하루 사는 날품팔이를 하시니 아이들 돌볼 처지가 아니셨다.

좀 잘살아 보려고, 좀 잘 키워 보려고, 시골 떠나 도시로 왔을 터인데, 이게 더 잘살게 된 것인지, 이게 더 잘 키우고 있는 것인지, "그렇다"라고는 말하기 어렵겠고, 그렇다고 다시 돌아가면 좋을까, 하니 그것에도 또 "그렇다"라고는 말하기 어렵겠고. 그러한 갇힌 상태 – 그것이 부모가 짓는 심정의 표정 아닐까.

"판잣집에 살던 사람들은 원래 거기에 살던 게 아니라 시골에서 도시로 온 이들이지요? 그 많은 이들이 왜 시골에서 살기가 어려웠을까요? 시골은 빈부격차가 도시처럼 심하지 않아서 어려워도 그런대로 살 수 있는 편이 아니었나요? 그때에도 더 큰돈을 찾아 도시로 떠나는 이들이 많았나요?"

"시골이라도 논마지기가 없는 가정도 많았어. 그러면 남의 집 머슴을 살든지 도시처럼 날품을 팔든지 해야지. 그런데 서서히 농경사회에서 공업사회로 바뀌면서 시골보다는 도시에서 날품 파는 것이 더 수입이 되었으니 도시로 몰려들게 됐지. 일자리도 도시로 가야 더 많고. 처음에는 이분들이 힘들었지만 죽을 똥 일해서 오늘엔 다 잘살고 있더라고.

6.25 이후니까 집이나 밭 뙈기가 없는 사람은 대도시로 가면 일거리가 조금이라도 있을 거라 생각했지. 가족은 많은데 수확량이 많지 않으니 시골에서 입에 겨우 풀칠하는 것보다 대도시에서 그나마 넝마라도 하면 자녀들 교육은 시킬 수 있겠다고 판단한 거지. 물론 도시 와서도 사는 게 말이 아니지. 그렇다고 정부에서 그런 사람들을 챙겨줄 여력도 없었고."

대전이 충청남도 도청소재지라고는 하나, 영숙 씨 눈에 주변은 가난으로 찌들어 보였다. 대전역 주변에는 요행을 바라는 야바위꾼들이 어수룩한 행인들을 훌렸다. 엄마도 동생을 업고 나갔다가 야바위꾼에게 걸려 새우젓 한 통을 빼앗겼다. 영숙 씨 엄마가 외지 사람 같으니 와서 새우젓을 걸고 놀이를 해 보라고 한 것이다. 몇 명이 몰려 앉아 둥그런 판을 돌리기도 하고, 손에 무슨 패를 쥐고 있다가 맞춰 보라고 할 때가 있다. 사람들은 솔깃해서 빠져든다. 처음에는 져 주다가 나중으로 갈수록 자기들끼리 짜고 다 빼앗는다.

기차역 주변에는 대바구니를 한쪽 어깨에 메고 긴 집게로 철사, 구리, 고무, 종이, 유리병, 쇳조각 등을 주워 담는 사람들이 보인다. 넝마주이라고 불리던 이들이다. 씻지 않은 얼굴로 기차 지붕 위를 뛰어다닌다.

집게 들고 기차 위를 넘나드는 모습이 어린 영숙 씨 눈에 무섭게 비추었던 것이 사실이다. 그런데 생각해 보면 그들도 가장이었다. 가족을 먹이기 위해서라면 꿈이니, 이상이니, 인정이니, 취미니, 취향이니, 건강이니 하는 것들 모두 잊어버리고 기차 위를 날아다니기로 한 가장. 그런 고생도 결국 가족을 위해서다. 그때나 지금이나, 시골이나 도시나, 대가족이나 핵가족이나, 여자나 남자나, 가족을 위해서 살고 또 가족을 위해서 죽는 것을 당연하게 여기며 살아간다. 아이러니한 것은, 인간이 가족을 위해 살아왔고 또 가족을 위해 죽어왔다는 그 발자국이 작고 초라한 한 인간을 거인의 발자국으로 만들어 주었다는 사실이다.

구세군 사택에서 동쪽으로 5분 정도 나가면 갑천이라고 하는 큰 개천이 나온다. 개천 한쪽에서 먼 곳까지 가족 단위로 천막을 친 사람들이 바글바글 모여 산다. 미군 부대나 브로커들이 소개한 어딘가에서 가져온 군복이나 군용담요 등을 염색하는 일을 한다. 개천 옆 언덕에는 덕지덕지 큰 드럼통들이 붙어 있다. 산이라고 해도 오늘처럼 나무가 푸르른 산을 생각하면 안 된다. 당시 땔감도 없는데 나무가 남아 있겠는가. 대머리 언덕에는 불쑥불쑥 드럼통만 많다. 드럼통에 염색 물감을 타서 옷감을 넣고 끓인다. 끓으면서 나는 악취가 코를 찌르고, 연기와 김이 언덕을 뒤덮는다. 그렇게 물감을 들인 후 옷감으로 되팔아 밥벌이한다.

화장실이 따로 없으니 자연히 개천 주변 아무 곳에서나 일을 본다. 일대에 변이 널려 있어 까딱하다가는 밟기 십상이다. 아직 학교도 들어가지 않은 일곱 살짜리가 그런 장면을 보는 것은 충격이었다. 이후로 영숙 씨는 한동안 길가에 널린 똥을 밟지 않으려고 애쓰는 꿈에 시달려야 했다.

구세군 사택 앞에는 노트 공장이 있었다. 양철지붕 아래 밤새 기계 돌아가는 소리가 끊이지 않았다. 공장 옆으로 이어지는 집들에서 쉴새 없이 꽹과리, 북소리, 장구 소리가 들려왔다. 굿하는 소리다. 밤새 멈추지 않는 공장 기계음과 집집이 들려오는 끊이지 않는 굿소리가 서로 기괴하게 어우러졌다. 사람들은 산업화를 원하면서도 미신을 끊지 못하고, 미신에 한 발을 둔 채로 미신을 타파하는 세상에도 다른 발을 두고 싶어했던 건지 모른다.

영숙 씨는 대도시에서도 굿을 할 것이라고는 꿈에도 생각하지 못했다. 그러니 대도시에서 듣는 굿소리란 익숙하고도 낯선 것이었다.

가족이 아프거나 좋지 않은 일이 있으면 무당이 와서 경을 읽고 굿을 했다. 무당은 춤추며 빌고, 북재비는, 덩덩 더더덩 더더더더 덩더덩, 북을 쳐댄다. 굿을 청한 주인은 상차림 앞에서 하얀 한복을 입고 무당이 시키는 대로 빈다.

어린 영숙 씨는 굿을 볼 때마다 의심이 들었다. 하지만 미신을 믿는 사람은 무당의 말이 참말인 줄로 알았다. 무당은 주로 과거의 일을 빌미로 청한 사람이 과거에 이런 일로 벌을 받는 것이니 굿을 해야 액땜할 수 있다면서 돈을 요구한다. 시키는 대로 하지 않으면 동토(動土)가 나서 죽음에 이른다고 엄포도 놓는다.

전쟁 후의 사회는 어수선하고 무질서하다. 살기가 어려우니까 시골이나 도시나 무술이 성행하는 것이다. 영숙 씨가 처음 접한 대도시의 얼굴은 일그러진 것이었다.

시골로

학교 들어갈 나이가 되자 대전 삼성초등학교에서 입학통지서가 날아왔다. 돼지풀을 뜯으러 다니던 시골 소녀는 대도시의 초등학생이 될 참이었다. 하지만 영숙 씨는 대전에서 공부할 수 없었다. 가족이 모두 나와 있으면 할머니께서 서운해하신다고 아버지가 영숙 씨만 서천 본가로 보내기로 한 것이다.

다른 가족들이 많아도 장자의 빈자리는 비중이 크다. 할머니를 언제나 첫째로 생각하시는 아버지는 맏딸인 영숙 씨라도 할머니 곁에 있어서 그 자리를 채우고 할머니를 위로하려 하신 것이다. 하지만 영숙 씨에게는 부모님과 생이별하는 순간이다.

시골 돌아가는 날.

대전역에 도착하니 눈이 많이 쌓여 있었다. 역전에서 아버지는 끈 달린 벙어리장갑을 사 주셨다. 뜨끈한 국밥도 사 주셨다.

부모님과 떨어져 산다는 것이 어떤 것인지 알 나이가 아니었다.

아버지가 그렇게 하라 말씀하시니 당연히 여기고 순종했다. '왜 나만 떨어뜨리나요'라는 생각은 손톱만큼도 들지 않았다. 아버지 말씀이라면 그대로 하는 것만 생각하는 영숙 씨였다.

엄마의 표정도 전혀 읽을 줄 몰랐다. 하지만 엄마는 딸을 떨어뜨려 놓는 것이 어떠한 삶이 된다는 것을 잘 아셨을 것이다. 엄마는 두고두고 이때 일을 미안해하셨다고 한다. 지금도 친정집에 가면 등 차갑지 말라고 방석을 갖다 영숙 씨 등에 대주신다. 혹 영숙 씨가 작은 기침이라도 하면, "내가 영숙이를 어려서 떼놓아서 콜록거리는 거여"라고, 엄마가 큰 잘못을 한 것처럼 근심하신다. 다른 곳에서는 심한 기침이 나와도 엄마 앞에만 서면 기침이 쏙 들어가는 것은 그런 연유에서 오는 것이다.

대전에서 본가로 돌아온 영숙 씨는 마산초등학교 1학년에 입학했다. 아버지는 미안하셨는지 대전에서 가죽으로 된 책가방을 구해다 주셨다. 당시는 가죽으로 만든 가방을 거의 볼 수 없었다. 영숙 씨도 처음 보는 것이었다. 입학해서 보니 여자애들은 보자기에 책을 싸서 허리에 차거나 손으로 받쳐서 들고 다녔다. 남자애들은 보자기에 싸서 어깨에 메었다. 가죽이 아니라 아예 가방이란 것을 멘 애들이 없었다. 영숙 씨는 가죽가방을 옷장 속에 넣어 두었다가 학교에서 돌아오면 메고 혼자 방 안을 몇 번 돌아다녀나 보았지, 학교에는 한 번도 메고 가지 않았다.

시골로 돌아온 영숙 씨는 증조할아버지와 증조할머니, 친할머니, 작은아버지와 작은엄마, 그리고 아직 결혼하지 않은 삼촌 및 고모들과 함께 살았다. 여전히 4대 대가족이었지만, 아버지와 엄마가 없는 집은 이전의 그 집일 수 없었다. 아이에게 부모의 빈자리란 4대, 아니 5대 대가족으로도 채울 수 있는 게 아닐 것이다.

꼬마 영숙 씨는 엄마 방에서 혼자 지냈다. 가끔 작은고모가 방에 와서 함께 잤다. 이불을 펴고, 개고, 학교 책보자기를 싸는 것 등은 혼자 해결했다. 도시락은 큰고모가 싸 주셨다. 짠지나 무장아찌 정도다. 영숙 씨는 자주 아팠다. 똑같은 반찬도 엄마가 싸 준 것이어야 힘이 된다는 듯 말이다.

1학년 때 영숙 씨는 홍역에 걸렸다. 홍역을 앓으면 눈곱이 심하게 낀다. 영숙 씨는 학독*에 담긴 물로 눈곱을 닦았다. 할머니나 고모가 절구통에 담긴 찬물로 눈을 닦지 말라고 하는데도 자꾸 닦았다. 홍역 때에는 찬바람도 피하고 찬물도 안 만지는 것이 좋다는 것을 아이가 알 리 없었고, 누가 아무리 말해도 들리지 않는 나이였다. 홍역 기침은 이후 계속되었다.

엄마처럼, 엄마만큼, 영숙 씨를 챙겨줄 사람이 없으니 홍역 관리를 못하여 자라면서 잔기침이 계속되었다. 쌀쌀한 이른 봄이 돌아오면 어김없이 기침이 시작되고 헛기침으로 숨 고르기가 힘들어졌다. 나중에는 기관지염으로 고생하다가 폐결핵까지 앓았다. 엄마가 보셨으면 기겁했을 일도 엄마가 없으니 아무렇지 않게 넘어갔다. 목에서 피가 나올 때는, '기침을 많이 하다 보면 피도 조금 나올 수 있지' 정도로 생각하고 넘기는 것이다. 기침이 시작되면 발작하는 것처럼 고꾸라지게 하다가 30분 정도 눈물, 콧물, 가

---

* 학독은 돌 절구다. 사용한 후에는 안을 깨끗이 씻은 후 물을 조금 부어 놓는다.

래가 다 빠져나와야 그제야 멈춘다. 밤에는 가래를 뱉느라 잠을 이루지 못한다. 주변 환경이 건조하다든지, 무리하여 기운이 떨어지면 기침은 더욱 격렬해졌다. 그게 10년 정도 이어졌다.

하루는 집에 와 이런 딸을 보고 깜짝 놀란 아버지가 병원에 데리고 가면서 영숙 씨는 점차 좋아졌다. 병원이 병을 낫게 한 것인지, 아버지의 관심이 병을 낫게 한 것인지는 의사도 모른다.

*

영숙 씨가 초등학교 1학년을 다니고 있을 때였다. 아버지께서 구세군 대전후생학원에서 군산후생학원*으로 발령이 나셨다. 벼르고 있던 엄마는 이때다 하고 영숙 씨를 서천에서 군산으로 전학시키려고 본가에 오셨다.

"영숙아, 이리 와 봐. 우리 딸, 엄마가 얼마나 보고 싶었는지 알어? 아이고 영숙아, 니가 입학헌다고 서천집으로 가고 엄마는 매일 달 쳐다보고 울었어. 대전에서 영숙이가 물 주던 포도나무 자라는 것을 보고 얼마나 많이 울었는지 몰러. 엄마가 미안허다. 이제 엄마 따라 군산 가서 살자."

오랜만에 보아서 어색했던 걸까. 팬티 차림으로 뛰놀던 꼬마 영숙 씨는 엄마를 보자마자 증조할머니네 점방 진열장 뒤로 도망가서 숨어 버렸다고, 아흔을 넘기신 엄마에게서 영숙 씨는 최근에

---

* 영숙 씨 아버지의 당숙이신 이환권 할아버지께서 전쟁이 한창이던 1952년 6월 10일 부모 잃은 아이들을 위해 설립하신 곳이다.

들었다. 백발노인이 되실 때까지도 이 장면을 잊지 못하시는 엄마. 눈감으실 때까지도 잊지 못하시고, 하늘나라까지도 가져가서 잊지 못하실지 모르겠다.

초등학교에 입학하고 분주한 대가족 생활을 하다 보니 부모님 그리울 겨를이 별로 없었던 것이 사실이다. 대가족 안에서 자기에 관해 깊이 생각할 시간이란 것은 어려서부터 일찍감치 없었다. 하지만 엄마는 달랐다. 엄마는 딸을 멀리 혼자 보내고 매일 밤 눈물로 지내셨다. 실은 군산에서 엄마가 데리러 오신다는 말을 장에 갔다 오는 분에게서 들어 영숙 씨는 미리 알고 있었다. 속으로는 좋아서 기다리던 엄마가 막상 눈에 비쳤는데, 달려가 엄마를 끌어안은 것이 아니라 도망쳐 숨어 버렸다. 어린 딸을 챙기려고 군산에서 한달음에 달려오셨을 엄마의 마음을 한 치도 알지 못했다.

엄마는 끝내 가지 않겠다는 딸을 두고 빈손으로 돌아가셔야 했고, 덕분에 영숙 씨는 이후 5년이란 시간을 더 부모님과 떨어져 지내야 했다. 늘 부모님 말씀에 순종하던 영숙 씨인데, 왜 자기에게 가장 중요한 순간에는 도망치며 거부했는지 지금도 이해가 안 된다고 한다.

부모님과 떨어져 사는 동안 영숙 씨가 주로 한 것은 할머니 심부름이었다. 심부름은 크게 두 가지다. 저녁에는 돼지풀 뜯기, 새벽에는 음식 배달이다.

학교에서 돌아오면 제일 먼저 돼지 먹일 풀을 뜯으러 나간다. 돼지풀은 돼지가 잘 먹는 담배풀이나 씀바귀 등인데, 증조할아버지네 논둑에서 뜯는다. 갈 때는 혼자 간다. 풀 담을 바구니에는 책을 넣어 중간중간 논둑에서 읽는다. 풀은 작은 칼이나 손으로 뜯는다. 한 바구니 뜯으려면 저녁 늦게까지 캐야 할 때도 있다.

증조할아버지가 보시기에는 안쓰러우셨나 보다. 어느 때는 다 아시고, "연매*야! 풀 베 놨다. 가지고 가거라" 하신다. 그러면 영숙 씨는 기분이 아주 좋다. 풀 뜯으러 여기저기 찾아다니지 않아도 되니 말이다. 영숙 씨는 증조할아버지가 해치워 주신 풀을 바구니에 담아 돼지우리 앞에 놓으면 이후부터는 자유 시간이다.

한번은 늦게까지 풀을 뜯고 방으로 돌아와 숙제하려고 상 위에 등잔불을 켰다. 전기가 없던 60년대 초였다. 등잔불 밑에서 잠이 들었다. 작은고모가 소변을 보려고 일어나 보니 영숙 씨 머리카락에 불이 붙고 있었단다. 이불을 걷어다 불을 껐다는데, 풀 뜯으랴 책 보랴 얼마나 피곤했으면 머리에 불붙은 것도 모르고 자고 있었을까. 아침에 일어나서야 산수책이 거의 다 탔고 영숙 씨 앞 머리칼도 그을린 것을 알게 되었다.

할머니가 맡기시는 다른 심부름은 한산에서 이화약국을 하시는 삼촌에게 아침밥을 가져다 드리는 것이다. 4km 거리의 한산에 갔다 학교에도 늦지 않아야 하니 새벽 6시에는 집을 나선다.

* "연매"는 영숙 씨가 10월에 태어났으니 열매를 많이 맺으라는 뜻에서 증조할아버지께서 지어 주신 이름이다. 꼬마 영숙 씨는 이 이름을 좋아하지 않았다. "연매가 아니라 영(!)숙(!)이라고요!"라고 아무리 말씀드려도, 오직 연매로만 부르셨다. 종갓집 첫째였던 영숙 씨는, 자기는 아들로 태어났어야 했다고 말한다. 증조할아버지는 영숙 씨를 볼 때마다, "연매가 고추를 달고 나왔어야 했는데…"라고 입버릇처럼 되뇌셨다고 한다.

삼촌이 좋아하는 동치미, 홍어찜, 계란찜, 짠지 등을 찬합에 담아 가져 간다. 약국 주변에 아침 일찍 문 여는 식당이 있었지만, 할머니나 삼촌이나 식당에서 사 먹는 것을 좋아하지 않았다.

약국 삼촌은 한산과 서울에서 약국을 두 군데나 운영하여 돈을 잘 버시는데도 좋은 옷을 입지 않았다. 머리도 따로 신경을 쓰지 않고 이발한 그대로 하고 다니셨다. 구두를 보면 해진 것을 신으셨다. 영숙 씨는 궁금해서,

"삼촌, 구두를 새 걸로 신으시지 왜 낡은 걸 신으세요?" 하니,

"인마, 가난의 한풀이를 하는 거야."

일제강점기와 6.25 전쟁을 거치며 가난의 연속으로 허리끈을 조이다 보니 당시 사람들은 근검절약이 몸에 밴 것이다. 남들이 힘들게 살고 있는데 내 생활이 좀 넉넉해졌다고 여봐란듯 잘산다 표시를 내는 것은 생각 못 할 일이다. 한번은 삼촌이 집에서 아버지와 대화하는 걸 들은 적이 있다. 삼촌이 약국을 해서 돈을 벌면 마산면에 중학교를 세운다는 계획이었다. 아버지는 집 옆 동산에 구세군교회를 세울 것이라고 하셨다.

한산 약국에 심부름을 오갈 때는 걷는 기준이 있다. 나무 전봇대다. 하나의 전봇대를 바라보며 걷다가 거기에 다다르면 그다음 전봇대를 보며 또 걷는다. 한 시간 정도 그렇게 하면 어느새 목적지에 도달한다. 걷다가 심심하면 발길로 돌맹이를 차며 걷는다.

집에 돌아와 밥을 부리나케 먹고 학교로 간다. 고개를 넘어서 갈 때도 있고 산길로 질러갈 때도 있다. 오갈 때는 동네 애들끼리 무리를 지어 간다.

영숙 씨는 한산 약국 심부름 외에도 동네 이곳저곳으로 다른 심부름도 했다. 지금으로 치면 음식 배달이다. 종갓집인 영숙 씨네 집은 제사하고 남은 음식을 바구니에 담아 이웃에게 갖다 드리곤 했다. 할머니가 말씀하신 집을 찾아 가까운 곳이나 먼 곳을 다녔다. 할머니는 손녀딸이 고분고분 말을 들으니 심부름을 잘 시키셨던 것 같다. 영숙 씨는 할머니가 심부름을 시키신다고 불평해 본 적이 없다. 할머니가 말씀하시는 것이니 빨리 해내려는 생각밖에 없었단다.

부모님과 떨어져 사는 동안 이웃 동네 한산에 계신 외할머니가 영숙 씨를 보러 자주 찾아오셨다. 엄마 없이 지내는 외손녀가 걱정되셔서 눈깔사탕을 담배 종이에 싸서 가지고오셨다. 오시면 친할머니하고 한방에서 하룻밤 주무시며 밤새 이야기 나누신다. 친할머니나 외할머니 두 분이 다 화통하셔서 어느 이야기이든지 재미있게 하신다. 외할머니는 하룻밤 주무시고 이튿날 외손녀 손에 용돈을 쥐여 주시고 총총히 돌아가신다.

당시는 아이들이 영양이 부족하여 봄에 찬 바람이 불면 입 안이 허는 경우가 많았다. 영숙 씨도 초등학교 2학년 때 입 속이 헐어 밥을 제대로 넘기지 못했다. 엄마는 떨어져 있고 집에는 일이 많아 누가 세심하게 챙겨 줄 형편이 아니었다. 외할머니가 오셔서 그런 영숙 씨를 보시고는 아주 외갓집으로 데리고 가서 한 달을 지내게 하셨다.

한산 종지리의 외갓집에는 외사촌 오빠와 언니, 동생들이 많았다. 외갓집도 나름 아홉 명이 사는 3대 대가족이다. 방은 네 칸인데 외할아버지는 안방, 영숙 씨와 외할머니는 건넌방에서 잤다. 아래채에는 외삼촌네 가족이 거주하였다. 밥은 외숙모가 해 주셨다. 동네에 다른 친척들도 많아 어울려 놀기 좋았다. 외할아버지는 동리 분들과 말씀 나누는 것을 좋아하셔서 집에는 손님이 끊이지 않았다.

외갓집에서 쉬고 먹고 놀면서 영숙 씨는 몸도 회복하였다. 그렇게 한 달을 보냈다. 이제 집으로 돌아가는 날이다. 산 하나를 넘고 저수지를 돌면 영숙 씨네 집이다. 혼자 가도 되는데 외할머니가 굳이 데려다주신다면서 동행하신다.

산언덕까지 올랐을 때 외할머니가, "영숙아, 여기서 잠깐 쉬어 가자"하신다. 그러고는 괴춤을 끄르시더니 포대 종이에 싼 무언가를 꺼내신다. 아궁이에서 갓 구운 통통한 박대다. 막 나온 것이라 뜨끈뜨끈하다. 할머니는 뼈에 붙은 살을 일일이 골라내시더니 한 점씩 입에 다 넣어 주신다. 외갓집에 손자들이 많은데 외손녀 딸 주려고 가만히 챙겨 오신 것이다.

외할머니 사랑이 컸다. 그때는 어려서 몰랐지만, 지금 생각해 보면 엄마가 외할머니한테 딸 걱정을 얼마나 많이 하셨겠는가. 외할머니 손길에 담긴 사랑의 출발지는 엄마가 아니었을까, 하는 이유다. 물론 엄마의 그 사랑은 외할머니의 사랑에서 출발한 것이기도 하리라. 그렇게 거슬러 올라가고 올라가면 제일 위에서 누가 사랑의 보석을 입에 한 방울 떨어뜨려 주신 것이었을까!

영숙 씨는 학교 다니면서 결석해 본 것이 초등학교 1학년 때 홍역으로 인해 한 달, 그리고 2학년 때 외갓집에서 한 달간 지냄으로 인해 결석한 것이다. 그때만 해도 공부도 중요하지만 결석하지 않는 것을 더 자랑으로 여기던 시절이었다고 한다.

엄마가 그렇게 전학을 시키려고 해도 안 간다던 영숙 씨는 5학년 2학기에 전학을 결심했다. 그 경위는 이러하다. 마산초교 아이들이 담임 선생님은 영숙 씨만 예뻐한다고 시샘하며 놀리곤 했다. 전 학생이 그렇게 얘기하는 것도 싫은데 이 소문을 들은 네 살 위 작은고모도, "담임 선생님이 너만 예뻐한다면서?" 하는 것이다. 그 소리가 놀리는 말 같아 좋게 들리지 않았다.
결국 여름방학 때 아버지한테 군산으로 전학하겠다고 말씀드렸다. 5학년 2학기 여름방학이 끝나면서 시골 서천을 떠나 부모님이 계신 군산초등학교로 전학했다. 고집 때문인지 어색함 때문인지 모르지만, 덕분에 5년 반이라는 시간을 더 치른 셈이다.

새로운 세상

시골에서 도시로 전학하면 도시 애들한테 꿀린다든지, 분위기에 눌린다든지 하는 걱정이 들지 모르나, 영숙 씨는 그런 마음을 전혀 느끼지 않았다. 시골에서 대가족으로 지내며 경험하고 배운 것은 도시에서는 경험하고 배우기 어려운 것이다. 또한, 시골에 살 때도 방학이면 군산에 가 지내서 그런지 도시로 왔다 하여 심경에 큰 차이는 없었다. 하지만 환경은 분명 크게 바뀌었다. 대가족, 시골, 전통, 대자연이 지금까지의 영숙 씨를 만들었다면, 바뀐

환경은 영숙 씨를 이제 어떻게 바꾸어 나갈까?

　시골 대가족 생활과 군산의 도시 생활은 엄청난 차이가 있다. 시골에서는 나무를 때서 밥을 짓는다. 군산에서는 연탄을 사용한다. 시골에서는 등잔불이지만 군산에서는 전깃불이다. 무슨 물건을 사려면 시골에서는 장날이나 먼 곳으로 걸어가야 하지만, 군산에서는 빵이 먹고 싶으면 가까운 빵집에서 쉽게 구할 수 있고 대중교통도 편하게 이용할 수 있다.

　가족 구성원도 바뀌었다. 시골에서는 할머니와 삼촌, 고모랑 살았는데, 이제는 도시에서 부모님, 동생들과 지낸다.

　다만 시골에서나 군산에서나 바뀌지 않은 것은 북적북적한 생활이다. 시골에서는 대가족으로, 군산에서는 고아원 공동체로, 하루라도 사람을 마주치지 않고 지나가는 날이 없을 정도였다.

　군산 시내의 중심에 군산초등학교가 있다. 마산초와는 비교할 수 없이 큰 학교다. 학교는 3층으로 된 전관과 후관이 있다. 전·후관을 연결하는 통로는 비를 막아 주는 지붕이 덮여 있다. 좌측으로는 실내체육관 크기의 강당이 있다. 각 학년은 여섯 반이고, 한 반에 학생이 60명 이상이니 전체 학생 수는 2,000명이 넘는다.

　영숙 씨는 여자반인 5학년 4반으로 배정받았다. 합창부를 담당하시는 선생님이 담임이셨다. 선생님은 시험 성적순으로 '수 우 미 양 가' 분단을 만들어 가르치셨다. 점수가 90점 이상이면 수 분단, 80점 이상이면 우, 70점 이상이면 미, 70점 이하이면 양가 분단에 앉는다. 담임 선생님이 경쟁을 붙여 성적을 끌어올리려는 방법이었으니 따르는 수밖에 없다. 영숙 씨는 시골에서 전학 왔지만 성적이 크게 뒤지지 않아 우 분단에 앉았다.

첫 수업 시간이었다. 선생님께서, "이영숙이 충남 마산국민학교에서 전학을 왔다"라고 앞에서 부르며 소개하셨다. 나중에 보니 반에 이영숙이 두 명이나 더 있었다. 그래서 "이영숙!" 하고 누가 부르면 세 명이 동시에 고개를 돌려 쳐다본다. 이 문제를 해결하기 위해 선생님은 이영숙 앞에다 '마산 이영숙', '군산 이영숙', '진주 이영숙' 하고 출신을 붙여 부르셨다. 얼마 뒤 또 전학생이 왔다. 섬에서 온 친구인데, 고영숙이다. 부르기가 좋아서일까. 영숙이란 이름이 많았다.

군산에서 제일 부잣집 애도 같은 반에 있었다. 점심때가 되면 가정부가 뜨끈뜨끈한 밥을 해 와서 그 애를 먹이는 것이 진풍경이었다. 가정부가 찬합에 준비해 온 점심을 책상에 풀어놓으면 쉽게 보지 못한 반찬이 펼쳐졌다. 애들은 자기 도시락을 자기 자리에서 먹기에 서로 반찬을 나누어 먹는다든지 하는 일은 없었다. 따라서 그 애의 반찬을 다른 애들이 먹어 보는 일도 없었다. 식사가 끝나면 남은 음식은 가정부가 다 챙겨 갔다.

그 애는 과외비를 내고 담임 선생님한테 방과후 과외도 받았다. 키가 크고 보조개가 들어가서 예쁘고, 심성도 온유한 아이였다. 반장을 했지만 반 친구들과 놀 시간은 없었다. 승용차가 있는 가정을 손에 꼽던 시절, 그 애는 수업이 끝나면 차가 와서 태워 갔다. 중학교를 서울로 가서 이후 소식은 모른다.

4~6학년이 되면 각자 희망하는 대로 클럽을 골라 활동한다. 학

교에는 사진실, 과학실, 스카우트실, 밴드부실 등 부속 시설이 잘 갖추어져 있다. 밴드부 여선생님은 클라리넷, 바이올린, 비올라, 첼로, 큰북, 작은북, 트럼펫, 트롬본 등을 가르치셨다. 매일같이 옷과 구두를 바꾸어 입으셨기에 칠면조란 별명이 있었다. 합창부 담당이신 영숙 씨네 담임 선생님은 뻐드렁니가 나고 잘 생기지는 않으셨는데, 입을 짝- 벌리시며 합창 지도하실 때 보면 어디서 그런 꾀꼬리 소리가 나는지 모른다.

6학년 때는 중학교 입시 준비를 위해 공부만 한다. 도시락도 이 때부터는 아침 점심으로 두 개씩 갖고 다닌다. 학교에서 아침에 도시락을 먹은 뒤 오전 7시부터 수업 시작이다. 선생님이 교과별로 교재에 있는 문제를 내주시면 학생들은 답안지에 답을 쓴다. 시험이 끝나면 학생들은 서로 답안지를 바꾸어 채점한다. 그런 식으로 반복하여 문제를 풀다 보면 교재 내용을 외우다시피 한다.

마산초등학교에는 중학교 가는 애들이 많지 않았다. 마산에는 중학교가 없어서, 혹 중학교에 간다면 한산에 있는 공립학교인 한산중학교나 사립학교인 성실중학교로 갔다. 하지만 시골은 돈이 넉넉하지 않으니 초등학교를 졸업해도 중학교에 보내기가 어려웠다. 중학교에 갈 수 없던 애들은 졸업과 함께 집안일을 도왔다. 남자애들은 풀 베기, 풀 뽑기, 불 때기, 나무하기 등을, 여자애들은 밥 짓기, 빨래하기, 아기 보기 등이다.

마산의 상황과 달리 군산에서는 대부분 초등학교 졸업 후 중학교로 진학했다. 여기서는 중학교 입시부터가 치열한 경쟁이었다.

영숙 씨는 공부에 큰 취미가 없었다. 대신 이 길 저 길 돌아다니

거나, 학교 주변 만화방에서 만화책 읽는 것을 더 좋아했다. '비밀의 화원', '파랑새를 찾아', '신드바드의 모험' 등이 기억에 남는다. 많은 사람이 돌려보기에 책은 손때 묻은 것이 대부분이다. 라면땅을 먹으면서 보는 재미가 쏠쏠했다.

구세군 사택에서 학교까지는 3km 정도다. 걷는 걸 좋아하니 방과후 같은 길로 가지 않고 다른 길을 선택해 가 본다. 매일 도시만 보았더라면 도시를 걷는 게 별 재미가 아니겠지만, 시골에서 걷는 게 삶이었던 아이는 도시의 평범한 길도 호기심 있게 보였다. 그렇게 시내를 돌아다니며 새로운 세상을 구경하며 관찰하는 일이 영숙 씨에게는 열린 수업이었다.

군산에 오자 언제 시골에서 살았느냐는 듯 도시 생활에 익숙해 갔다. 부모님이 군산에 계시니 서천 본가에는 특별한 일이 없으면 가지 않았다. 시골에는 할머니랑 삼촌, 고모, 작은아버지와 작은 엄마가 여전히 전과 같은 방식대로 살아가고 있었다. 그곳에서 나온 영숙 씨이지만, 이제는 전과 다른 방식으로 살고 있다. 정신없이 지나가는 도시에서의 하루하루 가운데, 시골의 삶과 도시의 삶은 서로에게서 더욱더 멀어져 갔다.

멀어지면서 희미해진다.
희미해지지만 사라지지는 않는다.
추억이란 희미해졌다가도 떠올리면 다시 선명해지고, 선명해지면 가까워진다.
할머니 심부름으로 삼촌들에게 가져다주던 도시락 찬합, 돼지풀 뜯으러 가는 대바구니, 책보 자기 안고 동무들과 학교 가며 마시던 샘물, 무릎에 앉아 쓰다듬으며 놀았던 증조할아버지 수염, 아무 말씀 없이 이부자리 펴 주시던 증조할머니의 빙그레하시는 얼굴, 외할머니 괴춤에 숨어 있던 뜨끈뜨끈한 박대.
잊으려 해도 잊을 수 있을까.
이제는 할머니가 된 오늘까지도 그 장면들이 꿈에 찾아오는 걸 보면 말이다.

군산여중 군산여고

군산에는 여상도 있고 후기* 중·고등학교도 있지만, 대학을 생각한다면 군산여중·고를 가야 하는 분위기다. 영숙 씨는 시험을 쳐서 군산여중에 합격했다.

입학식 날.

강당에는 600여 명의 신입생이 서 있다. 담임 선생님을 발표하는 시간이다. 영숙 씨는 속으로 '저분이시면 좋겠다'라고 생각한다. 코도 뾰족하시고 멋있는 분이다. 후에 들었지만 영국 신사라는 별명이 있는 분이다. 그분이 담임이 되었다. 그리고 영어를 담당하셨다. 영어에 관심을 두게 되는 건 기정사실.

담임 발표 후에는 입학시험 성적 순으로 10명에게 상을 준다고 한다. 또 속으로 '나도 그중에 들면 좋겠다'라는 생각을 했는데 마지막 열 번째로 이름이 불린다. 강단 위로 올라가서 상을 받았다.

영숙 씨는 그때 빨간 오버를 입고 있었다. 구세군 고아원의 피복 담당 아저씨가 입학 기념으로 만들어 주신 것이다. 3월 초라 날씨가 쌀쌀하여 교복 위에 걸치고 갔었다. 담임 선생님이 보더니 빨간색은 입지 말라고 하셨다. 그날 처음 입은 것인데 이후로 오버는 어디로 갔는지 모른다.

학교는 여학생들에게 교복 위에 입을 외투로 튀지 않는 검은색을 권했다. 스커트 길이는 무릎 밑으로 5cm 정도는 되어야 하고, 머리카락은 단발머리로 귀밑 2cm를 넘으면 안 되었다. 화장은 당

* 후기란 1차 시험에서 떨어진 학생이 지원해서 2차로 갈 수 있는 학교들을 말한다.

연히 금지고 허리를 잘록하게 보이도록 허리띠를 해도 안 되었다.

중학교에 들어가면서부터 아버지는 영숙 씨를 일체 바깥에 못 나오게 하셨다. 오직 학교, 집, 교회다. 아버지는 오로지 공부만 하게 하시면서 약대를 말씀하셨다. 중1 때부터 약대 지망생이 된 것이다.

10대 때 얼마나 꿈이 많고 하고 싶은 일들이 많은가. 여행도 가보고 싶고 악기도 해 보고 싶었다. 군산여중·고는 전국대회에서 은상을 받았을 정도로 밴드부가 유명했다. 기악 시간에 선생님이 소질을 보셨는지 비올라를 건네며 집에서 연습해 보라고 하셨다. 아버지 몰래 연습하다 들키어 "딴따라가 되려고 그러느냐" 호통하시는 바람에 기악 선생님께 반납하고 그 뒤로는 얼씬도 못 했다. 그렇다고 아버지가 음악에 관심이 없는 분은 아니셨다. 목청이 좋아 행사마다 뽑혀 다닐 정도로 노래도 잘하시고, 레크레이션 강사도 하셔서 구세군 수련회가 있을 때는 인도자로 활동하는 분이셨다.

하지만 음악은 음악일 뿐, 자기 자녀는 공부에만 몰두시키신다. 의자에 앉아 있다고 다 공부하는 것은 아니다. 밤에 불 켜 놓고 3시간을 앉아 있으면 2시간은 공상이다. 책상에서 상상의 세계를 여행하는 영숙 씨는 훗날 자녀를 낳으면 하고 싶은 일을 맘껏 하도록 밀어주리라 다짐하곤 했다.

공부 잘하는 것을 최고로 치시는 아버지는 영숙 씨가 집에 돌아오면 제일 먼저 물으신다.

"오늘은 뭘 배웠느냐?"

이때 영숙 씨가 궁금해하는 것을 여쭈어보면 즐거워하셨다. 주로 학교에서 들은 낱말의 뜻을 여쭈었다. 내가 무얼 배웠다고 말씀드려 아버지의 마음이 기쁘신 것 이상으로, 아버지가 자녀에게 가르침을 줄 수 있어 아버지의 마음이 더 기쁘시다는 사실을 이해한다면, 그건 관계와 마음에 있어 섬세한 감각을 지녔음을 보여 주는 것이다.

엄마, 아버지, 영숙 씨, 남동생 둘까지 다섯 식구가 쓰는 한방에는 '께, 까, 유, 요, 아' 다섯 자를 붓글씨로 크게 적은 표가 벽면 높이 붙어 있다. 아버지가 써 붙이신 것이다. 시골에 사시다 도시로 오신 엄마의 말씨가 좀처럼 바뀌지 않고 사투리가 많아 아버지가 고안하신 것이다. 엄마가, "오늘 영숙이가 상을 받아 왔씨유" 하시면 아버지는 뒷말을 받으셔서 "왔어요" 이런 식으로 고쳐 주시는 것이다.

학교에서 시험 볼 때가 되면 아버지는 흥정을 하신다.
"영숙아, 3등 해라. 그러면 500원 준다."
"2등 해라. 1,000원 준다."
"1등 해라. 얼마 준다."
물가가 오르면서 상금도 올려 주셨다. 그렇게 해서 고등학교 졸업할 때까지 6년간 모은 돈으로 '백조 오르간'을 샀다. 지금도 친정집 시골에 가면 낡은 모습으로 자리를 지키고 있다.

아버지가 원하시는 대로 순종하고 따르니 무척 예뻐해 주셨다. 주변 사람들에게 자랑도 많이 하셨다. "우리 영숙이는 공부도 잘해요. 선생님 말씀도 잘 들어 칭찬도 많이 받아요. 실장도 해요"

등등. 떨어져 살던 딸이 마음을 안정하고 집과 학교생활에 적응하고 있는 점이 아버지는 흐뭇하셨나 보다.

영숙 씨가 아버지 말씀이라면 두말없이 그대로 따르던 것처럼, 아버지는 큰딸이 말하는 것이면 무엇이든 들어주려 하셨다. 학교 가기 전에, "아버지, 이런 문제집이 필요해요" 하고 학교에 갔다 오면 반드시 책상 위에 놓여 있다. 수련장, 손목시계 등등 필요한 것을 말씀만 하면 구해다 주셨다.

어느 때는 말씀드리지 않아도, 필요한 나이가 되면 필요해질 것들을 알아서 사다 책상 위에 놓아 주셨다. 가령 브래지어 이런 것도 포함이다. 엄마에게 예쁜 양산을 사 주시면 중학생인 큰딸이 쓸 것까지 사 오실 정도로 끔찍이 여기셨다. 그런 분이 그동안 어떻게 딸과 떨어져 사셨을까, 하는 생각이 들 정도다. 그러고 보니 부모와 떨어져 살던 시간을 자녀 입장에서 빈자리라고 이야기하곤 하지만, 못지아니하게 부모에게도 그것은 아픈 자리다.

아버지와 구세군

구세군 군산후생학원. 이곳이 구세군 고아원이다. 후생학원 정원에는 가이스거향나무와 흔치 않은 히말라야시다 등 나무가 많다. 한겨울 눈이 쏟아질 때, 나뭇가지가 휘어질 정도로 붙어 있는 눈꽃송이는 '북극이라고 이렇게 아름다울까?' 하고 상상을 자극하며 보는 사람의 감탄을 일으킨다. 정원 분수 주변으로는 허브와 각종 꽃이 두르고 있다. 대문으로 나가는 양쪽으로 등나무가 아치를 이룬 길이 나온다. 꽃이 필 때와 열매가 주렁주렁 매달릴 때면 영숙 씨는 일찍 일어나 이 길로 산책하기를 좋아했다.

후생학원에는 강당, 숙소 등 여러 건물이 모여 있다. 성탄절 발표회나 예배를 드릴 때는 강당을 쓴다. 아이들 식사도 강당에서 한다. 숙소는 2층으로 되어 있다. 숙소 1층 주방에는 아주머니들이 교대로 수고하신다. 밴드를 담당하는 분도 계시고, 원생들의 생활을 지도하는 분도 숙소에서 지내신다. 숙소 앞에는 의무실이 있어 간호사가 아픈 아이들을 돌보고, 피복실도 있어 옷을 지어 입혔다.

원장은 구세군 본영에서 사관학교를 졸업하고 발령을 받아 오신 분이다. 정원 안쪽에 있는, 일제 때 지은 단층 기와집에 사신다. 원생과 직원 그리고 고아원 사택에서 사는 직원 가족들까지 합치면 160명이 넘는다. 전체 규모가 크고 집단적으로 훈련이 잘되어 있다.

아버지는 이곳에서 총무로 일하며 회계와 원생들 생활을 맡아 돌보신다. 아버지는 새벽 4시면 기상하신다. 아침 6시에 어김없이 기상 종을 알리신다. 원생들은 운동장으로 나와 체조한 뒤 각자 맡은 구역을 청소한다. 청소가 끝나면 아침 식사를 하고 학교로 간다.

6. 25전쟁으로 부모 잃은 남자 원생 120여 명이 만 6세부터 18세까지 생활한다. 이후에는 각자 독립한다. 아버지는 원생들이 초등학교를 졸업하고 중학교에 들어가면 신문을 돌리게 해서 통장을 만들어 자립할 수 있게 도우셨다. 홀트 아동복지회에도 많이 연결해 주셨다. 초중고는 의무적으로 가르쳤고, 대학생도 몇 나왔

다. 의사 교수와 군산교육청 장학사도 배출되었다.

틈나면 아버지는 영숙 씨에게 말씀하셨다.

"사람은 태어나면 다른 사람을 위해서 희생 봉사해야 한다. 그것이 사람의 본분이다."

그렇게 말씀하시면서 본인을 돌보시는 것은 못 보았다고 영숙 씨는 말한다. 오직 다른 사람을 위해 애쓰셨단다. 영숙 씨의 가족은 그런 아버지의 말씀에 순종하고, 아버지가 말씀하시면 거의 따랐다.

구세군은 구제하는 일에 앞장섰다. 후생학원 건너편 동네 해망동은 이북 피란민들이 주를 이루어 형성된 마을이다. 그곳 대부분 주민의 생활이 빈곤하다. 한 달에 두 번 급식과 구제품을 받으러 고아원에 왔다. 미국에서 잉여 농산물이나 우유, 통조림, 카스텔라, 의류, 신발류 등의 구제품을 한국에 보내주던 시절이다. 아버지는 그 농산물과 물건들을 이웃에 나누어 구제하였다.

주말이면 군산에 있는 미군 부대에서 미군들이 군복을 입고 후생학원을 찾아온다. 아이들에게 영어 회화를 가르쳐 주며 시간을 보낸다. 아이들을 미군 부대로 초청하여 구경시켜 줄 때도 있다. 영숙 씨도 가 보고 싶었지만 아버지는 남녀칠세부동석이란 사상이 강하셔서 영숙 씨를 그런 자리로부터 멀리 격리하셨다. 대신 오로지 공부의 자리에 있게 하셨다.

구세군 하사관 임명식. 앞줄 왼쪽 첫 번째에 영숙 씨의 아버지가 보인다. 뒤쪽 장막에 쓴 글씨는 아버지가 붓글씨로 쓰신 것이다.

*

　군산여중을 졸업하니 군산에 온 지도 어느덧 5년이 되었다. 부모님과 떨어져 살았던 5년이라는 시간만큼의 시간이 지난 것이다. 그 시간만큼, 시골에 있는 가족들과 떨어져 지낸 시간도 5년이 되었다. 시골에도 시계가 있고 도시에도 시계가 있는데 그 두 시계는 각기 다른 세상에 사는가. 같은 하늘 아래 같은 땅 위에 존재하는데 서로 볼 수는 없다면, 그건 다른 하늘 다른 땅이라 해야 할까.

　군산여중과 군산여고는 한 학교처럼 같은 장소에 있었다. 군산여중을 졸업하면 시험을 봐서 군산여고로 가는 게 순서처럼 되어 있었다. 영숙 씨도 자연스럽게 군산여고에 입학했다.
　고등학교는 이과, 문과, 상과 등을 선택하여 진학한다. 상고에 들어가면 사회에 나가 적응할 준비를 한다. 대학에 진학하려면 이과와 문과를 지망해야 한다. 그때는 고등학교가 인문계와 상업계로 나뉘고, 인문계가 다시 문과와 이과로 나누어지는 식이었다. 영숙 씨는 인문계 자연반(이과)을 택했다. 사회에 나가서 바로 유용하게 쓰이는 주산, 타자 등을 배우는 실업반*에 가서 배워 보고 싶었지만, 아버지께서 약대를 원하시기에 이과를 택해야 했다.
　고등학교 때에도 바깥출입이 금지되다시피 했다. 집에 있을 때

---

* 인문계 고등학교 안에 문과반, 이과반과 함께 실업반이 있었다.

는 공부보다는 도스토엡스키, 톨스토이, 앙드레 지드, 헤겔, 헤르만 헤세 등의 문학전집을 읽으며 시간을 보냈다.

고등학생이 되면 철학적인 면에도 관심이 생긴다. 윤리 수업 중에는 세계의 주요 철학자, 사상가의 이론과 사상을 공부하고 토론하는 시간이 있다. 교과서에 나오는 것은 그들의 주요 저작 제목과 요약된 사상 정도이기에 갈증이 있었다. 그들의 책을 직접 읽고 알아보고픈 마음이 든다. 아버지께 말씀을 드리니 그날로 철학 및 문학 전집을 구해다 주셨다.

밖으로 길을 걸으며 세상을 구경하지 못하게 되니 억눌린 호기심을 책 읽기로 발산했다. '문학소녀'의 탄생이다. 물론 문학서와 철학서의 내용을 다 이해한다는 것은 어려웠다. 좋은 것을 발견하고 얻으리라는 기대를 갖고 읽지만, 사상이 명쾌하거나 딱 부러지는 경우가 없고 생각을 비비 꼬는 것 같다는 느낌이 들었다. 툭하면 "인생이란…" 하면서 많은 말을 복잡하게 할 뿐이었다. 다양한 철학과 사상에 접할수록 영숙 씨는 오히려, '인간이 영원히 의지해야 할 대상은 철학자나 사상가가 아닌 절대자 하나님뿐이시다'라는 생각을 확고히 다지는 시간이 되었다.

중고등학교에 다니는 동안 영숙 씨에게 실장, 부실장, 대의원, 규율부원 등의 책임이 맡겨졌다. 실장은 반장, 부실장은 부반장과 같다. 대의원은 전교 학생 회의를 주관한다. 규율부원은 말 그대로 규율을 세우는 역할로 아침 등교 시간에 교문 앞에서 두발, 복장을 지도하고 지각생을 잡는다. 지적받는 학생은 생활기록부에

해당 내용이 기록되고, 교실로 들어가기 전에 무릎 꿇고 두 손 들기, 엎드려뻗쳐, 한쪽에 서 있다가 들어가기 등의 벌을 받는다. 약속한 규칙을 본인이 지키지 않은 것을 알기에 저항하지 않고 수긍한다.

규칙을 크게 위반할 경우 일주일 등교 정지, 정학 처리 또는 퇴학이나 한 학년 유보 등의 징계도 있다. 정학이나 퇴학은 규율부원이 아닌 교무처에서 결정한다. 그런 경우는 규칙 중에서도 비중이 큰 것, 예를 들면 남자애들과 놀아나다 애를 갖고 학교에 장기간 빠진다거나, 밤에 술집이나 유흥업소에 출입한다거나, 아지트에서 술을 먹고 담배를 피운다거나, 대학생이나 유부남들과 바람을 피우는 등의 부적절한 행위를 반복할 때, 정학에서 퇴학이 가능하다. 하지만 실제로 퇴학되는 학생은 본 적은 없다.

포석정에서. 1967년 군산여중 2학년 때 경주로 수학여행을 갔다. 가운데가 영숙 씨다. 뒤쪽으로 어르신들과 아낙의 한복이 신구(新舊)의 대비를 이룬다. 당시의 '신'이 지금은 '구'가 되었지만, 지금의 '신'이 훗날 '구'가 되는 날. 영숙 씨 때의 '신'은 그 미래 세대에게는 '참신'으로 다가갈 것이다.

운동회

군산여중고는 상(上) 운동장과 하(下) 운동장을 공동 사용했다. 체육 대회가 열리면 3,600여 명의 중고교 전교생이 운동장에 집결하는 장관이 펼쳐진다. 먼저 상 운동장에 학년 반별로 2열 종대를 지어 모여 선다. 학생들은 밴드부 북소리에 맞추어 상 운동장에서 교문을 나와 일반도로로 착! 착! 착! 발맞추어 행진한다.

동네 분들은 때를 맞추어 나와 마라톤을 할 때처럼 손을 흔들어 주신다. 도로에서 운행 중인 차들은 엄청난 수의 학생들이 모두 통과할 때까지 멈춰 선다. 차 안의 눈길들도 호기심 어리게 바라보며 즐거워한다. 학생들도 덩달아 신이 난다.

거리 행진을 마치면 하 운동장으로 와서 돌계단에 학년별, 반별로 앉아 응원 준비를 한다. 청군과 백군으로 나누어진 응원석 앞에는 응원 대장이 서서 분위기를 이끈다. 응원 대장은 끼가 있는 고등학교 2, 3학년 학생 중에서 맡고, 체육복을 입는다.

경기가 시작되면 응원석에 앉은 3,600여 명의 학생들은 형형색색으로 물들인 수술(털이개), 짝짝이 등 여러 도구를 사용해 목이 터져라 응원한다. 운동장은 곧 흥분과 열광의 도가니가 된다. 응원가로는 교가나 '서울의 찬가' 등을 부르고, 337박수*, VICTORY박수** 등으로도 열을 뿜는다.

---

* 응원 대장의 동작에 맞추어 박수 또는 짝짝이를 갖고 왼쪽으로 짝짝짝, 오른쪽으로 짝짝짝, 앞에 보고 짝짝짝을 반복함.
** "브이(V) 아이(I) 씨(C) 티(T) 오(O) 알(R) 와이(Y) 우아아아"를 외치며 짝짝짝 치는 박수.

"그냥 응원이 아니고, 온몸을 불사르는 흥으로 전교생이⋯.
요즘 아이들은 그런 걸 모르지."

오늘은 아름답고, 어제는 시시했을 것으로 생각하면 오산일 듯하다. 우리는 엄마의 십 대를 모른다. 다만 상상하기 어려운 열정이, 지금은 경험하기도 재현하기도 어려운 열기가, 엄마의 십 대에 있었던 것 같다. 순수할수록 열기와 열정은 더 뜨겁게 발산된다. 스마트폰에 길들어 열광을 잃어버린 오늘날, 끔찍하게 열광하던 그때가 궁금하기도, 그립기도 하다.

무용 담당 선생님은 고전무용과 현대무용을, 체육 선생님은 곤봉체조와 텀블링을 지도한다. 텀블링은 동작이 다양하다. 서로 등지고 앞뒤로 올렸다 내렸다 하는 동작, 물구나무서기, 다섯 사람이 한 사람은 중앙에 서고 양쪽으로 두 사람씩 손을 붙잡고 부채꼴 모양 만들기, 인간탑 쌓기 등이다.
텀블링에서 하이라이트는 5층 인간탑 쌓기다. 각 반 조별로 모인 600여 명이 기본자세로 시작해서 연속동작으로 이어 간다. 지도 선생님이 호루라기로, 호르륵 혹, 하면 일제히 학생들은, 하나! 둘! 구령을 붙이며 동작한다.
5층 탑 쌓기를 할 때는 한 탑에 열다섯 명이 필요하다. 지도교사의 호루라기 신호를 잘 따라야 한다. 떨어지면 사고가 날 수 있기에 선생님은 매우 엄하게 지도하시고, 군데군데 보조교사가 있어서 불상사는 없었다.

긴장과 환희 넘치는 텀블링이 끝나면 정숙한 고전무용으로 돌아간다. 고전무용을 할 때는 학년별로 한다. 이때도 600여 명이 참여한다. 머리에는 족두리를 쓰고 한복을 입는다. 한복은 엄마에게서 빌려 입는다. 손에는 50cm의 둥그렇게 깎은 나무를 잡고 그 위로 장삼을 길게 늘어뜨린다. '강강술래' 등 음악에 맞춰 동작한다. 북한 아리랑 공연처럼 운동장을 꽉 메우고 질서 있게 움직인다. 체육 대회 날은 운동장에 학생만 3,600여 명이 넘지만 학부모들까지 모이니 인산인해 장관을 이룬다.

학생들의 가장행렬도 대단했다. 체육 대회가 개별 학교의 행사라면, 가장행렬은 군산시 학교들의 연합 행사다. 구암동 공설운동장에 군산의 중고등학생 수만 명이 모여 학교별로 특색 있게 몸을 꾸미고 도로를 꽉 메운 채 시내를 행진한다. 주제별로 의상을 맞추어 입는다. 반공 승공 이념이 강했던 60년대 말에는 북한 괴뢰군 복장을 하고 김일성이 총탄에 맞아 쓰러지는 장면을 연출하면서 퍼레이드를 했다. 행렬 앞으로는 기악대가 전진하며 팡파르를 울린다.

시민들은 도로변에 나와 기다리고 있다가 자기 자녀가 지나가면 박수갈채로 환호를 보낸다. 그 박수 소리에 학생들의 마음은 한층 부풀고, 무슨 일이든 다 해낼 수 있을 것만 같다. 그런 게 있었는 줄도 모르고 살지만, 실은 우리 엄마들은 생각보다 훨씬 추억의 부자들이시다.

군산 남녀 중고등학교 가장 행렬. 영숙 씨 아버지가 찍은 사진이다. 나무 위에 올라서 보는 사람, 창문으로 고개를 내밀고 보는 사람 등도 인상적이다. 길 건너 군산예식장은 영숙 씨가 회장단 선거 때 연설 연습을 했던 곳이다.

*

중간고사나 기말고사가 끝나면 중고등학교 전체가 극장을 빌려 영화를 본다. 주로 군산극장으로 갔다. 평상시에는 미성년자가 영화관에 가는 것 자체가 금지이지만, 학교에서 단체로 갈 때는 들어갈 수 있다. 교복 차림으로 둘씩 짝지어 일렬로 줄 서서 들어갈 때 장난치는 학생은 없다. 속으로는 신이 나서 가슴이 뛰고 있을지라도 말이다.

담임 선생님의 인솔 아래 군산여중고의 3,600명 학생이 영화관으로 움직이니 대단하다. 얼마나 근사한가. 사람이 많아서 나누어 갈 때도 있다. 영화관에 들어가면 좌석이 모자라 통로에서도 보고 뒤에 서서도 본다.

군산극장은 주로 외국영화를, 중앙극장은 주로 한국영화를 상영했다. 영숙 씨가 아직도 기억하는 것은 중학교에 입학해서 본 '아름다운 추억'이란 영화다. 사춘기 무렵이어서 그런지 눈물을 얼마나 많이 흘렸는지 모른단다. 그밖에도 '사랑할 때와 죽을 때', '닥터 지바고', '사운드 오브 뮤직', '무기여 잘 있거라' 등을 보았다. 선생님들과 함께 전교생이 영화를 보러 가는 추억이란 오늘에 다시 경험해 보기 어려운 일일 것이다.

결정의 시간

고등학교 생활은 진로를 결정한다는 중압감이 따라다닌다. 아버지께서 이대 약대를 말씀하셨기에 영숙 씨는 늘 부담감이 있었다. 2학년 여름방학 때 아버지께 말씀 드리고 서울에서 학원에 다니기로 했다. 한산에서 약국을 하시다가 서울로 올라가 약국을 하나 더 개업하신 둘째 삼촌 댁에 머물며 종로 상아탑 학원에 등록했다.

하루는 삼촌이 이대 약대 학과장이 자기 친구라며 영숙 씨를 학과장 연구실로 데리고 갔다. 학과장은 친구 조카라니 친히 커피까지 타 주신다. 삼촌은 손가락으로 "저기가 기숙사야"라고 가리키며 보여 주시니, '앞으로 네가 지낼 곳이 바로 여기야'라는 분위기다. 영숙 씨가 이대 약대에 올 것이 기정사실이라도 되는 듯한 분위기다.

아버지는 한산에 있는 약국에서 영숙 씨가 약사로 일하기를 바라셨다. 그러기 위해서 약대를 말씀하시는 것이다.

그런데 아버지에게는 다른 약대는 없고 오로지 이대 약대만 있었다. 아버지의 희망 사항이었겠지만, 얼마나 이대를 동경하셨으면 한산의 약국을 이화약국으로 이름 지으셨을까. 그러니 딸이 이대 약대에 들어간다면 또 얼마나 기쁘실까. 영숙 씨는 어려서부터 아버지 말씀에 그대로 순종해 왔지 않은가. 하물며 다른 것들에도 순종하였다면 아버지가 그토록 소망하시는 이 요구에 순종해 드리지 못하겠는가? 종갓집 장남인 아버지는 가문의 명예에 대한 마음이 크셨다.

당시는 전기 대학과 후기 대학이 나뉘어 있어 전기 대학에 지원해서 떨어지면 후기 대학들에 지원할 수 있었다. 아버지는 후기는 안 되고 전기로만 가라고 하신다. 이대는 전기로만 갈 수 있는 학교였다. 후기 대학에 가는 경우는 '낙동강 오리알'이라 하신다. 전기 대학에 떨어지면 끝이라는 뜻이다. 영숙 씨도 재수할 생각은 없었다. 그러니 '전기에 떨어지면 어떡하나? 대학은 영영 못 가는 것인가?'라는 불안감이 고등학교 내내 따라다녔다.

서울에서 약국을 하고 계신 둘째 작은엄마에게 영숙 씨는 이 문제를 상담했다.

"작은엄마, 아버지는 이대 약대를 가라고 하시는데 저는 자신이 없고 겁이 나요."

작은엄마의 대답은,

"영숙아, 약대 들어가면 학교 다닐 때는 엘리트로 보지만, 사회 나와서 약국에 있으면 장사하는 아줌마로 본다."

가뜩이나 '약대를 가야 하나. 내가 할 수 있을까'라는 망설임이 있었는데, 존경하는 작은엄마가 그런 말씀을 하시니 영숙 씨는 마음이 흔들린다.

*

고3 담임 선생님은 영숙 씨를 '19세기 여성'이라고 불렀다. '현모양처'라고 부르는 선생님도 있었다. 복도에 휴지가 떨어져 있으면 줍고, 깨진 유리 조각이 보이면 치워 다른 사람이 다치지 않도록 하는 영숙 씨였다. 고등학교 3년 내내 우등상을 받았고, 졸업할 때는 학교별로 단 한 명에게 주는 군산시장상을 받았다. 그러니 학교에서도 적잖이 기대했을 것이다.

담임 선생님이 가정방문을 한 적이 있다. 선생님은 영숙 씨와 부모님에게, 성적이 좋으니 더 공부해서 서울대에 가면 좋겠다고 했다. 영숙 씨는,

"저는 섬마을에 가서 교사가 되면 좋겠어요."

자기도 모르게 나온 말이었다.

그리고 졸업식 날.

영숙 씨가 이대 약대에 갈 줄 알았는데 교대에 지원한다고 하니 담임 선생님은 "왜 그러느냐?"라면서 교감 선생님께 가 보라 하신다. 교감 선생님께 가니 또 "왜 그러느냐?"라면서 교장 선생님께 가 보라신다. 영숙 씨는 교장 선생님께 교대를 가겠다고 말씀 드리고 군산교대에 지원서를 넣었다. 아버지가, 정 약대를 안 갈 듯이라면 교대를 가라고 하셨기 때문이다. 아버지는 무척 아쉬워하셨지만, 본인이 자신 없어 하니까 아버지도 포기하셨다.

영숙 씨는 중고등학교 교사를 양성하는 4년제 사범대를 가려 했는데, 아버지는 사대 4년은 너무 길다 하시며 2년제인 교대를 가라고 하셨다. 혹자는, '사대는 4년제이지만 약대도 4년제 아닌가' 되물을 수도 있다. 그런데 아버지는 다 뜻이 있으셨다. 약대는 4년을 나와도 돈을 잘 벌지만, 사대는 그때만 해도 봉급이 많지 않았다. 명예직 같은 느낌이었다. 그럴 바에는 빨리 교대 2년을 마치고 일을 시작하는 편이 낫겠다는 판단이 있으셨던 것이다.

결국 이대 약대가 아닌 교대에 지원한 영숙 씨는 아버지의 말씀을 따르지 못했지만 따른 것이 되었고, 따랐지만 따르지 않은 것도 되었다.

교대 입학은 전국 예비고사에서 커트라인을 통과한 뒤에 지망 학교의 본고사를 치르는 순서로 이루어진다. 군산에 살던 영숙 씨는 자연스럽게 군산교대를 택했다.

군산교대는 군산 시내의 외곽에 있었다. 아버지가 바라시는 서울의 어느 여대나 종합대학처럼 부속 건물이 즐비한 게 아니었다. 1, 2학년이 전부이다 보니 규모도 작은 편이었다. 주변에 다른 대학이 없어서 교류할 길도 없어 보였다.

입학식에서 본 남학생들은 영숙 씨의 눈에 대학생이라기보다는 아직 티를 벗지 못한 고등학생 같았다. 그들은 대부분 교련복을 입고 있었다. 당시는 2년의 학군하사관후보생(RNTC) 과정을 마치면 졸업 후 일정 기간 교사로 일하는 조건으로 입대가 면제되었다. 영숙 씨에게는 교련복이 오히려 고등학교 교복처럼 보였던 것이다. 그래서인지 행동반경도 넓지 못하고 사고의 범위도 좁을 것만 같은 생각이 들었다. 그만큼 청년 영숙 씨는 자신감이 넘쳤던 것이다.

당시는 대학에도 반이 있었다. 군산교대는 학년마다 일곱 반이 있고 각 반은 50명 정도였다. 입학 시험 성적에 따라 반을 짰고, 각 반은 대의원을 두 명씩 뽑았다. 반을 대표하는 대의원은 학생회를 주관하고 학생들의 의견을 수렴하여 학교 측에 건의하거나, 반대로 학교 측 의견을 학생들에게 전달한다.

학년을 통틀어 회장 한 명과 남녀 부회장을 한 명씩 뽑는 회장단선거 입후보는 본인이 지원하는 것이 아니라 동문별로 추천을 받는다. 동문이 추천하여 2/3 과반수가 되면 출마 자격이 주어진다. 영숙 씨는 군산여고 대표로 추대되었다.

군산교대 회장단 입후보자의 활동에 들어가는 경비는 10,000원 정도다. 그것은 약국 삼촌이 내주셨다. 이 돈은 참모진의 활동비다. 당시 그 정도면 활동비와 당선 이후 군산여고 및 군산고 동문 100여 명에게 짜장면 한 그릇씩 돌릴 정도의 액수였다.

영숙 씨와 참모진은 각 강의실을 순례하며 홍보(PR)하고, 수업이 끝나면 참모진이 지정한 다방에 모인다. 거기서 출마자와 참모진이 머리를 맞대고 선거 활동을 위한 작전을 짠다. 참모진은 군산여고 출신들로, 군산여고에서 실장이나 대의원을 했었던 학생들이 대부분이다.

연설은 마이크를 써 볼 수 있는 예식장으로 가서 연습한다. 이때 계란 10개를 흰자만 풀어서 먹는다. 이것도 참모진이 다 준비해 주기에 영숙 씨는 하라는 대로만 하면 되었다. 7, 8쪽 분량의 연설문까지 참모진이 대신 써 주었다.

"얼마나 재미있나. 참모진이 이리로 가라 하면 가고, 안내하는 대로 따르기만 하면 된다. 나는 야망 같은 건 없다. 시키면 할 뿐이다."

투표 결과, 영숙 씨는 과반수로 여학생 부회장에 당선되었다. 회장에 도전할 마음은 없었지만, 도전했다면 왠지 당선이 되었을 것 같은데, 당시는 회장 자리에는 남자가 출마하는 것이 불문율이었다고 한다.

영숙 씨는 그때까지 '했다' 하면 떨어져 본 일이 없었다. 실패의 경험이란 걸 몰랐을 정도다. 이러다 보니 – 남을 돕고 봉사하는 정신은 남다른 면이 있었지만 – 자존심만은 정말 높았다. 남에게 져 본다든지 그런 일이 용납이 안 될 정도였다. 어려서 부모님과 떨어져 대가족에 적응해 살아가면서 자연스레 자립심과 부지런함이 훈련된 결과였는지 모른다.

임원을 하다 보니 전국대학생 연합회 총회나 전국교대 총연합회 주최로 열리는 세미나 또는 여타 행사에 참석해야 할 때가 많았다.

여학생 부회장을 하고 있을 때 인천에서 전국교대 체육 대회가 열렸다. 군산교대 기를 든 기수가 단상 앞을 지날 때 영숙 씨는 기수 앞에서 군산교대를 대표해 대회장에게 거수경례했다. 군산교대 대표면 남자 회장이 그 일을 해야 할 것 같은데, 왜 회장이 아니라 부회장 영숙 씨가 했는지는 영숙 씨도 모른다.

"나는 하라고 해서 한 것밖에 기억이 없네."

교대 행사 중 하나로 전주 35사단에 입대한 적도 있다. 조교로부터 기본 훈련을 받고 총도 쏜다. 군복을 입고 실탄 10발을 쏘았다. 입대식 때는 영숙 씨가 군산교대 대표로 단상 앞에서 사단장에게 거수경례를 했다.

교대를 졸업할 때도 회장이나 남자 부회장이 아닌 여부회장 영숙 씨가 졸업생 대표로 전체 학생과 학부모 앞에서 답사를 했다.

할머니, 아버지, 엄마, 동생들, 작은아버지들도 오셔서 축하해 주셨다. 이대 약대는 아니지만, 딸이 졸업생 대표로 단상에 서는 모습에 아버지는 흡족해하셨다. 가문의 명예란 거창한 게 아닌지 모른다. 딸을 흐뭇하게 바라보는 아버지의 얼굴에서 개인의 행복과 가문의 명예가 만나고 있었다.

하지만 영숙 씨는 졸업하는 기쁨 같은 것은 없고 그저 '이제 발령은 언제나 날까?' 하는 생각밖에 없었다.

귀향

영숙 씨가 대학에 다니는 동안 서천 시골집에는 일곱 분의 삼촌 고모들이 모두 출가하고 할머니만 홀로 덩그러니 남게 되었다. 수백 년을 이어 오며 영원무궁할 것 같던, 4대가 북적이던 대종갓집은 십수 년, 아니 고작 수년의 급격한 변화 속에서 독거노인의 집이 되어 버린 것이다.

장손인 아버지는 그런 할머니를 생각하여 도시의 번화함과 편리함도, '선호도 높은 직장' 구세군과 거기서 쌓아 온 커리어도 다 뒤로하고 시골로 돌아가기로 하셨다. '홀로 남은 어머니'라는 현실은 아버지에게는 일신의 성공이나 심지어 가문의 번영보다도 훨씬 중요한 주제였던 걸까. 경제적으로, 사회적으로 대성한 가장이라는 저 명예로운 메달도 어머니의 쓸쓸하심과는 바꿀 뜻 없으셨나 보다.

영숙 씨는 아직 군산에서 대학에 다니는 중이었다. 하지만 아버지의 이런 결정에 '왜 그러실까? 나는 헤아려 주지 않으시는 걸까?' 등의 생각을 전혀 하지 않았다. 여전히, 영숙 씨는 아버지 결정이라면 그대로 믿고 따랐다. 다만 이런 급변을 맞으니 속으로는 무척 걱정되었던 것인지, 먼저 시골로 들어가시는 부모님을 따라 시골집까지 동행하지 못했다. 갑자기 배가 아프면서 토사광란이 일어났기 때문이다.

그렇게, 아버지는 대전과 군산의 구세군 고아원에서 17년간 봉직하시고 서천 본가로 돌아오셨다. 그러면서 딸이 대학을 졸업할 때까지 군산후생학원 사택에서 1년 더 머물 수 있도록 거처를 마련해 주고 가셨다. 영숙 씨는 다시 부모님과 떨어져 혼자가 되었다. 아버지는 어엿한 성인이 된 딸을 혼자 두는 한이 있더라도 혼자 계시는 노모를 생각하며 앞으로의 인생길을 결정한 것이다. 물론 영숙 씨에게도 아이였을 때의 헤어짐과 성인이 된 때의 헤어짐은 달랐다. 엄마가 해 주시는 밥이 아니어도 아프지 않을 자신이 있었다.

아버지의 이 결정은 엄마에게는 17년 만에 하는 두 번째 시집살이를 열어준 셈이었다. 이전에 4대가 한집에 모여 살던 때 할머니는 엄마를 밤 12시 전에는 방에 못 들어가게 하시고, 새벽 4시 새벽닭이 울기 전에 일어나도록 하셨었다. 할머니는 안방에 앉아서 창틀 너머로 보시다가 엄마가 일을 마치기가 무섭게 그다음 일을 시키시는 것이었다. 거의 온종일이었다. 엄마는 집안일을 마치면 밭일을 해야 했고, 베 짜기를 담당하셨으니 밭일이 끝나면 집에 와서는 다시 베틀에 매여 꼼짝을 못 하시는 것이었다.

서천으로 돌아가면 다시 그런 시간이 펼쳐질 것을 잘 아시는 아버지가 시골로 돌아와 제일 먼저 한 것은 엄마가 해야 할 일들을 뒤집어엎으신 것이다. 시골에 오시자마자 집 주변 밭과 천수답*, 야산 등 9,000평에 이르는 땅을 갈아엎으시고 거기에 유실수를 싹 심으셨다. 장터에 내다 팔면 큰돈이 되는 한산 모시를 짜는, 저 귀한 베틀은 태워 버리고 모시밭의 모시 나무는 다 캐내 버리셨다. 이리되니 영숙 씨의 엄마는 밭일도, 모시 짜는 일도 전보다 확연히 줄어들게 되었다.

콩 한 쪽도 아끼며 살아오신 할머니는 노발대발하셨다.

"니년이 들어와서 조상 대대로 물려받은 땅을 다 망해 버리려고 작정했구나. 아이고 못살어!"

아버지가 벌인 일이지만 아버지한테는 대놓고 말을 못 하시니 모든 화살은 엄마에게로 갔다. 할머니가 볼 때는 밭에서 나는 야채를 장에 내다 팔아 생계를 꾸려가야 하는데 심을 곳이 없어진 것이다. 밭에다 야채를 심으면 당장 수확하여 장에 팔아 동전 몇 닢이라도 손에 쥘 수 있지만, 과수는 최소 3년은 기다려야 한다. 또한 할머니에게 유실수란 '가보지 않은 길'이었으니 두렵고 걱정이 되셨을 것이다. 아버지가 안정된 삶을 뒤로하고 어머니(영숙 씨의 할머니)를 극진히 생각하여 집으로 돌아오셨지만, 돌아오신 이후에 아들이 벌이는 일들은 어머니가 보실 때는 기가 막히는 일들이었다.

---

* 비가 와야 농사지을 수 있는 논을 말한다.

화살을 쏘시는 할머니에게 엄마가 대항하는 모습을 영숙 씨는 한 번도 본 적이 없다. 대가족 맏며느리로 시집와서 4대가 살 때도 그랬지만, 집을 떠났다가 돌아온, 17년이 지난 그때에도 그랬다. 엄마는 묵묵히 듣기만 하셨다. 자기주장이나 변호, 대꾸가 일절 없으셨다.

당시 모든 며느리가 시어머니에게 그런 식이었던 것은 결코 아니라고 한다. 시어머니에게 고분고분하지 않거나 말대꾸로 맞서는 며느리에 관해 듣는 것은 낯선 일이 아니었단다. 고부간의 불화는 이혼 사유가 되기도 했다. 나가서 혼자 살거나 또는 재가를 하는 것이다. 대가족이니까 며느리는 아무 말도 안 하고 살 것 같지만 그건 지금에서 하는 추측일 뿐이라고 한다.

"작은아버지와 작은엄마들은 명절이나 애경사 같은 큰일이 있을 때만 집에 온다. 그러나 맏며느리는 늘 집을 지킨다. 또한 맏며느리는 자기에게 불이익이나 오해, 누명이 있거나, 못난 사람 취급을 당하는 상황이 있다고 해도 참고 견디어야 했다. 불이익이나 오해, 누명 또는 못난 취급을 받아 마음이 상한 형제들이 있으면 오히려 그들을 다독거리는 역할이 맏며느리의 몫이었다. 자기는 바보로 보일지언정 바보로 보여 마음이 상한 형제들은 위로해 주는 것이다."

집안이나 집안사람의 문제점을 보고 그것을 떠벌린다거나 들추어 지적하지 않고, 오히려 조용히 자기 힘껏 해결해 주시던 엄마의 모습을 영숙 씨는 은연중에 보고 배웠다. 엄마가 말로 가르쳐 주신 게 아니다. 삶 속에서 하나하나 보여 주신 것이다. 직접 들려 주신 말씀이라고는 훗날 결혼할 때, "여자는 결혼하면 벙어리 3년, 귀머거리 3년, 장님 3년이 되어야 한다"라고 해 주신 것밖에는 없다고 한다.

엄마가 안으로 밖으로 고생을 참고 견디시는 동안 어느덧 1년이 지나고 2년이 흘러 3년이 되었다. 그러면서 차차 유실수도 열매를 맺기 시작했다. 과일 농사로 수입이 늘어가는 것을 확인하시자 그렇게도 노하셨던 할머니는 아들과 며느리를 향한 태도가 확연히 누그러지셨다. 할머니가 밭에 채소를 심어 장에 갖다 판들 그 수익금이 얼마나 되겠는가. 하지만 과일을 팔면 약국 수입과 맞먹을 정도였으니 할머니는 큰아들이 추진하는 이 일을 완전히 달리 보게 된 것이다.

밭일 대신 유실수가 생계에 훨씬 도움이 된다는 소식에 안도하며 즐거워하실 이쯤, 할머니는 서울대학병원으로 가서 목암 수술을 받으셨다. 한 달에 한 번 서울에 올라가 방사선 치료를 받으셔야 했다.

같은 시간, 엄마는 시어머니가 무얼 시키거나 말씀하시지 않아도 맏며느리로서 해야 할 일들이 눈에 보이기에 여전히 쉼 없이 일하셨다. 수입이 늘어난 것과 비례하여 과수원 일도 늘어났기에 이전과 다를 바 없이 할 일이 태산이었다. 과수 일을 마치고 빨래하는 것도 큰일이었다. 전에는 고모도 하고 할머니도 같이 했는데, 고모들이 떠나고 작은엄마들도 분가하고 할머니도 아프시니 엄마 혼자 집안일을 다 감당하셔야 했다.

아내를 힘겹게 하는 밭일과 모시 짜기를 뒤엎으신 것은 아내를 생각하는 아버지의 마음이었지만, 이후 일어난 결과만 보면 아내의 일은 더욱 늘어났고 아내의 쉼은 더욱 줄어든 셈이 되었다. 아버지는 과일 팔아 번 돈으로 엄마에게 세탁기를 사 주셨지만, 엄마는 전에 하던 대로 손빨래를 하셨다. 할머니는 더 이상 큰소리를 낼 힘이 빠져 가시는 이때에, 엄마는 아무 소리가 없어도 쌓인 일을 보며 온 힘을 쏟으셨다. 아버지는 분명 효자요 좋은 남편이었다. 다만 인생에는 기대와 다른 결과를 가져올 때가 종종 있을 따름이다.

아버지가 고향으로 돌아오시자 동리 분들이 아버지를 안당리 필당 부락 이장으로 뽑았다. 이장을 보시며 제일 먼저 하신 일은 도박 근절이었다. 농부들은 봄부터 가을까지 일하고 겨울 농한기가 되면 일을 쉰다. 이때 부지런한 농부는 그 시간에 새끼를 꼬아 가마니도 치고, 멍석이나 삼태기 등도 만들어 놓는다. 하지만 할 일이 없어 화투를 치는 농부들은 간혹 그게 커져서 도박 중독이 되고, 가산을 탕진하는 게 순서처럼 되어 있었다. 농한기에 아버지는 마을회관에 주민들을 모셔 놓고 도박 없이 살아가는 방도를 이야기하셨다.

아버지는 농사법 강연도 하셨다. 아버지가 귀향하시기 전까지는 비가 와야만 논에 모를 심을 수 있었다. 저수지 주변 빼고는 누구네 집이나 상황은 마찬가지였다. 가뭄이 들어 논에 물이 없으면 비가 올 때까지 눈이 빠지게 기다리는 수밖에 없는 것이다. 그러다 보면 모심을 시기를 놓칠 수 있고, 그런 해는 수확하지 못하여 큰 어려움을 겪는다. 초근목피. 나무껍질을 벗겨 먹고살 정도로 어렵다는 뜻이다.

농촌의 이런 사정을 누구보다 잘 아시는 아버지는 천수답 논을 갈아엎으시고 거기에 유실수를 심으신 것이다. 논만 아니라 밭에도 그렇게 하셨다. 지금은 저수시설이나 관개수로가 잘되어 있으니 비가 오지 않아도 농사짓는 데 별문제가 없지만, 그때만 해도 혁명적 발상이었다. 중요한 것은 생존 확보다. 논밭을 경작해 그리하나 유실수로 그리하나 돈을 버는 것은 같고 수익률은 과일이 훨씬 좋다면, 논밭에다 차라리 유실수를 심는 것이 좋겠다는 전략이었다.

아버지는 겨울방학이 되어 비어 있는 학교 교실이나 강당에서 지역 주민과 농고 학생 등을 대상으로 밤나무, 배나무, 감나무, 사과나무 등 유실수 강연을 이어 가셨다. 묘목을 가져다가 접목하는 법, 삽목(꺾꽂이)하는 법, 나무 심고 가꾸는 법 등을 가르치셨다. 농민들이 농사에는 전문가이지만 아직 과수 다루는 법은 모르니 그것을 전수하시는 것이다. 홍산농고(현 한국식품마이스터고등학교) 학생들은 학기 중 영숙 씨네 집 농장으로 견학 와서 실습했다. 아버지는 동네만 아니고 면 소재지나 인근지역까지 다니시며 유실수 강연을 통해 과수 심는 법을 전파하셨다. 농촌에 혁명이 번지고 있었다.

*

아버지가 가족을 이끌고 시골로 들어가면서 영숙 씨는 다시 혼자가 되었다. 그 시간이 길지는 않았다. 1년 뒤 교대를 졸업하고 영숙 씨도 시골집으로 돌아왔다. 그렇게 하여 영숙 씨는 돌고 돌아 서천에서 대전으로, 대전에서 서천으로, 서천에서 군산으로, 그리고 군산에서 다시 서천으로 온 것이다. 한 지역에 대를 이어 뿌리내리는 전통적인 생활 방식이 바뀌어가고 있다는, 아니 이미 바뀌어 버렸다는 생생한 증거가 바로 영숙 씨 자신이었다.

시골집은 그대로이지만 돼지풀 뜯던 손녀는 집안에서 대학을 졸업한 최초의 여성으로서 왔다. 아버지가 유실수라는 혁명을 안고 돌아왔다면, 맏딸이요 장손녀는 대학을 나온 신여성으로서 돌아온 것이다. 야채를 내다 팔고, 흩어진 낟알 하나까지 아끼면서 집안을 이끌어 가시던 할머니와는 전혀 다른 삶이 펼쳐질 것을 예고하고 있었다.

혼자 자취를 하는 것보다 고향 집에 와서 부모님과 함께 지내는 시간은 분명 좋은 것이었다. 하지만 마음에 부담은 여전했다. 아버지가 시골로 돌아오시면서 포크레인이나 트랙터, 트럭 등 구비해야 할 것이 많았다. 대학을 졸업한 맏딸이 돈을 벌어 아버지의 부담을 덜어드려야 할 상황이기에 아버지는 딸의 발령을 손꼽아 기다리셨다. 아버지가 직접적으로 말씀하지 않아도 영숙 씨는 쉬이 그런 마음을 감지했다. 영숙 씨 자신도 대학까지 나와 가만히 집에 앉아 있다는 게 불편하다고 느꼈다.

교사 발령이 나지 않아 3월부터 10월까지는 마산초에서 임시 강사로 2학년을 가르쳤다. 영숙 씨는 이 학교에서 5학년까지 다니다 군산으로 전학 갔었다. 돌아와서 영숙 씨가 맡은 반에는 어렸을 적 같이 놀던 친구의 자녀가 학생으로 와 있었다.

이후 발령을 기다리는 동안 아버지는 지인을 통해 영숙 씨를 대전 둔산동에 있는 직업보도소*의 사감으로 보냈다. 도착한 곳은 황량한 땅에 달랑 서 있었다. 이곳에 와 본 적 없는 아버지는 상상도 못 하셨겠지만, 기숙사는 사감실을 따로 마련할 수 없을 정도로 열악한 환경이어서 영숙 씨는 10명의 여학생과 한방에서 생활했다.

학생들은 10대에서 20대 초반이다. 나이는 영숙 씨와 비슷한 이들도 있지만, 시골에서 초등학교만 졸업하고 온 순박한 이들이라 사감인 영숙 씨 말에 잘 따라 주었다.

식당에서 학생들이 밥을 먹도록 돌보는 것도 사감 몫이었다. 식사는 보리밥에 건더기 없는 멀건 무슨 국, 거기에 김치, 단무지 정도다. 아이들 밥 챙기느라 영숙 씨는 제시간에 먹을 수 없어 변이 잘 나오지 않았고, 결국 치질로 갔다. 그렇다고 따로 치료받은 것도 아니다. 변을 볼 때만 통증이 왔고 평상시에는 견딜만하니 병원에 가지 않았다. 게다가 병원은 대전 시내까지 가야 했다. 웬만큼 아프면 참아 내는 때였다. 자기 한 몸 챙길 정신이 있는 삶이 아니었다.

---

* 중학교에 진학하지 못한 학생들이나 청소년 중에 이장의 추천을 받아 기숙사에 머물며 직업교육을 이수하는 곳.

그때는 발령이 나기까지 보통 몇 년은 기다려야 했다. 60년대 후반 전국에 교사가 부족하여 6개월 과정의 교원양성소가 개설되면서 반년 교육 후 발령을 내다 보니 정작 교대 출신이 졸업할 무렵에는 교사가 남아돌게 되어 발령이 늦어지는 것이다.

직업보도소 사감으로 4개월 정도 근무했을 때다. 영숙 씨는 생각보다 빨리 발령장이 왔다. 10년 묶은 체증이 내려가는 기분이었다. 몇 년을 더 기다릴 수도 있었는데 일을 시작하게 되니, 살았다, 하는 안도감부터 들었다. 진짜 사라진 것인지는 모르지만, 치질도 사라진 기분이었다.

발령 소식이 오면 도 교육청에 가서 발령장을 받는다. 그걸 가지고 시군 교육청에서 다시 발령장을 받아 부임지로 간다. 영숙 씨는 대전에 있는 충청남도교육청으로 갔다. 남녀 대여섯이 발령장을 기다리고 있었다. 장학사님이 발령장을 주면서 대뜸, 여자들은 빨리 결혼이나 하란다. 왜 선생이 되어 노처녀로 늙으려고 하느냐는 말이었다.

'교대를 졸업해야 겨우 스물하나인데….'
'얼마나 발령이 안 나면 이런 말씀을 하시는 걸까' 정도로 생각하고 넘어가는 영숙 씨였다.

발령

충청남도교육청에 가니 보령군교육청으로 발령이 나 있었다. 도 교육청에서 받은 발령장을 들고 보령군교육청이 있는 대천행 버스에 올랐다. 버스가 출발하자 옆좌석에 앉아 있던 중년 남성이 말을 붙여 왔다.

"어디까지 가십니까?"

당시는 옆에 앉은 사람에게 말을 하지 않고 가만히 있으면 오히려 이상한 사람이었다. 버스 안에서 처음 본 사람들 간에 이야기가 오가는 것이 자연스럽던 때다.

"예, 대천에 가는데요."

"저도 대천 가는데 거기는 무슨 일로 가시나요?"

"첫 발령을 받았는데 교육청에 가려고 해요."

"그래요? 내가 교육청에 아는 사람이 있는데… 같이 가 드려도 괜찮을까요?"

"그리해 주시면 감사하지요."

처음 본 사람 간에 말을 거는 것만 아니라 돕는 것도 예사로웠던 때다. 도움을 제안하는 사람도 자연스럽고, 도움을 받는 사람도 이상하게 여기지 않았다.

함께 교육청에 이르니 영숙 씨는 보령군 미산면으로 발령이 나 있었다. 동석했던 분은 장학사에게, 미산면은 벽지라 아가씨가 있긴 힘드니 영숙 씨를 탄광 벽지로 보내지 말고 대천에서 가까운 곳으로 보내시면 좋겠다고 부탁했다. 그러고 나서 그분은 자리를 떠났다. 영숙 씨는 지금도 그분이 누구였는지 알지 못한다.

덕분에 영숙 씨는 대천에서 멀리 떨어지지 않은 옥계초등학교로 발령을 받았다. 학교는 1학년부터 6학년까지 전체가 9학급밖에 안 되는 조그마한 단층 건물이다. 학교 앞으로는 황룡천이라는 맑고 큰 개천이 흐른다. 개천은 우물처럼 맑았다. 그래서 옥계(玉溪)일까.

학교 뒤편으로는 오서산이 있다. 충남에서 계룡산 다음으로 높은 791m 되는 산이다. 남쪽으로는 보령군, 서북쪽으로는 홍성군과 광천읍, 동쪽으로는 청양군에 맞닿아 있는 광활한 규모를 자랑한다. 산자락이 깊고 설악산을 연상시킬 정도로 넓은 계곡이 있는 산이다. 오서산에는 아직 발견하지 못한 산삼이 다섯 마지기가 있다는 소문이 있을 정도다.

영숙 씨가 살던 서천 마산은 동네가 아기자기하다. 언덕과 들과 저수지가 어우러진 전형적인* 시골 풍경이었다. 그런데 옥계는 웅장한 산과 큰 내가 흐르고, 동네는 띄엄띄엄 있으며 길에는 자갈이 널려 있다. 영숙 씨 눈에는, '이곳에서 무얼 먹고 살지?'라는 의문이 들 정도로 풍경이 휑했다.

초임 발령을 받아 옥계초에 들어서니 기대감과 설렘으로 가슴이 부푼다. 학교 현관을 지나 교무실로 가니 당직자와 교무 선생님만 계셨다.

"안녕하세요. 옥계국민학교로 발령받아 온 이영숙 교사입니다."

첫인사를 드린 뒤 자취할 수 있는 방을 소개해 달라고 했다. 오늘처럼 살 곳이 정해지고 일터에 오는 것이 아니라, 일단 일터로 가고 살 곳은 그 이후에 따라오는 게 순서였던 때다. 기혼이신 여

---

* 영숙 씨에게는 그게 '전형'이었다. 시골이라고 하면 대개 그런 풍경만 보아 왔기 때문이다. 옥계에서 어린 시절을 보냈던 사람(말하자면, '옥계의 영숙 씨')에게는 옥계가 전형일 것이다.

선생님이 한 분 계시는데 그분이 사는 학교 근방 초가집을 소개받았다. 그분은 안채를 쓰고 영숙 씨는 바깥사랑채를 쓰게 되었다.

영숙 씨 방은 3평 정도의 온돌방으로, 따뜻하게 지내본 기억은 없다. 부엌은 부엌이라고 할 수 없는 상태의 간이 부엌이다. 흙을 이겨서 부뚜막(싱크대 역할)을 엉성하게 만들어 놓았다. 밥을 해 먹을 상황이 안 되어 학교 앞 구멍가게에서 샘베 과자로 식사를 때우며 지내는 날이 많았다.

부엌에서 여닫이문을 열면 바로 방이다. 방 안은 침침하다. 들어와 조금만 있으면 천장에서 쥐들이 전쟁하는 소리를 감지한다. 대나무를 엉성하게 엮어서 아랫부분만 종이로 발라 놓은 천장이다. 쥐들이 그런 천장 구멍을 뚫기는 간단한 일이다. 쥐들이 뚫어진 종이 위로 뛰어다니다 방바닥으로 추락하기도 한다. 시골에서 쥐를 많이 보았으나 자다가 쥐 벼락을 맞은 것은 처음이었다. 뒤집어지게 놀랐지만 놀라기는 하늘에서 떨어진 쥐도 마찬가지여서 쥐는 눌렸다 튕기는 용수철처럼 쥐구멍으로 달려간다. 문제는 쥐들의 전쟁이 어쩌다 일어나는 것이 아니라 매일 밤 일과였다는 점이다.

안채에 사시는 여선생님에게 말씀드리니 잘 아신다는 듯, 쥐구멍이 있는 곳에 포대 자루를 대라고 하셨다. 쥐구멍은 천장에만 아니라 방 구석구석에도 있었다.

서천에 계신 할머니는 더 구체적인 방안을 주셨다. 쥐는 다니는 길만 다닌다. 쥐 길이 있다는 것이다. 쥐구멍이란 쥐들이 오가는 길목이었던 것이다. 구멍을 막으라 하시며 밤송이를 종이 포대에 가득 담아 보내 주셨다. 밤송이로 쥐구멍을 막으니 효과가 확실했다. 여전히 천장을 날뛰기는 하지만 방 안으로는 들어오지 못했다. 당시 쥐가 하도 극성스러워 학교 숙제로 '쥐꼬리 모아오기'라는 것도 있었다.

방 뒤쪽에 창호지 여닫이문이 하나 더 있는데 이걸 열면 바로 길가다. 처녀 여선생이 혼자 산다고 하니 어른이고 애고 호기심에 창호지 방문을 툭툭 치고 가기도 하고, 작은 돌을 던지기도 하고, 들으라 휘파람을 불며 지나가기도 했다. 장난을 치든 돌을 던지든 휘휘거리든 영숙 씨는 전혀 개의치 않았다. 무시해 버려야지 반응하면 신나서 더 그럴 게 뻔하다고 생각했다. 그렇게 2년간 자취를 했다.

보령군교육청의 지원으로 학교 안에 사택이 한 채 지어지는 날이 왔다. 옥상이 있고 방이 두 칸에, 연탄 아궁이를 쓸 수 있는 양옥식 슬래브 집이다. 영숙 씨에게 이 집이 주어졌다. 집 안에 수도 시설은 아직 갖추어지지 않아서 운동장 가에 있는 우물을 사용했다. 화장실은 사택 옆에 있는 야외 변소를 썼다. 남녀공용 재래식 화장실이다. 겨울에는 매우 춥고, 밤에 나갈 때는 으스스하다. 엄마가 요강을 보내 주셔서 밤에는 요강을 쓰고 낮에만 변소에 갔다.

사택 주변도 정리되지 않았다. 그대로 살다 떠날 수도 있겠지만, 영숙 씨는 빈 공간을 활용해 정리하기 시작했다. 10평 남짓한 마당에 있는 돌들을 호미와 손으로 골라내고 거기에 서천에서 가

겨온 나물콩을 심었다. 울타리에는 동부콩을 심었다. 한쪽에는 밭을 일구어 배추도 심었다.

영숙 씨는 사택에 지내는 동안 닭을 키웠다. 닭집은 같은 학교 정우택 선생님이 나무 판지와 철사를 이용해 뚝딱 만들어 주었다. 영숙 씨는 버스를 타고 대천 재래시장으로 가서 병아리 다섯 마리를 사다가 닭집에 넣고 돌보았다. 토요일이면 영숙 씨는 서천 집에 내려가 있었기에, 주말에는 옥계 토박이이신 교장 선생님이 병아리 먹이를 넣어 주셨다. 병아리들이 어미 닭이 되었을 때는 귀여운 알을 낳았다. 영숙 씨 손에 오기 전에 당직자가 숙직하면서 그 알을 갖다 드셨기에 영숙 씨는 먹어 본 적은 한 번도 없지만, 그저 키우는 즐거움이 컸다.

어느덧 친해졌는지, 아니면 닭도 제 주인은 알아보는지, 그 병아리들 중 한 마리는 장닭으로 컸고, 영숙 씨가 변소에 갈 때마다 뒤따라왔다. 외부인이 사택 주변으로 오면 좇아가서 쪼아 대기도 했다. 이 장닭은 영숙 씨가 천안으로 발령되어 옥계를 떠난 뒤의 어느 날, 선생님들의 회식용으로 살신성인을 이루었다고, 훗날 영숙 씨는 들었다.

주말이면 부모님 계신 서천 집으로 가서 아버지 따라 밭에 나가 일손을 돕고 집안에서는 엄마의 일을 도왔다. 그러는 가운데 서천도 많이 변했다. 50년대에는 초가집이어서 가을이면 볏짚으로 지붕을 새롭게 이어야 했다. 그러다 기와집으로 개조되고, 부엌도 더는 불을 때어 음식을 만드는 게 아니라 전기밥솥과 가스레인지를 사용하고, 물도 샘에서 길어오는 것이 아니라 주방에 수도 시설이 있어 부엌 안에서 해결했다. 집 안에 화장실 겸 목욕탕이 있어서 더는 은하수 아래 미역을 감는 일도 없어졌다.

아이들은 여전히 일렬로 걸어서 학교로 갔지만, 변화의 물결은 시골에도 급속히 스며들고 있었다.

*

영숙 씨가 부임한 1975년, 그해 가을 총각 교사 두 분이 발령을 받아 옥계초로 왔다. 다음 해에는 여선생님도 두 분 더 왔다. 영숙 씨가 발령받아 왔을 때만 해도 모두 연장자였고, 기혼 여선생님 한 분 외에는 모두 남선생이었기에, 영숙 씨는 분위기가 새삼 가벼워짐을 느꼈다.

장발족에 눈매가 예사롭지 않은 정우택 선생님은 공주교대를 졸업하고 첫 발령을 받아 왔다. 교무실에서는 영숙 씨 옆자리로 배정받았다. 정 선생님은 수업만 아니라 서무도 보았다. 매월 보령군교육청으로 가 선생님들의 봉급을 타 와서 나누어주는 일도 했다.

봉급을 찾으러 교육청에 갈 때는 당일로 버스를 타고 다녀온다. 하루에 네 번 있는 차편이니 시간을 잘 맞춰야 한다. 하루는 서울과 서천(한산)을 오가며 약국을 하시는 작은아버지가 서울에서 내려오는 길에 영숙 씨네 학교에 들르셨다. 잘 근무하고 있는지 보고 오라는 아버지의 지시가 있었던 것 같다. 당시 자가용이 흔치 않던 때인데 빨간색 포니에 기사를 대동하고 오셨다. 거기다 OB

맥주까지 한 박스 싣고 오셨으니 오지에서 선생님들이 얼마나 좋아했을까. 맥주를 내려놓고 학교를 한 바퀴 돌아본 뒤 떠나시려는데 정우택 선생이 대천에 볼일을 보러 간다면서 작은아버지 승용차를 타고 함께 갔다. 처음 보는 사람에게 차를 태워 달라고 하는 게 영숙 씨가 볼 때는 의외였다.

하루는 정 선생이 교육청에서 월급을 찾아오는 길에 물어보지도 않고 테니스 라켓과 볼을 사 왔다. 무료한 시골 생활에 젊은 선생님들은 다들 좋아했다. 이때부터 수업이 끝나면 운동장은 코트로, 조회대는 네트로 삼아 테니스를 치기 시작했다. 조회대를 중앙에 놓고 편만 갈라서 게임을 한다. 편은 학년별로 나누기도 하고, 가위바위보를 하거나, 남녀비율로 하는 등등 그때그때 갈라서 한다. 선생님들은 사방팔방 운동장을 뛰며 라켓을 휘두른다. 선이 없이 마구잡이로 치니 정신없이 달려야 한다. 그렇게 두세 시간이 지나면 온몸이 땀 범벅이 된다.

운동이 끝나면 교문 앞에 있는 허름한 구멍가게로 가서 음료수를 마신다. 사이다, 환타, 박카스, 구론산, 쌍화탕, 활명수 등이 있는데, 사이다와 환타를 최고로 쳤다. 음료수라고 할 만한 것이 그것밖에 없었기 때문이다.

값은 적당히 돌려가며 낸다. 그때는 '없어도' 자기가 먼저 내려고 했다고 한다. 현찰이 없으면 외상 장부에 서로 자기 이름을 달아 놓으려고 한다. 그러다가 월급날 갚는다. 어떻게 보면 체면이고, 어떻게 보면 인정일 것이다. 똑 부러지게 계산하는 오늘에서 바라보면 '외국인' 같다. 그러면서도 그게 나쁘게만 보이지 않고 은근히 그렇게 해 보고도 싶어지니, 잃어버린 고향이 거기 묻혀 있는 건 아닌지.

가게 안은 작은 전구만 하나 걸어 놓아 어두컴컴하고 물건이 별로 없다. 학교 주변 유일한 가게로 할머니가 운영하신다. 전국 어디나 학교 앞에는 이런 구멍가게가 하나는 있었다. 이곳은 선생님이나 마을 사람 누구나 모여 담소를 나누며 음료수나 샘베, 크래커 같은 과자를 먹을 수 있는 곳이다. 식당처럼 음식을 파는 건 아닌데, 국수나 라면을 해 달라고 하면 할머니는 그 자리에서 해 주셨다. 메뉴가 없는데, 뭐든 메뉴가 되는 곳이다.

방과후 선생님들과 함께 운동하는 것 외에도 학교 앞 큰 하천에서 물고기를 잡았다. 옥계 토박이이신 교무부장* 선생님은 많이 해 보신 듯 도끼를 들고 하천으로 내려간다. 도끼는 강철무쇠로 20cm 정도의 칼날이 있고 1m 길이의 자루로 되어 있다. 보통은 나무 찍을 때 사용하지만 물고기 잡을 때도 쓴다. 남선생들이 돌려 가며 하천 위로 튀어나온 돌을 도끼로 내려친다. 그러면 붕어, 피라미 같은 물고기가 기절해 물 위로 떠오른다. 여선생들은 남선생들이 하천가에 벗어 놓은 고무신을 가져다가 기절한 물고기들을 건져서 주전자에 담는다.

주전자가 어느 정도 차면 숙직실로 돌아와 남선생들이 물고기를 손질한다. 물고기는 여전히 기절 상태다. 손으로 부레와 내장을 떼낸다. 커다란 양은솥에 물을 붓고 고추장을 푼 뒤 손질한 물

---

* 교무부장은 학교의 전반적인 업무를 총괄한다. 교감 및 교장 선생님께 보고의 책임이 있다.

143

고기를 넣고 팔팔 끓인다. 끓는 솥에 국수를 넣으면 이게 어죽이다. 요리는 주로 남선생들이 하고 여선생들은 먹기만 한다. 여선생들은 물고기 만지는 일을 안 해 봐서 그랬던 걸까? 아니면 여선생들이 귀하신 몸이어서 그랬을까? 당시 여선생보다 남선생이 훨씬 많았다.

선생님들은 수업 후 등산도 같이했다. 학교에서 30분을 걸으면 옥계초등학교 학구인 황용리라는 마을이 나오는데 여기가 오서산 입구다. 산에 갈 때는 손에 쥘만한 전지가위와 벼 벨 때 쓰는 낫을 가져간다.

정상을 향해 진행할 때는 능선이 아닌 계곡을 따라서 간다. 능선은 완만한 편이나 멀리 돌아가야 하나, 계곡을 따라가면 지름길이다. 계곡은 비가 올 때만 물이 있고 평상시에는 말라서 바닥을 드러낸다. 단, 계곡은 사람들의 발길이 닿지 않아 풀이나 가지가 무성하게 엉키어 있어 낫으로 치면서 가야 한다.

능선을 타고 가는 밋밋한 길과 다르게 계곡을 따라 오르는 길에서는 더덕도 찾고 굵다란 칡넝쿨도 만난다. 칡넝쿨은 타잔이 정글에서 타고 다니는 것만큼이나 굵직하다. 넝쿨을 잘라다가 엮어서 바구니를 만들어 장식용으로도 쓴다. 물감을 들여 놓으면 멋진 작품이 나온다.

장식용으로 쓸 칡넝쿨을 톱으로 자르는 것은 남선생들의 몫이다. 그걸 질질 끌고 하산하여 학교 교무실까지 가져오는 것도 남선생들이 한다. 넝쿨을 운반하는 일이 상당히 거추장스럽지만 즐거우니까 그런 건 문제가 되지 않았다. 이런 재미가 있으니 일부러 힘든 계곡 길을 택해 산을 오르는 것인지 모른다. 학교로 가져온 넝쿨을 꽈서 바구니나 장식품을 만드는 작업은 남녀 선생들이 같이 했다.

40대이신 교무 선생님은 새로 온 20대 선생들을 여러 모양으로 골려 주었다. 운동회를 앞둔 어느 날이었다. 교무 선생님은 이 날도 장난기가 발동되었는지 새로 온 정우택 선생과 동기 동창 유 선생에게 재료를 똑같이 나누어 주었다. 바구니는 준비되었으니, 바구니를 매달아 들어올릴 수 있는 장대와 고리를 만들어 보라고 했다. '바구니에 콩주머니 넣기' 게임을 위한 기구를 만드는 것이다. 두 선생님은 정해진 시간에 완성해야 한다. 땀을 뻘뻘 흘리며 제작하기에 여념이 없다. 시간이 다 되어 작품을 들어올려야 하는 순간이다.

'어떻게 되었을까?'

주변에 늘어선 선생님들은 흥미를 갖고 지켜본다.

'아뿔싸!'

유 선생이 만든 장대 바구니는 세우자 곧 힘없이 떨어진다. 정 선생의 작품은 어떻게 될까?

'와!'

야무지게 바로 서 있다. 거기 계신 선생님들에게, 특히 영숙 씨에게 이는 긍정적으로 비쳤다. 맡겨진 일을 성실하게 해내는 모습에 인정을 받은 것이다.

여선생들도 교무 선생님의 짓궂음을 피해 갈 수 없었다. 이른 봄이면 옻나무에 순이 나오는데 보기에는 먹을 수 있을 것 같다. 교무 선생님이 옻 순을 집에서 삶아 가져왔다며 영숙 씨에게 먹어 보라고 한다. 초고추장에 몇 잎 찍어 먹었다가 온몸으로 가려움증이 번져 나갔다. 정신을 못 차리도록 가려움이 심해 1년 내내 고생했다.* 젊은 교사들은 오지에서 하루하루를 그렇게 보내고 있었다.

*

영숙 씨는 시골에 발령받은 뒤 교사와는 사귀지 않을 각오로 갔다. 그런데 정우택 선생은 여성을 이끄는 데 도통한 것 같았다. 나팔바지에 머리는 장발이고 어깨는 으쓱으쓱, 다리는 건들건들하는 것이 영숙 씨 눈에는 처음이라 특이하게 비쳤다. 영숙 씨는 경계심을 가졌다. 그러지 않아도 영숙 씨는 언제나 옷핀을 갖고 다녔다. 평범한 이 은색 옷핀은 당시 여성이라면 하나 정도 몸에 지니고 다니던 것이다. 외출 중 옷 솔기가 터졌을 때 사용되기 때문이다. 다른 때에도 사용될 수 있음은 물론이라고 한다.

당시 교사는 방학이 되면 아산 현충원에서 국민정신 이념교육 연수를 받았다. 교육청에서 공문이 내려오면 학교에서 연수에 참

---

* 지금에서야 웃으면서 말하지만 옻을 가지고 장난(?)을 친 교무 선생님의 짓궂음은 매우 위험한 행동이었다. 옻오름 또는 옻 중독(poision ivy dermatitis)을 시킨 것이기 때문이다. 이는 알레르기 피부염 같은 심각한 질환을 일으킬 수 있다.

가할 교사를 추천한다. 옥계초에서는 영숙 씨가 선택되었다. 군산에서도 그랬던 것처럼, 누구를 보내야 하면 여전히 첫째로 뽑혀 가는 영숙 씨다.

현충원에서 연수는 일주일간 열렸다. 연수를 마치면 옥계 선생님들이 위로차 방문하기로 했다. 퇴소식이 끝나고 현관을 나오는데 낯익은 얼굴이 보인다. 정 선생님이다. 그런데 다른 선생님들은 없고 혼자여서 영숙 씨는 조금 당황했다. 하지만 아침저녁으로 테니스를 치며 서로를 친구처럼 여기던 차라 별다른 경계심은 들지 않았다.

정 선생은 아산에서 멀지 않은 천안 입장면이 자기 고향이라면서, 연수받느라 고생했으니 천안에서 저녁을 대접하겠단다.

천안역에 내려 식사를 했다. 무엇을 먹었는지는 기억나지 않는다. 다만, 식사가 끝났으면 각자 길을 갈 법도 한데 정 선생은 고등학교 시절 입장에서 천안으로 열차를 타고 통학했었다면서 영숙 씨를 그리로 또 안내했다. 말하자면, 한 편의 서사(書史, narrative)를 펼쳐 나간 것일까.

정 선생의 삶 속에 의미 있게 존재하는 그 길로의 동행에는 어떠한 의구심도 저항심도 들지 않았다. 한 페이지가 끝나면 다음 페이지로 넘어가듯 자연스럽게 말이다. 정 선생이 이끄는 길은, 누가 와서 심어 놓기라도 한 듯 벚나무가 아치를 이루고 있었다. 저녁의 발자국 소리를 듣고 눈뜬 가로등 불빛은 따스한 눈길을 땅 위로 보드랍게 비추어 주고 있었다. 애정이 싹트기에 적합한 환경 조건이란 것이 있다면 이런 곳이 아닐까. 두런두런 이야기를 나누며 걷는 한 시간은 시간 밖의 시간처럼 어디로 어떻게 지나갔는지 모른다.

책의 첫 페이지 즉 서사의 시작은 진작 꽤 오래전부터, 정 선생이 교사들 봉급을 타오는 길에 묻지도 않고 테니스 라켓을 사 오던 때부터 시작된 것이었을까. 그때부터 지금까지의 내러티브를 정 선생이 설마 미리 보고 짜 놓은 것은 아니었을 것이다. 설마 아닐 것이다. 다만 분명한 것은, '집'이라는 페이지로 이어지는 천안역은 멀어져만 갔다는 것이다. 이제, 다음에는 무슨 내용이 등장할지 누구도 모르는 순간에 도달했다는 것이다.

방학이라 영숙 씨는 연수 후에 옥계의 학교 사택으로 가지 않고 천안역에서 장항선을 타고 부모님이 계신 서천으로 가야 했다. 그런데 정 선생이 자꾸 시간을 끈다. 서사는 아직도 끝날 기미를 보이지 않는 건가. 지루하다거나 혹은 티가 나는 어설픈 전개였다면 확실하게 끊어내고 일어났을 터인데, 혹시 아주 싫지만도 않았던 걸까?

'이래서 여선생을 오지로 발령내면 안 되는 거야. 같이 시간을 때울 수 있는 사람이 선생들뿐이니….'

결국 10시가 넘어 서천으로 가는 장항선 완행 막차를 놓쳤다. 당시는 엄격한 통행금지가 시행되고 있어서 12시 이후에는 길을 다닐 수 없었다. 그랬다가는 통행금지 위반으로 경찰서 유치장에 끌려간다. 젊은 남녀 선생이 통행금지를 어기고 경찰서에서 하룻밤을 지냈다가는 다음 날 신문에 나올지도 모를 일이다. 이대 약대만 원하셨을 정도로 맏딸의 성공을 간절히 염원하시던 아버지께 '교사 첫 발령에 철창행'이라는 성적표를 안겨 드리면 이거 큰일날 일이다.

 기다리는 부모님이 계신 서천은 고사하고 통금을 피하는 것부터 우선이었다. 시간을 멈추어 버린 듯한 달콤한 서사가 시간의 추격을 받으며 불편과 고통의 서사로 바뀌는 것은 순식간이었다. 그것도, 까딱했다가는 원치도 않게 합당치도 않게 위법자로 몰린다거나 또는 직장에서 징계를 받거나 잘리는 등의 내용이 이어질 수도 있을 정도였으니. 젊은 나이에, 앞으로 남은 창창하고도 많은 빈 페이지를 그렇게 시작해 가기에는 억울한 것만 아니라 두렵기도 했을 것이다.

 여관방을 찾기 위해 천안역으로 부랴부랴 돌아갔다. 누가 심어 놓기라도 한 듯했던 벚나무는 누가 뽑아 버린 듯 눈에 들어오지 않았고, 보드랍던 가로등 불빛은 두 남녀의 불안한 달음질 소리에 화들짝 놀라며 뒷모습만 껌벅껌벅 비추어 주었다.

 역전의 어느 여관.
 이러한 불편함과 불안함마저 정 선생의 손바닥에 미리 준비된 것이었을까? 아무러면 아니겠지. 하지만 마음이 타들어 가는 영숙 씨와는 동떨어진 세상에 사는 듯, 정 선생은 이런 상황에서도 어디 가서 수박을 한 통 사 갖고 오는 낭만, 아니 여유를 보였다. 수박을 먹으며 새벽 두세 시까지 이야기를 나누다 영숙 씨는 피곤하여 방 한쪽에서 잠이 들었다.

이튿날 잠을 깨고 보니 영숙 씨는 맨바닥에 이불도 안 덮고 꼬부라져 있는 자기 모습이 보인다. 영숙 씨는 이때에도 나만의 무기인 옷핀을 갖고 있다. 치마나 바지 허리 안단에 늘 끼고 다닌다.

'내가 정신이 나갔나….'

불미스러운 행동은 없었다. 그러나 밤새 같은 방에 있었다는 것이 영 불편하였다. 무슨 낌새라도 있었으면 빨랑빨랑 집으로 내려갔을 것이나, 뛰어난 작가는 낌새를 주지 않는 법이다.

영숙 씨는 상황을 인지하고 부리나케 서천 집으로 갔다. 정 선생과 아침밥을 먹고 헤어졌는지는 기억나지 않는다. 전날 먹은 수박으로 탈이 난 배를 움켜쥐고 기차를 탔던 것밖에는 기억나지 않는다.

연수가 끝난 날 집에 와야 할 딸이 하룻밤이 지나 배를 잡고 집에 왔을 때 가족들은 의아해했지만, 무슨 일이 있었는지는 아실 리가 없었고 영숙 씨 또한 아무 내색하지 않으려 애썼다.

방학이 가까워지면 무용 강습협회에서 교육청을 통해 학교로 무용 강습지원자 모집 팸플릿을 보내온다. 개학 후 열릴 운동회 준비를 위해 영숙 씨는 여기에 지원했다. 희망자는 서울로 올라가 며칠간 무용전문가에게서 배운다.

강습이 끝나는 날에 맞추어 옥계초 테니스팀 선생님들이 위문을 오기로 했다. 서대문 미동초등학교에서 열린 무용 강습을 끝내고 교문 밖으로 나오니 이번에도 정 선생님뿐이다. 그런데 이번에는 아예 배낭에 등산복 차림이다.

"다른 분들은 어디 계세요?"

속리산에서 만나기로 했다고 한다. 둘은 강남 고속버스터미널로 가서 속리산행 버스에 올랐다. 오후 5시경 속리산 입구에 내렸다. 정 선생이 말한 다른 선생님들은 한 사람도 보이지 않았다.

산행하기에는 늦은 시간이다. 정 선생은 속리산 법주사 입구에 흐르는 냇가 옆에다가 텐트를 치자고 했다. 정 선생의 배낭에는 텐트가 준비되어 있었다. 저녁 먹을 시간이 되어 냇물로 쌀을 씻었다. 정 선생 배낭에서는 마법처럼 마늘, 된장, 양파, 고춧가루 등이 줄줄이 나왔다. 누가 마련해 주셨는지 물으니 엄마가 해 주셨단다. 먹을 건 잘 준비했는데 젓가락이 안 보인다. 쑥 줄기를 꺾어 젓가락 삼아 저녁을 먹었다.

영숙 씨는 지난번 천안에서 자기를 잘 지켜준 것처럼 '이번에도 그렇겠지'라는 신뢰를 갖고 텐트 안으로 들어간다. 여전히 옷핀은 영숙 씨의 손에 쥐어져 있다. '여차하면 찌른다'라는 생각을 하고 등을 지고 눕는다.

아침이 밝아오고, 영숙 씨는 또 후회한다.

'교사와는 사귀지 않겠다고 결심했는데….'

또 한편으로는, 좁은 공간에서도 자기를 잘 지켜 주었다고 느낀다. 그만큼 영숙 씨의 안전핀도 조금은 느슨해진다.

이튿날 아침 텐트에서 나와 함께 문장대에 올랐다. 문장대는 산꼭대기에 있는 커다란 바위 언덕이다. 바위들에는 따로 계단이 나지 않아 손과 발로 엉금엉금 기어가며 올랐다. 미끄러져서 떨어지면 그 아래로 1,000m가 넘는다. 긴장감은 있었지만, 그렇다고 무섭지는 않았단다.

1,054m 높이를 자랑하는 문장대 정상에서 내려다보면 속리산 절경을 한눈에 담을 수 있다. 말티고개가 구불구불 보인다. 한쪽은 충청북도 보은군이고 다른 쪽은 경상북도 상주시다. 큰 암석이 하늘 높이 치솟아 흰 구름과 맞닿은 느낌을 받는다.

문장대에 오르니 바람이 옷깃을 여미게 한다. 지대가 높아서인지 사방에서 부는 바람이 거세다. 정 선생과 제법 가까워져 이제는 어깨동무하고 사진을 찍는다. 정 선생이 카메라까지 다 챙겨왔다. 단단히 마음먹었나 보다.

'나만 몰랐다. 어리숙하게도.'

하산할 때까지도 다른 선생님들은 보이지 않았다.

1977년도 속리산. 어디서 찾아내었는지, 남편과 어깨동무하고 찍은 사진을 아들이 보여 주었다. 그러면서 두 분 젊었을 때의 모습을 떠올리며 다시 어깨동무를 해 드리고 싶다면서, 부모님을 모시고 산을 찾아 세계여행을 할 테니 함께하시자고 했다. 곧 이은 아들의 결혼으로 계획은 무산 또는 무기한 연기되었다.

*

옥계초에서 정 선생님과 3년을 사귀었다. 중간에 아버지가 이 사실을 알게 되셨다. 둘을 떼어놓으려고 지인을 통해 영숙 씨를 서천으로 발령을 내리셨다. 당시만 해도 그런 일이 가능했었나 보다. 교감 선생님이 보령군교육청에 갔다 오시더니, 4월 1일 자로 서천 발령이 났으니 내일 중으로 서천으로 갈지 확답을 달라고 하신다.

정 선생은 옥계초에서 3년을 가르친 뒤 천원군(현 천안시) 병천면 송정초등학교로 발령받아 근무하고 있었다. 조그마한 학교에서 교사 커플이 탄생하니 활동에 제약이 생기고 눈치가 보여 천원군으로 내신을 내서 갔던 것이다. 영숙 씨는 정 선생에게 전화로,

"아버지가 서천으로 발령을 내셨어요. 학교에서는 내일 중으로 갈지 안 갈지 답을 달라고 하는데 어떻게 할까요?" 하니,

"발령을 취소하지 않고 서천으로 내려가면 사표를 내고 끝까지 따라간다"라고 한다.

그렇게 되니 영숙 씨는 아버지 말씀보다 한 남자의 말을 따르게 되었다. 서천 발령은 영숙 씨의 의지로 취소했다. 본인 뜻이 분명했기에 교감 선생님이나 아버지나 도리가 없었다. 만약 서천으로 발령을 받아 내려가면 아버지의 말씀을 따라야 할 텐데, 그렇다면 정 선생과 한 결혼 약속은 파기되는 것과 같다. 그렇지 않아도 아버지는 벌써 누구네 누구네 말씀하고 계시던 차였다.

스물다섯 전까지는 아버지 말씀에 무조건 순종했고, 그것을 당

연하게 여겼던 영숙 씨다. 자기가 결정하려다가도 아버지께 말씀 드려 아니다 하시면 바로 말씀에 따랐다. 남자들이 편지로 사귀자고 접근해도 아버지가 대신해, "젊음을 연애하는 데 쓰지 말고 공부나 열심히 해서 성공하라" 답장을 보내시며 정리해 주셨고, 그런 부분에서도 영숙 씨는 아버지 뜻을 그대로 따랐다.

스물다섯이 되면서부터 새로운 자각이 일어났다. 정 선생을 만난 뒤로 그런 생각이 커졌다.

'내 삶은 내가 사는 것이지 아버지께서 개입하신다 해도 한계가 있다. 이제는 내가 결정하고 책임도 내가 져야 한다.'

딸이 고생하지 않기를 바랐던 아버지는 교사와 결혼하는 것을 탐탁지 않게 여기셨다. 그때만 해도 교사 월급이 빈약했다. 남선생들은 학교를 그만두고 회사원으로 이직하는 경우가 많았다.

더구나 정 선생과 사귄 뒤에 교무 선생님한테 들으니, 집은 산골이고 형제들 많은 맏이에 생활마저 넉넉하지 않다고 한다. 부모님께는 차마 이런 말씀을 드릴 수 없었다. 부모님은 딸이 교사한테 시집가는 것만으로도 감지하는 바가 있으신데, 게다가 두메산골 팔남매 첫째라 하니 단박에 '어렵겠구나' 걱정하실 테니 말이다. 이는 결혼 직전에 가서야 말씀드렸다.

아버지는 엄마가 대가족에서 얼마나 고생하는지 옆에서 보고 아셨기에 딸이 대가족 맏며느리로 시집간다는 것이 영 편치 않으셨다. 아들보다 귀하게 키운 맏딸이 시집을 가는데 한눈에 보아도 고생길이 훤하였으니 말이다. 잘사는 집으로 가서 딸이 호강하기를 바라는 것은 할머니나 엄마도 마찬가지였다.

하지만 영숙 씨는 정 선생과 결혼을 결심했다. 물질의 있고 없음은 문제가 되지 않는다고 생각했다. "무에서 시작하여 유를 창출하자"라고 정 선생에게 했다.

영숙 씨는 지금도 이렇게 말한다.

> "나는 남의 힘을 의지한다든지 또는 그럴 생각을 한다든지 하지 않고, '내 일은 내가 해결한다'라는 사고가 강하다. '부모님의 힘을 빌리지 않고 처음부터 둘이 시작하여 유종의 미를 거둔다'라는 정신이다."

결혼을 결심하고 서천 부모님께 첫인사를 드리러 갔을 때 정 선생은 장발이었다. 그리고 아버지 앞에 무릎을 꿇고 있었다. 아버지는 딸을 빼앗아 간다고 생각하는 정 선생을 호되게 나무라셨다. 교사면 애들이나 잘 가르치지 왜 교사들끼리 연애를 하고 있느냐는 엄한 책망이 반복되었다. 정 선생은 한 시간 이상 같은 내용을 묵묵히 들어야 했다. 아버지와 식사한 뒤 무거운 발걸음으로 돌아갔다.

며칠 후 아버지께서 정 선생에게 전화를 주셨다. 결혼을 승낙하니 잘 살라는 말씀이셨다.

1978년 12월 28일 서울 여성회관에서 결혼식을 올렸다. 이후 정 선생은 농촌에 일손이 필요할 때마다 가서 돕고, 동네 마을회관에 어르신들을 위한 위로금을 가끔씩 전달했다. 시골에 내려가면 작은아버지들 댁에도 꼭 들러 인사드렸다.

정 선생은 손으로 만드는 능력이 탁월했다. 서천 과수원 산 중턱에 소나무 원두막 세 채를 아버지와 함께 지었다. 잘 만드는 것도 중요하겠지만 장인과 사위가 대화를 주고받으며 짓는다는 것에 더 의미가 있을 것이다. 아버지도 흐뭇하게 여기셨다. 땀을 뻘뻘 흘리면서 일을 돕는 사위가 얼마나 대견하게 보였을까. 처음에 결혼을 반대하던 아버지는 이후 큰사위를 큰아들처럼 아껴 주셨다.

2부

폐광

1978년~

3년을 사귀는 동안 정 선생 집에 가본 건 결혼 직전이었다. 그 전까지는 집안 이야기를 들려주지 않았다. 그러니 남편 될 사람의 집이 천안 입장이라는 것 외에 영숙 씨는 아는 게 없었다.

천안 입장이라는 주소 뒤로 '기로리 사장골'이라는 산골동네가 이어진다는 것과 정 선생이 팔남매의 맏이라는 사실은 결혼을 약속한 이후에나 알았다. 그것도 주변에서 알려 주어서 알게 된 것이다. 주변에서는 '하필 거기를?'이라고 생각했을지도 모른다. 하지만 영숙 씨는 두메산골이니, 팔남매니, 맏이니 하는 게 별문제로 다가오지 않았다.

'뭐, 그게 그렇게 고생스럽겠어? 어렵다면 내가 결혼해서 일으키면 되지.'

어떤 상황에 처해도 씩씩한 영숙 씨.

결혼을 앞두고 시부모님께 인사를 드리러 처음으로 정 선생네 집을 찾아갔다. 천안역에 내려 버스로 30분을 가면 입장이다. 거기서 한 시간을 걸어 저수지를 돌고 언덕과 산을 지나면 데캉이라는 작은 동네에 이른다. 사장골은 여기서 산속으로 30분을 더 들어간다.

사장골로 가는 산모퉁이를 돌 때는 큰 짐승이 내려올 것 같은 기운이 돈다. 일제강점기에는 호랑이가 출몰했다고 한다. 6 · 25 때는 많은 사람이 피난 와 숨어 지냈을 정도로 깊은 산이다. 오서산을 오르며 나름 단련된 몸이었지만, 정 선생네 가는 길은 경사가 가팔라 숨이 차올랐다. 사람이 많이 다녀 닦인 길이 아니라 돌길과 자갈길이 주를 이루었다.

영숙 씨는 신작로를 따라 드넓은 논밭을 내려다보며 초등학교에 다녔었다. 정 선생은 호랑이가 전설이 아닌 산속의 인적 드문 돌길을 두 시간 이상 왕복하며 초중고를 다녔다. 소나기가 내리치거나, 안개가 막아서거나, 눈꽃이 쏟아지거나 산을 내려와 '문명'을 만나는 학교를 향해 갔다. 그러한 길 자체가 학교였는지도 모른다. 걸어 본 사람만 알 수 있는 느낌과 사연이 돌멩이마다 담겨 있는 길이다. 이제는 그 길을, 아내 될 사람과 함께 걷고 있는 정 선생도 감회가 남달랐을 것이다.

산모퉁이를 돌면 큰 개울이 나온다. 개울 폭은 보통 2~3m지만 넓은 곳은 10m까지 된다. 막내 시누이가 학교에서 오다 이곳에 빠져 죽다 살아난 적도 있었단다. 이날은 손님을 환영해 주려는 듯 물이 말라 있어 쉽게 건넜다.

사장골은 위례산 아래 있는 산골 마을이다. 영숙 씨는 어릴 때 초등학교에서 배웠던 '직산 금광'이 떠올랐다. 영숙 씨가 방문했을 때는 폐광된 뒤였지만, 한때는 금광으로 유명했었다. 금광이 활발하던 때는 100가구 정도가 살았다. 정 선생이 어린아이였던 50년대만 해도 사람 소리가 끊이지 않고 하루에도 몇 차례씩 미국산 트럭이 오갔었다고 한다. 그렇다면 나름 일찍 '문명'에 접한 곳이라고 할 수도 있을까?

땅속으로 굴을 파고 금광석을 캐는 작업에는 늘 위험이 도사렸다. 어느 날 눈 떠 보니 아버지가 방에 계시지 않아 이상한 기분이 계속되던 중 영영 돌아오지 못하시게 되었다는 식의 이야기를 주변에서 듣는 건 생소한 일이 아니었다. 정 선생의 큰아버지도 그렇게 떠나셨으니까.

첩첩산중을 헤쳐 도착한 마을에는 책의 마지막 페이지처럼 집이 세 채만 서 있었다. 정 선생네 집은 돌담으로 담장이 쳐진 흙벽의 초가집이다. 방은 세 칸이다. 창호지로 된 여닫이문을 마루에서 열면 안방이 있고 옆으로 작은 방들이 더 있다. 정 선생이 어렸을 때만 해도 새집에다가 또 마을에서 가장 컸다고 한다.

대학 다닐 때 설악산으로 수학여행을 갔었다. 깊은 곳에 올랐는데 거기에 사람이 사는 것을 보고 놀랐었다. 사람이 살 리가 없고 살 수도 없을 것 같은 그런 곳에 사람이 있었다.

화전민.

산속으로 들어가 숲이나 풀에 불을 놓고 그 땅을 개간해 밭으로 만들어서 생존하던 사람들. 물은 계곡물을 가져다 쓰고, 화장실은 난달(자연 벌판)에서 처리했다. 먹거리도 산속에 있는 것으로 해결했다. 산나물이나 버섯류, 열매 등 산에서 딴 것을 가지고 산 아래 동네로 내려와 장에다 팔고 필요한 것으로 바꾸어 가기도 했다. 집은 흙이나 나무, 나무껍질, 돌 등 주변에 있는 재료를 이용해 지었다. 영숙 씨가 왔을 때는 정 선생네 집이 설악산에서 보았던 화전민의 집을 연상케 했다.

'사귀는 3년 동안 나를 한 번도 데려가지 않은 이유가 이거였을까? 나는 그런 게 하나도 중요한 게 아닌데….'

그런데,
뭐?
금광과,
화전민?

이 둘보다 서로 어울리지 않는 말이 있을까? 금이 나오는 곳이라면 화전이 아니라 궁궐들이 서 있어야 할 것 아닌가? 금을 캔 사람들이라면 화전이 아니라 황금으로 지은 집에 살고 있어야 하지 않은가? 사장골은 금으로 성공한 사장(社長)님들의 마을이 아닌, 모래의 마을인 사장(沙場)골로 남으려는 걸까.

인간에게 '금'이란 결국 '모래'라고 속삭이는 사장골. 금으로 성공을 한 극소수는 잠깐 부귀를 누리다 모래가 되고, 대부분의 사람은 금을 좇다가 인생이 모래가 되니, 경제적 성공 또는 실패 그 모두와는 상관없이, 금의 끝에는 다만 모래가 있음을 보여주고 싶은 사장골. 바꾸어 말하면, 인생에는 금보다 값비싼 것, 금보다 추구해야 할 것이 있고, 이를 지키는 것만이 삶을 모래 위에 세우는 길을 피하게 한다고 전시하는 사장골.

정 선생의 출생과 성장, 금광과 폐광 등이 주는 여러 상념에서 빠져나와 사장골에 이르렀을 때는 오후 3시경이었다. 사람이 찾지 않고 찾을 일도 없는, 세 가구만 사는 이곳에 손님이, 그것도 여교사가, 게다가 며느리 될 사람으로서 찾아온다고 하니, 동네 사람들은 나름 큰 경사거리로 생각했던 것 같다. 윗집에 살던 정 선생의 큰어머니가 영숙 씨에게,
"자네가 온다고 할 때마다 우택이 엄마가 인절미를 해 놓고 기다렸는데 이제야 오니 그간의 떡값을 물어내야 한다."
모두 한바탕 웃었다.
집 앞으로는 하늘을 가릴 만큼 큰 산이 자기 너머를 보여 주지 않겠다는 듯 우뚝 솟아 있다. 그 산 밑이 광산이다.
60년대에 찾아온 폐광과 함께 마을 사람들은 하나둘씩 이곳을 떠났다. 시아버님도 아내와 자식들을 남겨 놓은 채 가족의 살길을 구하고자 떠나신 상태였다. 서울로 올라가신 시아버님은 주사로 치질 고치는 법을 배워 그쪽 일을 잠시 하게 되셨다. 정식 의사가 아니다 보니 '야매' 무허가로 하셨고, 수입은 불규칙적이었다.
시어머니는 몇 자녀들과 사장골에 남아 밭농사를 지으며 생계를 이어가신 것 같다. 이런 환경에 자녀가 여덟이나 되니 고생이

얼마나 크셨을지는 말하지 않아도 알 것이다. 정 선생 말마따나 '똥구멍이 찢어진다'라는 말이 어울리는 생활이었다고 한다.

정 선생이 약혼녀를 데리고 방문한 1978년의 사장골은 정 선생이 태어난 1950년대 초나, 폐광된 60년대의 풍경에서 별로 달라진 게 없었다. 영숙 씨가 방문한 70년대의 사장골은 1950년대의 사장골이요, 1960년대의 사장골이었다.

집 앞으로 난 냇가를 건너면 곧 폐광이 나온다. 고개를 숙여 들어간다. 갱도는 사람 키보다 약간 높다. 100m, 200m 금맥을 찾아 파 들어가며 사방으로 터널을 뚫는다. 금만 캘 수 있다면 깊이가 문제겠나. 먹고살기 위해 산속 깊이 올라왔던 사람들은 먹고살기 위해 땅속 깊이 들어가야 했다. 하지만 현재 세 가구만 남아 있다는 사실이 더는 채굴할 금이 남아 있지 않다는 현실을 보여 줄 뿐이다. 폐광과 함께 종료된 이곳의 이야기는 이곳을 떠나서는 갈 곳이 막막한 세 가구만이 남아 겨우 이어 가고 있었다.

일정한 온도를 유지하는 굴속은 여름에는 시원하고 겨울에는 훈훈하다. 남은 자들은 폐광을 김치나 다른 음식을 보관하는 거대한 냉장고로 활용했다. 사람만 있으면, 폐광 속에서도 훈훈함을 캐내고 이야기를 꺼내 온다. 폐광마저 스토리의 재료로 뽑아내어 페이지를 채워 가는 것이 사람이 지닌 비범한 작가 본능이다.

밤이 되어 정 선생과 가족들은 안방에 눕고, 영숙 씨는 작은 방에 혼자 누웠다. 가까이에서 부엉이 우는 소리가 들려온다. 서천에서 듣던 부엉이 소리는 저 멀리서 들리는 것이었다. 사장골은 문밖에서 두드리는 소리다. 무서운 사람들이 많아서 무서운 것보다 더 무서운 것이 사람이 없어서 무서운 것이다. 물론 그보다 더 무서운 것은 가난이라고 한다.

'이 깊은 곳에서 뭘 먹고 어떻게 살았을까?'

그런 환경에서 자녀를 길러 대학까지 보내셨다니 영숙 씨는 시부모님이 대단하시다고 느꼈다. 결혼하면 잘해 드려야겠다는 마음이 들었다. 그 외에도 이런저런 생각이 떠올라 잠이 오지 않았다. 부엉이처럼 뜬눈으로 밤을 지새웠다.

*

정 선생 댁을 다녀온 뒤 영숙 씨는 혼수에 들어갈 경비보다는 우선 집을 마련하여 가족이 함께 모여 사시도록 하는 것이 중요하겠다고 생각했다. 혼수는 시댁에 드릴 예물만 정성스레 준비하고 본인에게 필요한 것은 단출하게 했다.

시댁에 드릴 예물을 뽑아 달라고 하니까 정 선생은 터무니없이 써 주었다. 부모님과 형제 직계존비속까지만 요구했는데 외사촌 등등까지 망라해서 준 것이다. 형이니까 그들까지도 챙기고픈 마음이었겠지만, 영숙 씨는 부모님 및 가까운 분까지만 성심껏 준비해 드렸다. 시부모님은 이불과 비로드 한복을, 형제들은 당시 선풍적 인기를 끌던 캐시미어 내복으로 했다.

시부모님께 드릴 이불과 두 부부가 덮을 이불은 친정 부모님께 부탁드렸다. 이불은 평생을 사용하는 것이니 덮을 때마다 부모님을 생각하기 위하여 이불만 부모님께서 해 주셨으면 좋겠다고 말씀드린 것이다.

온돌 문화가 일반적이던 당시에는 결혼할 때 기본적인 혼수로 방석도 해 갔다. 방석은 영숙 씨가 퇴근 후 밤에 한 장씩 수를 놓았다. 그 방석이 지금까지 영숙 씨 이불장에 있다.

혼수와 예물은 마쳤으니 이제 흩어진 남편의 가족들이 모여 한집에 살도록 하는 일만 남았다고 영숙 씨는 생각했다. 당시 이모하고 계를 해서 모아 놓은 1,000만 원이 있었다. 이것을 원래 결혼 비용으로 사용하려고 했었으나, 우선 집을 사는 데 쓰기로 했다.

"시댁 가족들과 한집에 모여 살면 며느리인 내가 많이 힘들어질 수도 있다, 라는 생각은 안 하셨나요? 요즘에도 그건 매우 부담스러운 일로 인식되는데, 당시에도 크게 다르지는 않았을 듯한데요?"

"시부모님 소유의 집이 있었더라면 구태여 집을 마련하여 바로 모실 생각이 안 들었겠지. 하지만 상황이 그렇지 않았지. 언젠가는 모셔야 하는데 나중에 모셔서 서먹서먹한 것보다, 일찍 모셔서 서로 장단점도 빨리 아는 게 중요하지 않나, 생각했지.

그리고 가족이 흩어져 있으면 생활비가 몇 배로 더 든다는 걸 알아. 그래서 가족이 한 곳에 있어야 된다는 생각으로 다 모셔 왔으니 어려워도 힘들어도 내가 한 일이니 참고 견뎌야 한다는 생각이었지.

명절에만 시골에 왔다 가니 손님 같은 기분도 들었었고. 명절이면 내가 음식도 하고 손님 대접도 해야 하는데 대접만 받고 돌아오니 마음에 걸렸지."

이모한테 맡긴 곗돈을 찾아 천안 원성동에 대지 41평, 건평 28평짜리 단층 양옥을 현금 550만 원, 융자 800만 원 해서 1,350만 원에 마련했다. 방 세 칸에 거실, 주방, 화장실이 있다. 정원 같은 마당은 없지만 대문 안쪽으로 장독대와 수도가 있다. 반지하인 지하실은 넓은 연탄창고와 연탄 아궁이가 있다. 집이 마련되었으니 시댁 가족들을 모셔 오는 일만 남았다.

1981년 구정 무렵 첫딸이 태어났다. 영숙 씨가 어려서 시골에서 본 것은 산모가 휴식하는 기간을 삼칠일(21일)로 했었다. 80년대 초에는 병원에서 아기 낳고 바로 집으로 와서 3일 정도 쉬는 것이 전부였다. 영숙 씨는 그렇게 출산 후 3일을 쉬고 가족들의 합류를 준비했다.

사장골에서 시어머님, 중학교에 다니던 막내 시누이와 6학년 막내 시동생이 왔다. 몇 자녀를 데리고 서울에서 객지 생활을 하시던 시아버님도 셋째 시누이와 함께 합류하셨다. 둘째 시동생은 군 복무 중이었고, 나머지 시누이 셋은 독립해서 살고 있었다.

흩어졌던 가족이 새집에 모이니 다들 기쁜 얼굴이다. 만나서 좋은 것도 있고, 함께 산다는 좋은 점도 있었을 것이다. 폐광과 함께 밀어닥친 가난도 이젠 끝이라는 기대도 기쁨의 한 이유였을지 모른다.

정 선생네 가족이 사장골을 떠나자 얼마 뒤 큰집도 사장골을 떠나 다른 동네로 이사하고, 나머지 한 집도 자녀가 사는 곳으로 떠나면서 사장골을 지키던 최후의 세 집은 모두 새로운 길을 찾아 나서게 된다. 시댁에 편안한 보금자리를 제공하려 한 영숙 씨의 선의는 폐광도 해체하지 못했던 사장골을 해체하는 나비효과를 일으킨 것이다. 질기기로 따라올 자 없는 가난의 아귀힘도, 티 내지 않는 선의의 부드러운 손길 앞에서는 맥을 못 추었다.

*

10명 가까운 대가족이 되니 시끌벅적했다. 결혼 전에도 대가족이었는데, 결혼하고 나서도 대가족이었다. 차이라면 이제는 남편의 대가족이라는 점이다.

성장 환경과 생활 방식이 다른 집안의 사람들이 갑자기 한곳에 모여서일까. 남편과 둘이 조용히 살 때와는 완전히 다른 세상이 펼쳐졌다.

학교에 갔다 오니 영숙 씨의 반짇고리가 시부모님이 쓰시는 안방에 가 있다. 반짇고리는 가위 같은 생활에 필요한 도구들이 담겨 있다. '나에게 묻지도 않고 어떻게 저게 저기에 가 있지?'라는 질문은 차치하고, "다 쓰셨으면 제게 돌려주세요"라고 말하기도 어려운 일이다. 그저 속으로, '쓰셨으면 내 방에 가져다주셔야 하는 게 아닌가' 하며 끙끙거릴 뿐이다. 책꽂이에 책이 일렬로 꽂혀 있어서 어디에 어떤 책이 있나 꿰고 있고, 누가 무엇을 만지면 원래 있던 자리에 놓도록 하는, 질서를 중시하는 삶의 철학을 실천해 온 영숙 씨였다.

그러나 걸레와 수건이 뒤섞여 돌아다닌다. 마루를 닦아야 할 걸레가 수건으로 쓰이고, 얼굴을 닦아야 할 수건이 걸레통에 들어가 있다. 마치 부부가 치약을 짤 때 꼬리 쪽에서부터 짜는 사람과 머리 부분만 짜는 사람이 서로를 힘들어하는 장면과 비슷하다고나 할까? 물론, 치약 짜는 방식에는 교양이나 도덕적 가치가 뚜렷하게 없지만, 정리정돈은 교양의 단골손님이다.

남편의 가족들은 물건이 방바닥에 조금 늘어트려져 있어도 '이건 질서 없는 상태야'라는 생각이 들지 않았다. 오히려 남편에게 그런 상태란 곧 자유로움을 의미하는데, 영숙 씨는 그게 무질서다. 남편은 그게 조이지 않는 편안함인데, 영숙 씨는 그게 조여 오는 불편함이다.

영숙 씨는 집에서 목청 높이는 소리를 크게 들어 본 적 없이 자랐다. 어른들끼리만 아니라 꼬마 영숙 씨에게도 큰소리로 말하지 않았다. 이와 다르게 남편의 집은 목소리가 큰 편이다. 화가 난 것이 아닌데, 듣기에 따라 화난 사람의 말처럼 들린다. 영숙 씨에게는 그리 들렸다. 어느 집안은 크게 말하지 않는 것이 상대를 향한 존중의 표시인데, 어느 집안은 크게 말하는 것이 상대를 향한 정겨움이요 살가움이다.

집안마다 전수되고 형성된 생활 문화의 차이가 있다. "어느 쪽이 옳고 그름이 아니라 다름이다. 그러니 서로 이해해야 한다" 식의 간편하지만 뻔한 이야기는 그때나 지금이나 영양가 없이 반복

된다. 머리로 안다고 해결되지도, 치유되지도 않는다. 대신 긴긴 시간의 신음을 겪어야 한다. 시대마다 모양은 바뀌지만, 결혼에 있어 갈등의 구조는 비슷하다. 단, 약자를 배려하는 모습이 아름답다는 것은 시대에 따라 상대적이지 않은 보편적 아름다움이다.

영숙 씨에게는 하루하루가 혼돈이요 예측 불가, 긴장과 걱정의 연속이다. 일이 터지지 않는 날이 없다. 무질서와 어수선함이 삶의 새로운 방식인 것 같다. 영숙 씨는 그런 삶의 모습을 이해하기 어려웠다. 그렇게 하루하루 살아가는 것이 기적처럼 생각될 정도였다. 그런 시간이 길어지고 또 반복되면서, 아름다운 가정에 대한 영숙 씨의 처음 기대는 망가지고 가슴엔 멍 자국이 깊어 갔다.

질서에 대한 생각을 포기해야 했다. 포기해야만 살 수 있었다. 질서 없는 곳에서 홀로 질서를 지키려고 해봐야 몸과 마음이 부서져 나갈 뿐이다. 체념과 함께 한편으로는 질서, 생활습관, 근검절약, 물질관리 등 자기가 중시하는 가치들을 말이 아니라 몸소 보여 주어야겠다고 결심하는 시간도 되었다.

얼마 전까지만 해도 영숙 씨는 총애를 받는 학생이었고, 졸업 후에는 주목받는 여교사였다. 아버지가 어디를 가나 자랑하는 맏딸이요, 자기를 존귀하게 대해 주는 아버지, 엄마, 할머니, 친척들에 둘러싸여 살아왔다. 그런데 결혼이 무엇이라고, 고난의 여주인공을 맡게 되는가? 결혼. 다를 것이라고는 생각하겠지만, 나쁠 것이라고는 생각하지 않는다. 그렇다면 누구도 결혼하지 않으려 할 테니까. 뚜껑을 열어 본 뒤 "아뿔싸"를 외치며 '늦었다'라고 생각이 들 수도 있으나, 이제는 늦은 것이 아니라 이제는 시작이다.

집을 마련해 시댁 가족을 모시고 난 때부터 영숙 씨의 아버지는 딸이 고생한다며 아키바레 80kg을 보내 주셨다. 쌀이 왜 눈물방울처럼 생겼는지 모르겠다. 시댁 대가족으로 들어간 딸을 위해 아버지가 멀리서 해 줄 수 있는 마음이 그래서 그런 건지 모르겠다.

하지만 그런 마음은 아랑곳하지 않는다는 듯 집에는 찬밥이 쌓여 갔다. 먹다가 만 밥그릇이 이곳에도 있고 저곳에도 있다. 다른 가족들에게 그런 모습은 불편한 것이 아니었지만, 영숙 씨에게는 불편하지 않을 수 없는 일이었을 것이다. 아버지의 마음이 담긴 귀한 쌀이 낭비되는 것으로 보였을 것이다. 바라보는 마음의 지점이 다르면 그렇게나 다른 장면이 잡힌다.

지점.

여기서 우리는 남편의 가족과도 다르고, 영숙 씨와도 다른 지점에서 바라볼 수 있다. 갈등과 고뇌의 현장에서 한 발 뒤로 빠져서 심호흡을 하고 그 장면을 다시 보면 흥미로운 진실에 접한다. 거기서 신선한 의욕의 싹이 돋기도 한다.

먼저, 영숙 씨가 천안에 양옥을 얻어 시댁을 모셨다는 것은, 남편의 가족들 특히 사장골에 사시던 시어머니에게는 산골 흙집에서 '신도시' 양옥으로의 이주가 이루어진 것과 같다. 사장골 초가집에서 살 때는 씻거나 밥을 지으려면 샘에서 물을 길어 와야 했다. 전기가 필요할 때는 시멘트 벽돌보다 훨씬 큰 발전기용 배터리를 리어카에 싣고 입장까지 내려가서 충전을 한 뒤 다시 산길을 올라왔다. 하지만 천안 양옥에서는 씻을 때는 수도꼭지에서, 밥을 지을 때는 전기밥솥에서 원하는 것을 얻는다. 전기가 필요할 때는 플러그에 꽂기만 하면 되는 신세계다. 시어머니에게는 천지개벽이다.

시어머니는 폐광된 산속에서 경제적 소유 없이 살아가는 '신분'에서 도시 양옥에 사는 신분으로 이동한 것과도 같다. 시어머니의 세계관은 부엉이 우는 산골 금광에서, 번쩍이는 도시 양옥으로 확장된 셈이다. 이러한 문명의 혜택 또는 새 삶의 주어짐은 타의에 의해, 외부적 힘에 의해, 밖에서 오는 특별한 호의에 의해, 이루어졌다. 그리고 그 '은혜'의 근원은 맏며느리였다. 비록 그 며느리의 속은 불을 끄지 않은 밥솥의 바닥처럼 타들어 가고 있었을지라도 말이다.

물론, 시선의 지점은 다양하다. 다양하기에 다채롭다. 이번에는 '사장골이 소중한 사람의 시선'으로 보자. 남들 눈에 아무리 빈국의 국민이라 해도 행복감은 소위 선진국보다 더 높은 경우가 많으니까. 만약 '모래성이 된 금광' 사장골의 소수 남은 자들이 그곳에서의 생활이 얼마나 경제적으로 어렵든지 간에 그 삶을 나쁘게 여기지 않았다면, 심지어 재미있게 여겼다면, 어떨까?

산속에서의 삶은 도시에서의 삶보다 규정이 훨씬 적다. 책을 책장에서 꺼내면 읽고 제자리에 넣어야 할 책장 자체가 없는 사람에게는 제자리에 넣어야 한다는 질서에 대한 의무감이 형성되지 않을 것이다. 천연적 자연에서는 세세한 규칙과 질서보다, 그때그때 알맞은 발상과 순발력이 중요해진다.

외부인이 볼 때는 사장골 사람들이 집 없는 화전민처럼 보일 수도 있다. 실제로 사장골 사람들 대부분은 남의 땅에 집을 짓고 살았다. 그래서인지 집 걱정을 하지 않았단다. 산 아랫동네에서는 자기 집이 없어서 걱정이지만, 산속에서는 자기 집이 아니어서 걱정이 아니었다. 어디든 살고 싶은 곳에 적당히 살면 되는 '룰'이 있었다. 금광을 찾아 자주 이사 다녀야 하는 환경조건은 그러한 삶의 방식을 허용해 주었다. '영원한 내 집' 또는 '자손 대대로 물려줄 집'이 아니니, 그게 크든지 작든지 서로 비교할 필요가 없었다. 산 아래 세계에서 매우 중요하여 일생을 바쳐 수고하게 만드는 여러 요인들이, 산속에서는 의미를 잃었다. 대신 그 공간을 다른 것으로 채울 수 있었다. 그 공간이란 다른 말로 하면 그만큼의 '자유'라고 부를 수 있지 않을까?

사장골 안에서 그러한 자유를 누리던 사람들에게 그러한 삶을 뒤로하고 대신 얻은 신도시의 '문명적' 삶이 반드시 더 좋은 것이었다고 말할 수 있을까? 몸은 편해졌겠지만, 맘도 편해졌을까?

자기가 무엇을 잃었는지 생각할 겨를도 없이 자기가 무엇을 얻었다고 설득하는 것이 도시의 수법이다. 사장골 사람들이 '발전된' 세계로 떠나면서 어떤 면에서 자유를 오히려 잃어버리게 되는 것은, 1950년대생 부모님들이 늘 자기 것으로 누리던 것을 빼앗기고 발전된 이후 세계에 던져지는 장면과도 닮았다.

폐광으로 금광을 잃는 것은 차라리 괜찮다. 사람에게 중요한 것은 세월이 바뀌어도 그리워할 수 있는 장소 – 마음의 고향이 있느냐는 것이니까. 인간에게 있어 진정한 부와 빈곤의 갈림길은 그러한 추억의 유무에 있을 것이다.

시선은 시선이고 현실은 현실이다.

새로이 펼쳐진 현실 속에서 남편과 영숙 씨의 수입은 이전과 동일하지만 식구는 네 배 가까이 많아졌다. 이 상황을 타개하기 위해 영숙 씨는 '1,000원 값어치의 원리'를 적용했다. 1,000원이 있으면 900원은 저축하고 100원으로 버티는 것이다. 그렇게 하여 목돈을 모아 꼭 필요할 때 저축해 놓았던 돈을 푼다. 그렇다면 이제 100원을 가지고 대가족이 살아가기 위한 지혜를 짜내야 한다.

시댁 경제 상황이 좋지 않은 터라, 가계 경제는 고스란히 영숙 씨와 남편의 몫이다. 형제들에게는 각자의 수입을 저금했다가 결혼할 때 갖고 가도록 했다. 집안에서만 아니라 집 밖으로는 시부모님의 일가친척 애경사를 위해 남편과 천안, 청주, 진천, 서울 곳곳을 다녔다. 제사, 장례, 결혼, 회갑, 생신 등에는 부조와 선물을 챙겨 드렸다. 어른들께는 별도로 용돈을 드렸다. 대가족 맏며느리 영숙 씨는 되뇌었다.

'맏며느리가 잘 들어와야 집안이 흥한다.'

'맏며느리가 잘 들어와야 집안이 흥한다….'

이것이 자기를 향한 주문(呪文)이었는지, 살기 위한 최면(催眠)이었는지, 아니면 종갓집 맏며느리였던 엄마를 보며 무언중에 습득한 교리(敎理)였는지는 알 수 없다. 영숙 씨가 그렇게 생각하고 실천했다는 것만 알 수 있을 따름이다.

남편은 교대를 졸업하고 군 면제 조건으로 7년간 교직에 근무했다. RNTC라는 제도가 있었는데, 교대에 다니면서 2년의 군사 훈련을 병행하면 입대가 면제되고 하사관의 보를 받았다. 교대는 2년제에 군 면제도 되니까 시아버지께서 직접 공주교대에 가서 원서를 사 오셨다고 한다. 시골에서 생활이 어려우니 큰아들이 빨리 학교를 마치고 돈을 벌라는 뜻이었다.

영숙 씨는 초등학교 교사인 남편이 대학교수가 되기를 바라는 마음이 있었다. 영숙 씨 아버지가 이상적인 미래를 그리며 딸이 이대 약대에 들어가기를 바라고 지원하시던 것을, 영숙 씨는 부담스러워하면서도 보고 배웠던 걸까. 물론 타인을 지원한다는 것은 이타적인 일이다. 선한 방향으로 도전하도록 도움이 되는 경우라면 더욱 그렇다.

남편은 대학교수가 되는 것을 좋게 들었다. 영숙 씨는 결혼 선물로 타자기를 남편에게 전달했다. 학교로 출퇴근하는 남편의 자전거 짐받이에는 이 타자기가 끈으로 묶여 있었다. 남편은 일하면서 공부도 할 수 있는 방법을 찾던 중 미국 뉴욕주립대학 통신 과정에 등록해 학업을 이어갔다.

둘이 지낼 때는 교수의 꿈을 꾸는 그런 생활이 가능했으나, 흩어졌던 가족들이 모인 뒤로는 어디 앉아 공부할 분위기가 아니었다. 삶의 여백을 한 치도 허락하지 않는 당장의 현실 앞에서 그러한 꿈과 희망은 언제 있기라도 했었느냐는 듯 자취를 감추었다. 결혼은 여자의 인생만 아니라 남자의 인생에서도 굵직굵직한 퍼즐들을 가져와 전혀 예상치 못한 모양새로 얼크러뜨린다. 그것 외에 다른 선택지가 보이지 않았고, 다른 무엇을 찾아볼 여력도 없는 삶의 상황이 영숙 씨와 남편을 삼켰다.

그래도 이때의 공부가 헛되지 않았다. 교사 의무 기간 7년을 마친 뒤 한국일보 영자 신문인 코리아타임스 기자로 채용된 것이다. 교수 대신 기자면 어떤가. 그 정도면 공주교대로 직접 원서를 사러 가셨던 시아버지의 '투자'가 상당한 성과를 냈다고 할 수 있지 않은가. 시골 초등학교 선생이 서울의 영어신문사에서 일하게 된 것은 당시로서는 기적 같은 일이었다고 한다.

코리아타임스는 서울 종로에 있었다. 남편은 일찍 경부선 열차를 타고 천안에서 종로로 출퇴근하는 것을 힘들어했다. 퇴근 열차에서 졸아 조치원까지 갔다가 천안으로 돌아오기도 했다. 영숙 씨와 남편은, 자녀들이 태어나면 교육 문제도 있고 출근도 해야 하니 서울 근교로 이사하자는 데에 뜻이 일치했다. 이곳저곳 알아본 후 부천 역곡으로 정했다. 2년 만에 천안을 떠나 서울과 가까운 새 보금자리로 옮겼다. 대가족의 이동이었다.

새로 들어간 집은 프랑스풍의 2층 단독주택이다. 철길 옆에 똑같은 집 네 채가 나란히 서 있는데 그중 한 집이다. 집을 지은 사람이 네 형제여서 형제들이 한 채씩 들어와 살기로 했는데 무슨 일인지 그게 안 되어 매물로 나왔다. 마당이 넓어 정원수도 제법 심었다.

이사 온 집은 손질할 곳이 많았다. 부엌 벽면이 도배 되지 않은 상태였다. 다른 가족들은 그런 데에 관심이 없다. 손이 필요한 일이 영숙 씨 눈에만 보이나 보다. 영숙 씨는 도배하기 시작했다. 어머니는 옆에서 풀칠을 이렇게 해라, 저기가 구겨져 있다 등등 지시를 내리시는데 영숙 씨 귀에는 부드럽게 말씀하시는 것이 아니고 추궁하는 말투다. 물론 영숙 씨도 다른 가족들처럼 도배도 안 하고 다른 어떤 일도 안 하고 모르는 체하면 그만일 것이다. 그러면 그리 달갑지 않은 말들을 들을 일도 피할 수 있을 것이다. 하지만 눈에 보이니 안 할 수가 없다. 그렇다고 일을 하고 있으면 옆에서 불편한 소리가 들려온다. 난감했다. 그래서 생각한 방법이 모두가 잠든 시간에 혼자 하는 것이다. 다음 날 일찍 출근해야 하지만 그게 마음이 편했다.

'나도 나를 못 말려.'

거실 벽과 바닥은 나무로 되어 있었다. 밤중에 일어나 혼자 니스 칠을 했다. 그러면 나뭇결이 살아나고 수명도 더 오래 간다.

대문과 철 담장도 눈에 들어온다. 페인트칠을 해야 할 것 같다. 가만히 놔둬도 되는데, 칠이 벗겨져 있는 꼴을 못 보는 거다. 학교 마치고 페인트 가게에서 용품들을 사다가 페인트칠을 했다. 이번에는 집 밖에서 하는 일이라 해가 지기 전에 혼자 했다. 시아버님이 이것을 보셨다. 가족들은 다 영숙 씨보다 키가 크고 몸집이 좋다. 영숙 씨는 숲에 자라고 있는 작은 나무 같다. 시아버님은 다른 가족들을 불러 같이 하게 하셨다.

영숙 씨 눈에 보이는 일들을 가족들이 신경 쓰지 않고 도와주지 않는다고 원망하지는 않았다. 남이 하지 않는 일을 영숙 씨가 하고 있을 때 잠자코 기다려 주고 옆에서 아무 말을 하지 않는 것이 오히려 도와주는 일이라고 생각했다. 하지만 대가족에서 말없이 믿고 기다려 준다는 것은 어려운 일이다. 핵가족에서도 이것은 어려운 일이니, 하물며.

학교에서 수업 마치고 집에 들어갈 시간이 되면 영숙 씨는 겁이 나기 시작한다. 멀리서 집이 보이면 그때부터는 가슴이 뛴다. 발을 동동 구른다.
'오늘은 또 무슨 일이 일어날까.'
하루는 결혼 예물 시계가 손목에서 떨어진 줄도 몰랐다. 집에 도착해 손목에서 시계를 풀어 놓으려고 보니 시계가 없는 것이다. 다음 날 출근길 돌멩이 사이에서 시계를 찾았다.
며칠간 영숙 씨가 집을 비워야 했던 적이 있다. 일주일 뒤 돌아오니 남편은 비누가 떨어졌다고, 어머니는 쌀이 떨어졌다고 하신다. 매사에 일거수일투족 대소사를 신경 써야 하는 상황이었다. 조금이라도 한눈을 판다든지 소홀하면 어김없이 문제가 터졌다. 긴장 상태로 가정을 살피다 보니 영숙 씨의 몸은 완전히 소진되어 있었다.
새로운 대가족에서의 삶을 요약하면 '가지 많은 나무에 바람 잘 날 없다'라는 표현이 딱 맞았다. 조용하게 넘어가는 날이 별로 없었다. 영숙 씨가 특히 많이 했던 일 중에는 빚을 갚아 주는 일이 있었다.
천안에 집을 마련하여 시댁 가족들을 모시고 살 때의 일이다. 이날도 퇴근길에 발을 동동 구르다 집 현관문을 여니, 초록 매니

큐어를 칠한 여자가 거실 한가운데 앉아 있다. 보기에도 평범한 여자 같지는 않다. 시어머님이 말씀하신다.

"아버지가 빚진 게 있는데 받으러 왔다."

저녁을 해서 그 여자도 식사하고 돌아갔다. 이때만 해도 어느 손님이건, 심지어 빚쟁이라고 해도, 내 집에 온 사람이면 일단은 대접을 했다.

다음 날은 다른 사람의 빚 독촉이 있었다. 신기하게도 아버님이 집에 계시면 그런 사람이 이어지다가 아버님이 집을 비우시면 빚쟁이들의 발걸음도 뚝 그쳤다.

'무슨 빚일까?'

남편에게 물어보았다. 아버님은 광산에서 일하셨는데 광산은 투기성이 강해 돈을 벌면 크게 벌고 망하면 쫄딱 망했다고 한다. 아버님은 사람을 사서 금광석을 캤는데 금은 나오지 않았고 빚을 많이 지시게 됐다. 큰 걱정을 하고 있을 때, 노름꾼 친구가 찾아와 위로한답시고 화투를 제안했다. 노름꾼들이 집에 자주 드나들자 화투판이 커졌다. 결국 돈을 싹 잃어서 집에 있는 소까지 빚쟁이가 끌어갔다. 봄부터 가을까지 열심히 버시고 겨울에는 싹 날리는 생활이 반복됐다. 아버님만 아니라 광산을 하던 다른 집에서도 흔히 벌어지는 일이었다.

계속 빚쟁이들이 집으로 몰려들자 영숙 씨는,

"아버님, 빚진 돈이 전부 얼마인가요?"

이름과 주소를 받아 명단을 작성했다. 그렇게 찾아낸 빚이 700

만 원* 가까이 되었다. 선생님들과 친목계를 해서 받은 돈으로 큰 빚덩어리들을 갚았다. 20만 원, 30만 원 같은 작은 빚은 봉급을 타서 약속한 날짜에 갚아 드렸다.

'부모님이 지신 빚이니 노름빚이라도 자식이 갚아 드리는 것이 맞지.'

어떤 상황을 맞아도 여전히 굳센 영숙 씨.

1981년 영숙 씨가 천안성정초등학교에서 근무할 때 하루는 천안시교육청 담당 장학사님이 학교로 오셔서 영숙 씨에게 슬그머니 말씀하신다.

"이 선생, 자네 춘부장께서 100만 원을 빌려 가셨네."

얼굴이 뜨거워진다.

'소문에 장학사님이 화투 친다는 소리를 들었는데 아버님께서 연루되셨구나.'

어떻게 해서 빨리 갖다 드렸다.

시간이 흘러 1990년 겨울 시아버님이 소천하시고 장례가 진행되고 있을 때 영숙 씨가 다니는 교회 남자 권사님 한 분이 영숙 씨 옆으로 와서 조용히 말을 건넨다.

"이 집사님, 고 정철구 집사님이 50만 원 빌려 가셨어요."

얼굴이 화끈거린다. 남편에게 이야기하여 즉시로 갚아 드렸다.

---

* 결혼하고 천안 원성동에 대지 41평, 건평 28평 단층 양옥을 1,350만 원에 샀으니 빚의 액수가 어느 정도인지 상상이 갈 것이다.

아버님의 빚을 갚아 드리는데 남편의 빚을 모른 체 할까. 남편은 결혼 전에 친구들과 직장 동료들의 보증을 서 준 것이 있었고, 결혼 후에도 여러 차례 친구들 보증을 서 주었다. 영숙 씨는 그 빚까지도 해결했다. 영숙 씨 부부가 함께 대출금에 이자까지 갚아 준 적도 여러 차례다.

남편에게 보증을 서지 말라고 신신당부하지만, 남자들은 친구의 제의를 뿌리치지 못한다고 한다. 그래서 하나 갚아 주고 나면 속이 시원한 것이 아니라 곧 숨어 있던 다른 건이 터지지나 않을까 되레 걱정이 드는 것이었다. 친구들의 대출금 보증은 2천만 원, 1천만 원 등 단위가 상당히 컸다.

친구들 보증을 서 주는데 형제들 보증을 못 서 줄까. 갚지 않은 대출금의 이자는 쌓여 가고, 빚 독촉장은 남편에게 날아온다. 그러면 남편은 신경이 예민해지고, 영숙 씨는 옆에서 불안하니까 빨리 방법을 찾아서 갚아 준다. 일은 남편이 벌이고 뒷감당은 영숙 씨가 하는 것이다.

아버님, 남편, 형제들만 아니라 친척들의 빚까지 넘겨지기도 했다. 시어머니는 영숙 씨에게, 친척 중 누가 딸라 돈을 빌려 쓰다가 어려움을 겪고 있는데 좀 갚아 달라고 하셨다. 영숙 씨는 딸라 돈이 무슨 말인지도 몰랐는데 그때에야 알았다. 딸라 돈은 미국 달러를 빌렸다는 게 아니라, 터무니없이 높은 고금리 이자를 주고 급하게 끌어다 쓰는 돈을 말한다. 어머니는 아들에게 이야기하지 않고 며느리 영숙 씨에게 알리고, 영숙 씨는 시끄러워질까 봐 남편에게 알리지 않는다. 집안이 잘되고 못되고는 며느리에게 달려 있다고 생각했기에, 어려운 문제가 있으면 떠벌리지 않고 혼자 해결하려 한 것이다.

여유가 있어서 갚아 준 것이 아니라 땀 흘려 번 것으로 갚아 주었다. 또한 여기에 다 쓰지 못할 만큼 다양한 사람의 빚을 대신 감당해 주었다. 그렇다고 영숙 씨에게 찾아와서 고맙다고 말한 사람은 없었다. 당시는 그런 표현이 어색했을지도 모른다. 하지만 내가 다 갚을 수 없는 무거운 빚을 전부든 일부든 갚아 준다는 것처럼 고맙고 미안한 일이 있을까. 예수님도 인류의 빚을 갚아 주시러 오셨다잖은가. 대속(代贖)의 은총 말이다.

어머님은 빚만 아니라 자식들의 다른 문제들도 영숙 씨에게 들고 오셨다. 어느 집안의 사이가 좋지 않아 싸움이 커지면 그것도 아들에게 알리지 않고 며느리에게 이야기했다. 그러면 해결하기 위해 그 집을 방문하고 얘기를 들으며 다독이는 것은 영숙 씨 몫이다.

만약 영숙 씨가 해결하려 나서지 않으면 어머니는 영숙 씨를 볼 때마다 땅이 꺼지도록 걱정을 쏟으신다. 직접 나서시기보다는, '네가 좀 나서 달라'라고 간접적으로 말씀하시는 것과 다르지 않다. 아들에게 얘기하면 소리 지르고 타박할지 모르나, 며느리는 시어머니의 걱정을 반박하거나 비난하지 않고 일단 수습 모드로 들어가니까 며느리가 편안하셨을 거다. 그리고 얘기하시면 어떻게 해서든지 해결해 드리니까 더 그러셨을 것이다.

영숙 씨는 가만히 듣고 있을 성격이 아니다. 즉각 행동에 들어간다. 영숙 씨 자신은 피곤하지 않으면 이상한 거다.

생각해 보면, 시어머니에게 며느리 영숙 씨는 신기한 존재였는지 모른다. 도깨비방망이처럼, 자기가 할 수 없는 일들을 뚝딱하고 해결해주니 말이다. 게다가, 얼마 전까지만 해도 눈 뜨면 폐허가 된 금광의 차가운 산 그림자가 반겨 주는 삶이었는데, 이제는 서울과 맞닿은 부천의 프랑스풍 2층집 따수운 방바닥이 포근하게 안으며 깨워 주는 삶이 펼쳐지고 있으니, 이게 꿈인지 생시인지, 하셨을 수도 있다. 가스레인지, 전기밥솥, 세탁기, 컬러텔레비전 등도 새로운 세계인 것은 마찬가지다. 시어머니의 '신세계 발견'을 위해 제공된 대가는 며느리의 호의와 고난이었다.

당시 문화의 가정 내 위치 측정법에 따르면, 자기보다 아래에 있어야 하는 며느리가 자기보다 위에서나 가능한 혜택들을 대가 없이 제공했을 때 시어머니 안에는 두 가지 마음이 대치 상태를 이루었을지도 모른다. 시어머니는 며느리를 마음대로 부릴 수 있고 또 부려야 하는 존재라는, 자라면서 학습된 옛 인식과, 부모도 남편도 아들도 자식들도 제공해 주지 못했던 편리하고 안락한 새 삶을 조건 없이 제공해 준 며느리에 대한 감탄과 고마움 등의 충돌이다. '군기'를 잡고 부려야 하는 구조라고 배웠는데, 그러기에는 며느리에게 의존하는 것이 많고 또한 고마운 것도 적지 않으니, 일단 시어머니 행세를 하기는 하되 속으로는 며느리 없이는 못 살 상태가 되었던 것 같다.

영숙 씨가 천안에서 근무하던 어느 날이었다. 교무실에서 '모친 위독'이라는 전보가 왔다. 발신자가 없어서 영숙 씨는 친정 엄마인지 시어머니인지 몰라 일단 부천 집에 연락했다. 전화를 받으신 시아버지는 시어머니가 2층에서 내려오다가 계단에서 넘어졌다고 하셨다. 영숙 씨는 서둘러 집으로 돌아와 어머니를 가까운 정형외과로 모시고 갔다.

이날 집에는 아버님도 계시고 다른 가족들도 있고 가까운 서울에 아들도 있는데, 시어머니는 천안에서 일하고 있는 영숙 씨를 찾은 것이다. 남편도, 아들도, 자식들도 다 합쳐 보아야 며느리 하나만 못하다고 여기셨던 걸까?

시어머니는 자신의 문제만 아니라 다른 가족들의 일까지 일단 영숙 씨에게 알렸다. 그만큼 영숙 씨는 가정을 넘어 집안의 해결사 역할을 감당하고 있었다. 조금만 한눈팔아도 한 문제가 더 큰 문제를 낳았다.

가정에서 사건들이 연속적으로 일어날 때마다 영숙 씨는, '내가 예수 믿다가 잠들어 있으니까 이런 일이 일어나는 거야'라는 생각이 들었다. 사건이 일어날 때마다 해결하고자 애쓰면서 몸은 더욱 쇠약해져 갔다.

시간은 30여 년이나 더 흐른
2016년 봄 어느 날

"양문교회 박 목사님께서 당신보고 가족 구원에 대한 간증을 해 달라고 하셨는데 어때요?"

아침 식사를 준비하고 있는 영숙 씨에게 남편 정우택 장로가 불쑥 말했다.

"예? 내가요?"

박 목사님이 영숙 씨네 집을 처음 방문했던 것은 2016년 설을 앞둔 날이었다. 추운 겨울인데도 목사님은 맨발이었다. 영숙 씨는 상표를 뜯지 않은 양말을 얼른 목사님 앉으신 곳에 갖다 드렸다. 나중에 발을 보니 드린 양말을 신지 않고 여전히 맨발이었다.

'왜 이실까?'

영숙 씨는 모세가 시내 산에서 하나님을 처음 만났을 때 하나님께서, "네가 선 곳은 거룩한 땅이니 네 발에서 신을 벗으라"(출애굽기3:5)라고 하신 말씀이 떠올랐다.

'하나님에 대한 신뢰와 자신에 대한 겸허함을 고백하기 위해 양말을 신지 않으실까? 그런 훌륭한 목사님께서 시무하시는 교회 강단에 부족한 내가 서게 된다니….'

.
.
.

양문교회 간증

"한 알의 밀이 땅에 떨어져 죽지 아니하면 한 알 그대로 있고 죽으면 많은 열매를 맺느니라"(요한복음12:24).

안녕하세요, 양문교회 성도 여러분. 기독교대한감리회 부천 평안의교회 이영숙 장로입니다. 저는 구세군교회에 다니시는 부모님 밑에서 2남 2녀의 맏이로 성장하다, 우상숭배를 하며 지내던 팔남매 맏이 정우택 씨와 1978년도에 결혼했습니다.

제가 자라온 가정과 우택 씨 가정은 신앙생활이나 일상생활의 모습이 전혀 달랐습니다. 저는 농촌과 도시에서 성장했고, 남편은 산간 광산지역에서 자랐습니다. 삶의 터전이 다르니 모든 것이 다를 수밖에요. 결혼하면서 이 가정을 '믿음의 길'로 안내하고 싶었어요. 부모님이 돌아가셨을 때 제사를 지낸다면 제사는 우상숭배라는 생각으로, 또 영혼을 구원해야 한다는 일념으로, 한 걸음 한 걸음 다가갔습니다.

하나님께서 불신자였던 저희 가정을 어떻게 구원의 길로 인도하셨는지를 주변에 간증하고 싶은 마음이 오래전부터 있었으나, '자칫 인가귀도* 간증이 가족들에게 누가 되지 않을까!'라는 망설임이 있었습니다. 그러던 중 박 목사님께서 불러 주셔서 여

---

* 인가귀도(引家歸道)란 가족들을 신앙으로 인도하는 것을 말한다.

기에 서게 되었습니다.

간증을 준비하는 중에 남편 정 장로에게 들었는데, 어렸을 때는 물론 결혼할 때까지 주변 분들로부터, "예수 믿어라. 같이 교회 나가 보자"라고 권면 받아 본 일이 한 차례도 없었다고 합니다. 정 장로뿐 아니라 시부모님과 팔남매 모두가 그랬을 것입니다. 그러고 보면 믿음의 부모님이 계신다는 것이 복 중의 복입니다. 여기 계신 성도님들이 바로 그러한 축복의 통로이십니다.

삼신할매

결혼하고 조금 지나서 천안에 집을 마련하여 시부모님을 모시고 시누이, 시동생들도 불러 함께 살았습니다. 가까이서 지내니 우상숭배적 생활 방식이 보이기 시작했습니다.

결혼 3년 차의 일입니다. 1981년 천안에서 첫째 아이를 출산하는데 구정 설에 출산 기미가 보입니다. 설이라 병원이 거의 문을 닫은 상태였고, 집에서 가장 가까운 곳은 산부인과가 아닌 일반외과였습니다. 마침 의사 선생님이 계셔서 거기서 출산하고 몇 시간 후 젖먹이를 포대기에 싸서 집으로 돌아왔습니다.

집에 와서 아기에게 젖을 물리려는데 젖이 나오지 않았습니다. 시어머님은 젖이 나오지 않는 것은 삼신할매가 노해서라고 하십니다. 그럼 삼신할매란 분은 왜 노하셨을까요? 제가 출산한 일반외과에서 시어머님께서 어느 한 사람과 눈을 마주치셨는데, 그 사람한테서 부정을 탔기 때문이라십니다. 그러면서,

"애야, 삼신할매한테 빌어야 하니까 잠시 밖에 나가 있어라."

멍울이 들어 막힌 젖을 안고 거실로 나가니 시어머니는 방바닥에 밥을 한 그릇 떠놓으시고 며느리의 젖이 잘 나오게 해 달라고 빌기 시작하십니다. 삼신할매는 아기를 점지해주는 신이라고 합니다.

소코뚜레

시부모님이 쓰시는 안방에는 소코뚜레*가 방문 위쪽에 걸려 있었습니다. 어머니께서 이전부터 일상적으로 걸어두셨는데, 사시던 시골에서 도시로 오실 때 이 소코뚜레는 챙겨 오셨습니다. 소코뚜레를 조상신이라 하여 밤으로 낮으로 보시며 그것으로 마음의 위안을 얻으시는 것입니다.

소코뚜레는 저도 시골에서 많이 보았습니다. 송아지가 어느 정도 자라면 코청을 꿰뚫어 매달아 줍니다. 그런데 소코뚜레가 조상신이 되어 경배 대상이 된다는 것은 처음 알았습니다. 마음 같아서는 당장 치워 버리면 좋겠지만 어머니가 하신 일인데 그럴 수는 없었습니다. 어머니에게 믿음이 들어가면 자연히 치워질 것으로 믿고 간절히 기도하는 수밖에 없었습니다.

대추나무와 설사

천안에서 2년을 살다가 부천으로 이사했습니다. 철길 옆 단독주택에 터를 잡았습니다. 그런데 이사하고 얼마 뒤부터 가족들

---

* 소코뚜레는 물푸레나무를 둥그렇게 만들어서 소 코에 꿰 매단 고리다.

이 심하게 설사를 합니다. 한 사람이 아니라 여러 식구가 그렇습니다. 이유를 알 수 없었습니다. 어머님은 대추나무가 집 안에 있어서 우환이 끓는다고 성화이십니다.

"조상이 노하신 거다. 대추나무가 안마당에 있어 부정을 타서 그러니 명태와 실을 갖다가 대추나무에 매달고 빌어야 한다."

어머님은 명태와 실을 준비해서 대추나무에 걸어 놓고 설사병이 낫기를 비십니다. 하루, 이틀이 지나도 가족들의 설사는 멎지 않고 고통을 더해 갈 뿐입니다. 그러자 아예,

"대추나무를 베어 버려라."

당시 거금 30만 원을 주고 마당 한가운데에 심었던 것입니다. 보기도 좋고 대추도 제법 달렸습니다. 하지만 계속 말씀하셔서 대추나무는 베임을 당하고 나뭇등걸은 옆집 사는 아들 친구 아빠가 가져다 분재용으로 멋지게 사용했습니다. 아까웠지만 어머님 마음이 상하실 것 같아 내색하지 않았습니다.

며칠 후 2층 다락에 올라갈 기회가 있었습니다. 다락문이 있어도 별 신경을 쓰지 않았는데 문을 열어보니 안에 물탱크가 있었습니다. 내부가 컴컴하여 손전등으로 물탱크 뚜껑을 열고 속을 비추니,

'아뿔싸!'

물이 완전히 오염이 된 상태였습니다.

이 집은 지어진 뒤 2년 동안 방치가 되어 있다가 우리가 이사를 온 것인데, 그동안 물탱크에 고여 있던 썩은 물을 마셨으니 이 정도 탈로 그친 게 오히려 다행이었지요.

문제를 발견했으니 우리 가족은 물탱크를 비우고 대청소한 후 소독하고 물을 사용하였습니다. 이후 온 가족이 이 물을 마셨을 때 설사는 사라졌습니다. 다만 대추나무도 마당에서 사라진 이후였습니다.

동지섣달과 명절

어르신들은 계절이 바뀌는 절기를 중요하게 여기시는데 어머니도 그러셨습니다. 동지섣달*과 한식날**을 특히 중시하셨지요. 이런 날이 되면 어머니는 떡을 하거나 팥죽***을 쑤어 액을 없애신다며 마루, 화장실, 장독대, 나무 아래 등 곳곳에 뿌리거나 놓으셨습니다.
"어머니, 화장실에까지 떡을 놓으세요?"
"그래야 액운을 막아주지."
"액운이라고요?"
"그래. 액운이 없어야 가정이 편안한 거다."
언제부터 장독대에 떡을 해 놓고 비셨는지 남편에게 물으니, 오래전 시골에 살 때도 그러셨다고 합니다.
명절에 가족이 와도 여자가 먼저 안방 문을 열고 들어오거나 초하룻날 여자가 집 대문으로 들어오면 재수가 없다고 하셨습

---

* 동지는 1년을 24절기로 나누었을 때 스물두 번째 절기로 음력 11월이요, 섣달은 음력으로 마지막 달이다.
** 동짓날에서 105일째가 되는 날로 음력으로는 2, 3월, 양력으로는 4월 5, 6일쯤에 든다.
*** 팥죽의 붉은 색은 양기를 상징하는데, 그것이 음기의 귀신을 쫓아낸다고 생각했다.

니다. 특히 여자가 이른 아침 집 대문에 들어서는 것을 아주 싫어하셨습니다.* 액운을 쫓기 위해서 들어오는 여자에게 소금을 뿌린다고 하셨습니다. 당시 우리나라는 이런 문화가 사라지고 있었으나 어머니의 의식 속에는 여전히 살아 있었던 것입니다.

된장풀이

1984년에 저는 부천에서 강화도로 출퇴근하였습니다. 어머님이 바나나 우유를 좋아하셔서 퇴근할 때 종종 사다 드리곤 했습니다.

어느 날 어머니가 우유를 드시는 데 입가에 흘리시며 입 주변이 위로 올라가고 왼쪽 볼도 서서히 올라갑니다. 그러다 침을 흘리시며 의식을 잃으십니다. 황급히 119를 불러 응급실로 모시고 갔습니다. 서울대학병원에서 뇌수술을 받으셨습니다. 머리에 혈관이 꽈리처럼 부풀어 올랐다고 합니다.

어머님이 쓰러지셔서 가족들이 119를 부르고 기다리고 있을 때 아버님은 제게 생소한 한마디를 하셨습니다.

"애야, 된장풀이를 해야 된다."

저는 된장풀이를 어떻게 하는 것인지 모릅니다. 본 적도 없지만 들어 본 적도 없습니다. 남편이 설명해 주는데, 된장을 물에 푼 뒤 상처 부위에 바르고 거기에 된장 푼 물을 뿌려 부정을 물리치는 의식이라고 합니다. 머리에 혈관이 부풀어 위급한 어머

---

* 광산 지역인 사장골에서는 여자가 남자의 앞길을 막거나, 아침 일찍 집으로 들어오면 그날에는 사고가 난다고 믿었다고 한다.

니를 당장 병원으로 모시지 않고, 가만히 된장을 풀고 앉아 있었더라면 이후 어떻게 되었을지 생각하기도 싫습니다.

이런 식의 일들이 10년간 계속되었습니다. 어려서 친정 엄마의 품에서 하나님에 대해 듣고 자란 저는 가족들의 계속되는 우상숭배적인 모습에 내내 신음하지 않을 수 없었습니다.

죽으면 죽으리라

믿지 않는 가정에 맏며느리로 왔기에 제가 느낀 가장 큰 문제는 부모님이 돌아가셨을 때 제사 지내는 일과 아이들이 태어났을 때 교회에 나가야 한다는 생각이었습니다.

결혼 초에는 하나님의 '하'자도 내놓을 분위기가 아니어서 저 자신이 교회를 나가지 못하고 있었습니다. 맡은 일에 충실하며 지낼 따름이었습니다. 그렇게 지나는 10년 동안 집안에 문제가 발생할 때마다, '내가 예수 믿다가 안 믿으니 이런 일들이 일어나는 거야'라고 심각하게 받아들이게 되었습니다.

자라나는 남매를 볼 때마다 '교회에 데리고 나가야 하는데'라는 생각도 머리에서 떠나지 않았습니다. 아이들이 취학하기 전, 주일이면 가족들에게는 시장에 간다고 하고 아이 둘을 데리고 가까운 교회를 이곳저곳 가 보았습니다. 가족을 속이는 것에 마음은 편치 않았지만, 아이들이 예수님을 만나는 것이 더 중요했습니다. 아이들이 엄마의 마음을 이해하고 함께 교회에 간 것이 감사했습니다. 집에 돌아와서 "교회 갔다 왔다"라고 말하면 시끄러워질 텐데 아무 이야기를 안 했습니다. 이 아이들이 믿음으로 커서 첫째 딸은 한국과 미국을 오가며 목회를 하는 신건병 목사를 만났습니다. 둘째는 오늘 여기에 함께 와 있습니다. 하나님 은혜입니다.

하루는 동료 교사가 어찌나 담임 목사님을 자랑하고 "우리 교회 좋은 교회" 하는지 한번 가 보고 싶었습니다. 그 주일에 동료 교사의 교회를 찾아갔습니다. 부천 역곡에 있는 평안의교회로 황요한 목사님이 시무하시는 곳이었습니다. 목사님의 똑 부러지는 말씀을 듣는 순간 무릎을 탁 쳤습니다. 목사님은 입술이 부르틀 정도로 말씀과 기도, 찬양을 뜨겁게 하셨습니다. 성도들도 이에 맞추어 말씀을 집중해서 듣고 힘있게 기도하며 찬양하였습니다.

10년의 신앙 공백기 동안 집안에서 여러 문제를 겪으며 찾은 교회이기에 절실함이 있었습니다. 예배에 빠지지 않고 참석하였습니다. 말씀이 들리기 시작했습니다. 찬양하면 눈물이 쏟아졌습니다. 갈급한 마음에 생수를 부으시는 하나님의 은혜가 임합니다. 십일조와 선교헌금, 감사헌금 등 교회에 나가자마자 힘을 다하여 올렸습니다. 물질은 나의 것이 아니고 하나님께서 잠시 맡겨 주신 것이라는 마음으로 올렸습니다.

말씀에 심취하면서 궁금증을 해결하기 위해 내 눈으로 성경을 보기 시작했습니다. 가장 마음에 와닿게 읽은 곳은 에스더입니다. "죽으면 죽으리라"라는 각오로 왕 앞에 나아가는 에스더를 보며, 미신에 빠져 있는 우리 가족에게 복음 전할 용기가 제 안에도 싹텄습니다. 은혜를 받으니 믿지 않는 영혼들을 향한 궁

훌한 마음이 생깁니다.

"남편 가정을 이대로 둬서는 안 돼."

그때부터 에스더의 "죽으면 죽으리라"라는 말씀과, 예수님께서 하신 "한 알의 밀이 땅에 떨어져 죽지 아니하면 한 알 그대로 있고 죽으면 많은 열매를 맺느니라"라는 두 말씀에 의지하여 가족 한 사람 한 사람에게 다가갔습니다. 에스더의 마음으로 이 가정에 믿음의 그루터기가 되고 구원의 마중물이 될 것을 다짐했습니다. 이 다짐을 하나씩 행동으로 옮겼습니다. 우선은 맏며느리의 의무를 다하는 것부터 시작이었습니다.

설과 추석, 부모님 생신으로 한 해에 네 번은 고정적으로 가족 전체가 만났습니다. 못해도 30명 가까이 모입니다. 저는 음식 장만을 위해 시장을 보고, 친척들 선물을 준비합니다. 3일간의 명절 연휴에는 일가친척이 우리 큰집에서 숙식합니다. 그런 날에는 식사 준비, 간식 마련, 아이들 챙기기 등 가족이 많은 관계로 앉아 있을 겨를이 없습니다. 그렇게 연휴가 끝나면 형제들은 돌아가고 저는 녹초가 된 채로 바로 출근합니다. 연휴 때가 되면 학교 선생님들에게 우스갯소리로, "나는 파출부 일당 100만 원짜리"라고도 했습니다.

고정 행사가 아닌 부모님 회갑, 형제들 결혼식 같은 특별 행사도 챙겼습니다. 그런 경우는 한 달 전부터 어떤 음식을 어떻게 할지 메뉴를 정합니다. 당시만 해도 외식이 아닌 집에서 해결하던 때였지요. 음식이 정해지면 필요한 재료를 구하기 위해 시장으로 갑니다.

한번은 아이를 등에 업은 채 시장을 보고 버스에 올랐다가 버스가 덜컹하는 바람에 업었던 아이가 뒤로 훌러덩 넘어가 바닥에 곤두박질치기 직전에 붙잡는 일도 있었습니다. 가슴이 쿵쾅거리며 집에 돌아오지만 집안사람들은 무슨 일이 있었는지 알 리 없습니다.

집안일에 힘을 다하면서도 가족 구원 기도를 게을리하지 않았습니다. 가족 전도가 쉬울 리 없습니다. 남편부터 구원받아야 한다고 생각했지만, 예수 믿으라고 접근하기는 막내 시누이가 더 좋았습니다.

첫 열매

당시 막내 시누이는 부천 소명여고에 다니고 있었습니다. 소명여고가 가톨릭 계통이다 보니, "고모, 교회에 나가요" 하면 "성당에 갈게요"라고 합니다. 그래도 "고모, 교회에 나가야 된다" 틈만 나면 얘기했습니다.

어렵사리 교회에 나가기로 한 그 주간에 고모가 새벽에 자다가 소리를 지르며 2층에서 아래층으로 뛰어내려 왔습니다.

"아니, 고모 왜 그래요?"

"어떤 목사님이 나를 연못으로 계속 끌고 가서…. 물에 빠지지 않으려고 몸부림치다가 깨어 무서워서 내려왔어요."

꿈속의 일이지만 얼마나 놀랐으면 자다 말고 뛰어내려 왔겠어요. 혹시 교회와 아주 멀어지는 건 아닌지 걱정 되었습니다.

'참 꿈도 이상하네.'

신앙의 선배 되시는 동료 선생님께 자초지종을 말하니 목사님께 안수기도를 받으면 좋겠다고 조언했습니다. 퇴근 후 막내 시누이와 교회 사무실에 올라가 목사님의 기도를 받았습니다. 막내 시누이는 그 주간에 교회에 등록하고 신앙생활을 시작했습니다.

이후 고등부를 다니고 청년부에서 멋진 청년을 만나 결혼했습니다. 세월이 흘러 지금 고모는 권사로, 고모부는 장로가 되었는데 목사님과 성도님들을 얼마나 잘 섬기는지 모릅니다. 선교도 열심인데 부부와 자녀 두 명까지 네 식구 각자가 국내외 선교지를 정해 기도와 물질로 후원하고 있습니다.

시부모님 앞에 무릎을

이번에는 시부모님 전도입니다. 부모님이 예수를 영접하셔야 자녀들이 따라서 믿음 생활을 할 것 같았습니다. 용기를 내기로 했습니다. 결혼하고 10년이 더 지난 1989년도의 몸부림입니다. 출근하기 전에 안방에 계시던 시부모님 앞에 무릎을 꿇고 말씀 드렸습니다.

"아버님 어머님, 이젠 먹을 것 입을 것 걱정 없게 되었으니 지금부터는 영원히 살 수 있는 길을 위하여 안내하겠습니다."

"??"

두 분은 어리둥절하셨습니다.

"예수님을 믿어야 천국에 가실 수 있습니다. 과거에 믿으셨던 신들은 죽일 수는 있으나 살릴 수는 없는 신입니다. 이제는 죽일 수도 있고 살릴 수도 있는 신이신 하나님을 위하여 사시는 길을 안내해 드리겠습니다."

간곡히 말씀드리고 출근하였습니다. 시부모님께 무릎을 꿇고 제 진심을 전하고 나니 마음도, 발걸음도 가벼웠습니다. 남편이 있는 데서 이런 이야기를 하면 당시에는 예수를 믿지 않아서 아주 싫어했습니다. 그래서 남편이 없을 때 말씀드린 것입니다. 지금 돌아보면 어디서 그런 용기가 나왔는지 모릅니다. 하나님의 도우심입니다.

아버님 교회 가시는 날

아버님은 며느리가 말씀드리는 것이라면 그대로 다 들어주셨습니다. 교회도 마찬가지였습니다.

"아버님, 이제 교회 나가셔야지요."

"그래? 그러자."

말씀 한마디에 따라 주셔서 놀랐고, 감사했습니다.

아버님이 단번에 교회에 가신 건 아닙니다. 가족을 전도하기 위해 분위기를 만드는 것이 중요했습니다. 쌀을 주문할 때는 쌀가게 하시는 권사님께 말씀드려서 집으로 쌀을 가져다 달라고 하면서 자연스럽게 아버님, 어머님과 대화를 나누시도록 부탁했습니다. 교회에 다니는 것은 달갑지 않으실지라도, 당시 정서상 집에 오는 분에게는 친절하게 대한다는 사고가 있었으니까요. 기름보일러에 필요한 석유도 석유 가게 하는 권사님께 부탁하여 집에 오셔서 아버님, 어머님과 대화하시게 했습니다. 그렇게 점차로 하나님에 대한 말씀이 들려지도록 한 것입니다.

아버님이 생전 처음 교회에 가시기로 하니 시집와서 두 번째 맺는 전도의 열매입니다. 그런데 곧 일이 생겼습니다. 집안 모임이 있어 친인척이 방문하여 안방에 모여 있는데 이런 말이 나옵니다.

"올해는 뱀띠 해인데 뱀띠가 있으면 하수구가 막히고 집안이 잘 안된다고 하던데요."

다가오는 주일에 아버님이 교회에 나가시기로 했는데 이런 말을 하는 것이 마음에 걸렸습니다. 머리에 스치고 지나가는 것이 있었습니다. 이것은 단순히 사람이 말하고 있는 것이 아니라 아버님께서 교회에 가시는 것을 방해하기 위해 우리 가정을 두고 이루어지는 영적인 결투라고 느꼈습니다. 순간, 물러서서는 안 되겠다는 생각이 들었지요.

"어떻게 뱀띠 해에 뱀띠가 있으면 하수구가 막히고 나쁜 일이 일어나나요? 그렇게 우리 가정에 나쁜 일이 일어나길 바라세요?"

소리 높여서 딱 부러지게 말은 했지만 저도 마음이 편치는 않았습니다. 옆에 있던 남편은 치켜뜬 눈으로 저를 바라보며 방문 밖으로 끌고 나가면서 무조건 2층에 가서 조용히 있으랍니다. 아빠가 엄마에게 으르렁거리는 모습을 보고 초등학교도 들어가지 않은 아들이 문밖에 서 있다가 엄마를 1층에 있는 화장실로 밀어넣고 문을 닫습니다. 화장실 안에서 펑펑 울었습니다. 십이지신이란 것으로 보면 제가 뱀띠입니다.

남편은 화장실에 있는 저를 억지로 끌고 2층 방으로 데리고 갔습니다. 거기서 아무 말도 하지 않았습니다.

조금 있다가 속회 예배가 있어 저는 모임 장소로 갔습니다. 일어났던 일을 목사님께 말씀드리니 의외의 말씀을 하십니다. 평소에 큰소리를 내지 않으며 살았기에 이번 상황에서 분명하게 이야기한 것은 잘한 일이라고 하셨습니다.

"이 집사님, 믿지 않는 사람이 교회에 가려고 하면 이를 방해하는 일이 생깁니다. 마음을 더 강하게 하셔야 합니다."

한고비 넘기며 그 주 아버님은 교회에 등록하시고 몇 개월 뒤 세례를 받으셨습니다.

어머님 교회 가시던 날

아버님을 교회로 인도했으니 다음은 가장 우상 행위가 많으셨던 어머님 차례입니다. 최고로 힘든 일이 될 것입니다. 일제 강점기부터 6.25 전쟁, 1950~60년대의 보릿고개를 넘어오신 분이십니다. 강해도 보통 강하신 분이 아니십니다.

그렇게도 우상숭배를 생명처럼 여기시던 어머님께서, 남편이 교회에 나가고, 딸이 나가고, 며느리와 손자까지 나가니 하루는 말씀하십니다.

"한집에서 서로 다른 신을 믿으면 우환이 끓는다. 나도 네가 믿는 신을 믿겠다."

"네? 어머님, 뭐라고 말씀하셨어요?"

"나도 네가 믿는 신을 믿고 교회에 나간다고."

귀를 의심했습니다. '교회 가시자고 어떻게 말씀드려야 하나' 기도하는 중이었는데, 나가신다고 먼저 말씀하신 것입니다. 가장 어렵게 생각하고 있던 일이 절로 해결이 되었다고 할까요?

어머니가 교회에 가시기로 한 주일 아침, 목욕재계하시고 깨끗한 옷으로 갈아입으셨습니다. 그러더니 갑자기 일어서 있지를 못하시고 주저앉아 끙끙거리십니다.

"어머니, 왜 그러세요?"

"교회에 가다가 죽을 것 같아."

무슨 일이 벌어질 듯하여 저는 방으로 올라가 무릎을 꿇었습니다.

"하나님 아버지, 어머님이 오늘 생전 처음 교회에 나가시는데 사단 마귀가 방해하지 않도록 인도해 주세요."

기도한 후 내려가 말씀을 드렸습니다.

"어머니가 전에 믿으셨던 신은 사람을 죽일 수는 있으나 살리지는 못해요. 그러나 오늘 교회에 가서 믿는 하나님은 죽이기도 살리기도 하시는 분이십니다."

하나님이야말로 더 강한 신이라는 점을 강조했습니다. 우상숭배를 하던 가족을 전도할 때는 강하고 확실하게 전해야 한다는 생각이 들었습니다.

어머니는 지금까지 목숨처럼 섬기던 조상신을 버리고 생전 처음 교회에 간다니 두려움이 정말 크셨을 것입니다. 교회로 가는 차 안에서나 교회에 들어가서나, 긴장된 모습이 역력한 어머니를 저는 처음 보았습니다. 본래 말씀하시는 것을 좋아하시는데 아무 말씀도 안 하시고 제가 하자는 대로 말없이 따르시는 것만 봐도 알 수 있습니다. 어머니가 예배드리시는 내내 저는 가슴 졸이며 기도했습니다.

'하나님 아버지, 어머님이 평생 예수 잘 믿고 천국 가실 수 있도록 도와주세요.'

믿음이 신실하신 분들에게도 어머님을 위한 기도를 부탁드렸습니다. 원래 미신을 강하게 믿으셨기에 이후 새벽기도, 철야기도, 40일 작정기도 등에 부지런히 모시고 다녔습니다.

어머님은 교회에 발을 들여놓는 게 어려웠지 일단 교인이 된 후에는 누구보다 열심히 다니셨습니다. 주일예배는 물론 새벽기도도 빠지지 않으셨습니다. 교회에 한 번이라도 빠지면 큰일이 나는 것으로 여기셨습니다.

집에서도 늘 성경을 보셨습니다. 1년에 일독 이상은 하셨습니다. "나중 된 자가 먼저 된다"라는 예수님 말씀이 새롭게 다가옵니다. 이후 우리집에서 장독대 위의 시루떡이나 나무에 묶어 놓은 명태, 안방 문 위에 걸린 소코뚜레 따위가 싹 사라졌습니다.

하늘나라 가시면서까지

말이 나온 김에 어머님 천국 가신 이야기도 하고 싶습니다. 교회에 다니신 뒤로 25년간 신실하게 신앙생활 하시던 어머님은 급출발하는 버스에서 뒤로 넘어져 갈비뼈 골절로 정형외과에 입원하셨습니다.

이튿날 새벽에 이부자리를 걷어보니 변을 보셨는데 엉덩이,

허벅지로 온통 묻어 있었습니다. 준비된 것이 없어서 급히 세수 대야에 물을 담아 와 맨손으로 씻겨 드리고 새 옷으로 갈아입혀 드렸습니다. 대소변으로 불편을 겪는 분들에게 그렇게 닦아 드려 본 적이 없었기에 '내가 할 수 있을까?'라는 생각을 했는데 막상 닥치니 냄새도 안 나고 아무 거리낌 없이 해내는 모습에 나 자신도 놀랐습니다.

깔끔하셨던 어머니는 이후로 제가 닦아 드린다고 하면 몸을 그대로 맡기십니다. 시어머님이 며느리에게 몸을 맡기는 것은 결코 쉬운 일이 아닙니다. 40년 함께 살며 미운 정 고운 정이 들었습니다. 지금 생각하면 눈물이 나옵니다. 병원에 계시는 3개월 동안 몸을 닦아 드리면 "아이, 시원하다"라고 편안해하시던 모습이 떠오릅니다. 퇴원 후에는 집에서 요양하셨습니다.

이듬해의 일입니다. 보통 새벽기도를 다녀오면 우선 어머니 방을 살며시 열고 잘 주무시는지 확인한 후 아침 식사를 준비하는데, 이날은 어머니 방문을 지나쳤습니다.

아침 준비를 마친 뒤 어머님 방문에 노크했습니다. "어머니, 식사하세요" 하면 "응" 하고 대답하시는데 오늘은 문밖에서 몇 차례 불러도 대답이 없으십니다. 문을 열어 보니 코 고는 소리가 들립니다.

"어머니, 어머니."

부르며 깨워 보았으나 눈을 뜨지 않으십니다. 부르는 소리가 커지자 남편이 달려와 119를 불렀습니다. 병원에 도착해서 들으니 뇌혈관이 꽈리처럼 부풀어 올라 살짝 터졌다고 합니다. 속

히 수술해야 했습니다. 말씀을 못 하고 수술대에 누워 계시는 어머님께,

"의사 선생님 말씀이 수술하면 중환자실에서 일반병실로 갈 수 있다고 하셨어요. 전처럼 활동도 하실 수 있다고 하셨어요. 걱정하지 마세요, 어머니."

입을 움직이지 못하시나 아주 잠깐 눈을 살며시 뜨셨습니다. 상황을 어렴풋이 이해한다는 눈빛이었습니다. 나오지 않는 말을 해 보고자 움직이지 않는 입도 움직여 보려 하십니다. 하지만 마음처럼 소리가 나오지 않습니다. 그러더니 한 손으로 제 손을 꼭 붙잡으십니다. '이제 난 틀린 것 같다. 그동안 고맙고, 고생했다'라는 말씀이 잡은 손을 통해 전달되는 듯했습니다.

생각해 보니 며칠 전 새벽기도를 다녀온 후 어머니 방에 들어갔을 때 표정이 어두우셨습니다. 왜 그러신지 말씀하지 않으셨지만, 자녀 걱정 때문임을 저는 알았습니다.

"어머니, 기도하실까요. 하나님 아버지, 어머니 장영순 권사님, 하나님 부르시는 날까지 오직 주님만 바라보고 살아갈 힘을 얻게 하옵소서. 예수 그리스도의 이름으로 기도합니다. 아멘."

"아멘."

기도를 마치자 어머니가 제 손을 붙드시며 말씀하셨습니다.

"나는 네가 기도하는 능력 있는 손인 줄 다 안다."

그리고 며칠 뒤, 이제 말할 힘을 잃으신 어머니는 남은 힘을 다 하여 제 손을 잡으시니 지난 긴 세월에 쌓아 두신 말씀들을 한 번에 쏟아내시는 것만 같습니다.

어머니 면회를 들어가면 맥박과 호흡을 살피면서 어머니 손을 붙잡고 다리를 만지며 기도해 드리는 것밖에 할 수 있는 게 없습니다. 의사 선생님이 급히 찾으셔서 내려가 뵈니 패혈증이 와서 길어야 3일이라고 하십니다.

어머니는 이틀 후 89세로 이 땅에서의 삶을 마감하셨습니다. 돌이켜보니 40여 년간 어머니를 모시고 살았습니다. 친정 엄마와 산 시간보다 시어머니와 산 시간이 갑절이 더 됩니다.

어머님은 어렵게 예수님을 영접하셨지만, 신실하게 예수를 믿으시고 천국 가실 때 자식들을 다 보시며 평안하게 하나님 곁으로 가셨습니다. 생전에 믿지 않는 자식들을 보면 예수 믿으라고 말씀도 많이 하셨습니다. 어머님을 생각할 적마다 하나님께 감사 기도가 끊임없이 나옵니다. 어머님을 사장골에서 천안으로, 그 다음은 부천으로 모셨지만, 천국으로 모실 수 있었던 것이 가장 기쁘고 감격스러운 일입니다.

막차

아버님에 이어 어머님도 교회에 나오셨지만 남편만 아직도 교회에 발을 들이지 않고 있었습니다. 비판적인 시각에서 신문 기사를 쓰고 있어서인지 성경 말씀이 와닿지 않았나 봅니다.

남편은 1988년 서울올림픽 때 코리아타임스 체육부 기자였습니다. 당시 기자들은 취재가 끝나면 집으로 가지 않고 술집에 들렀다가 헤어졌습니다. 그러니 술이 거나하게 취해 돌아오는 날도 있었습니다. 남편이 술 냄새를 풍기며 곯아떨어져 있을 땐 그 영혼이 불쌍해 눈물을 흘리며 기도하였습니다. 기도의 눈물이 그의 얼굴을 적셔 흘러내렸습니다. 그럼에도 아랑곳없이 남편은 잠에만 취해 있었습니다.

주일에도 저와 아이들, 여동생, 부모님은 교회에 가는데 남편은 출근하기 바쁩니다. 남편이 교회에 나올 것 같아 교인 등록 카드를 작성하면 영락없이 딴 길로 샙니다. 교회에 가자고 하면 가족들을 교회 앞까지 데려다주기만 하고는 무슨 일을 만들어서 빠져나갔습니다.

한번은 그렇게 데려다주고 떠나는 남편에게,

"차를 여기 대고 내려서 교회 문턱만 밟아요."

그러자 남편이 혀를 쭉 내밀며 했던 말이 지금도 생생합니다.

"조급하게 서두르지 마. 때가 되면 자연히 가게 될 테니."

순간, 정신이 번쩍 들었습니다.

'아, 지금까지 내가 전도하는 줄 알았는데, 나는 도구요, 인도하시는 분은 하나님이셨구나!'

그렇게 깨달은 후 몇 개월이 흘렀습니다. 남편은 보통 가족들을 교회에 내려 주고 바로 일하러 가는데, 그날은 교회로 들어가자는 말에 이의 제기 없이 들어갑니다. 들어는 왔는데 돌아나오기도 멋쩍어서 그랬는지, 자리에 앉자고 하니 또 그대로 자리에 앉습니다. 예배 중에 목사님이 남편을 전 교인에게 소개하셨습니다. 남편은 그날 교회에 등록하였습니다.

남편을 첫 전도 대상자로 삼았는데, 막차를 탔습니다. 그래도 감사합니다. 눈물로 기도하며 교회에 나가자고 그렇게 말을 하여도 꽉 막혀 있었던 남편이 드디어 교회에 출석하게 된 것입니다. 주일이면 온 가족이 함께 교회에 가기를 얼마나 기도했는지 모릅니다. 남편과 나란히 앉아 예배드리는 것이 소원이었습니다. 우리 가정이 예수를 믿어 우상을 숭배하지 않고 참 하나님을 섬기는 믿음의 대를 이어 가기를 소원했습니다. 그 소원을 이루어 주시는 것은 하나님의 은혜 외에 달리 무어라고 말할 수 있을까요.

남편은 이후 교회의 기둥 같은 장로가 되었습니다. 또한 믿음의 호주로, 믿지 않는 형제들에게 복음을 전하기 위해 새벽 제단을 열심히 쌓고 있습니다. 결혼 전 시골 초등학교에 근무할 때 예수 믿으라고 하면 빈정대던 남편이 교회 장로로 섬기는 것은 기적입니다. 눈물로 뿌린 씨가 열매를 맺은 것입니다. 이렇게 하여 우리 가족은 하나님의 은혜로 모두 신앙생활을 하게 되었습니다.

노름과 빚과 제사

아버님은 법 없이도 사실 정도로 인자한 분이셨습니다. 남을 험담하시는 것을 한 번도 못 들어봤습니다. 늘 웃으시고, 무슨 말씀을 드리면 언제나 귀담아들어 주셨습니다. 밖에 나가실 때마다 와이셔츠와 바지를 직접 깔끔하게 다려 입으시고, 구두도 손수 닦아 신으시는 신사, 교수님 그런 이미지였지요.

그런데 단 하나, 노름빚으로 가족들을 힘들게 한 부분이 있었습니다. 아버님은 도박으로 많은 빚을 지게 되셨습니다. 저는

'부모님께서 지신 빚이면 노름빚이라도 갚아 드려야 한다'라는 생각이었습니다. 빚쟁이들의 주소를 알아내어 찾아가, 이자는 주지 못하겠고 원금만 주겠다고 했습니다. 50만 원 안쪽의 작은 액수는 바로바로, 100만 원이 넘는 것은 보너스를 받거나 교사들 친목계를 탈 때마다 돌려주었습니다. 주소를 들고 곳곳을 찾아다니며 아버님의 빚을 모두 갚아 드렸습니다.

하루는 아버님 앞에 다시 무릎을 꿇고 꼭 하고 싶었던 말씀을 드렸습니다.

"아버님, 천국 가시기 전에 과거에 도박으로 가정을 힘들게 했던 것에 대해 하나님 앞에 회개하셔야 해요. 아버님, 저를 따라 해 주실 수 있으실까요?"

"그래, 알겠다."

"도박이 세상에서도 큰 죄이지만."

"도박이 세상에서도 큰 죄이지만."

"하나님 앞에 더 큰 죄임을 회개합니다. 아멘."

"하나님 앞에 더 큰 죄임을 회개합니다. 아멘."

아버님은 불편한 기색 없이 '아멘'으로 회개하셨습니다. 제 마음에는 감사함이 넘쳤습니다.

교회에 나오시고 도박을 회개하신 기쁜 소식과 함께, 아버님의 폐암이 하루하루 중해지는 안타까운 소식도 들려옵니다. 아버님은 젊어서 오랫동안 광산에서 돌가루를 마셔 가며 일하셔서 폐가 좋지 않으셨습니다. 아버님은 하루가 다르게 쇠약해 가

싶니다. 매일 집 밖에서 세 갑씩 피우던 담배는 한두 개비로 줄어듭니다. 급기야는 폐암으로 서울 원자력병원에 입원하십니다. 병원에서 병이 진행되는 것을 보니 거의 회생이 안 보이십니다. 아버님이 수술 전 검사를 받으시는 때 여러 차례 이런 말씀을 하십니다.

"검은 옷을 입은 사람이 자꾸 나를 데리고 가려고 한다."

아버님의 임종이 가까워졌음을 직감하고 기도에 더욱 힘썼습니다. 매일 새벽기도를 쉬지 않는 권사님께도 부탁드렸습니다.

"정철구 집사님 폐암으로 투병 중이신데, 하나님이 부르시는 순간까지 하나님을 부인하지 않고 끝까지 천국 소망을 가지시도록 함께 기도해 주세요."

아버님은 임종이 가까워져 병원에서 집으로 옮기셨습니다. 의식이 거의 없는 상태에서 산소호흡기만 의지하고 안방에 누우셨습니다. 함께 오신 의사 선생님이 제게 와서 아버님의 임종을 확인하라고 하십니다. 산소호흡기를 뽑는 순간 사망선고를 내리십니다.

"정철구 님, 임종하셨습니다."

그렇게 아버님은 66세를 사시고 하나님 곁으로 가셨습니다. 누워 계신 아버님 발치에 앉아 있던 남편은 아버님의 시신을 붙잡고 오열했습니다. 멋지게 사실 수도 있었을 텐데, 금광에서 객지에서 고생을 많이 하시다 떠나가신 모습에 마음이 아팠을 겁니다.

아버님이 돌아가셨을 때 저는 생각했습니다. 삶도 중요하지만 죽음도 중요하다는 것을요. 돌아가신 분이 남은 가족이 장례를 어떻게 모시는지 어찌 알겠어요. 살아 있는 가족이 어떻게 모시는가에 달렸지요.

그때만 해도 장례식장 문화가 활성화되지 않아 집에서 장례를 모셨습니다. 그런데 문제가 생겼습니다. 장례는 일반적으로 삼일장을 치르는데 성탄절이 끼어 있어서 형제들 간 의견이 분분하였습니다.

"삼일장을 치러야 한다."
"아니다. 성탄절이 있기에 26일에 나흘장으로 해야 한다."

큰아들인 남편이 결정하면 일사천리로 해결되겠는데 의견을 듣기만 하고 결론을 내리지 못합니다. 동생이 일곱이나 되는데 각자 의견을 주장하니 결론을 내기가 어디 쉽겠어요.

보다 못해 담임 목사님께 말씀을 드렸습니다. 목사님은 형제들을 큰방으로 다 부르시고는 간단하게 정리해 주셨습니다.

"정철구 집사님은 예수 믿다 천국 가셨으니 성탄절을 피해 나흘장으로 26일에 합니다."

고모부를 비롯한 형제들은 더 이상 아무도 이의를 제기하지 않고 그 말씀에 따랐습니다.

장례식 이후 제사도 피할 수 없는 문제였습니다. 돌아가신 아버님이 예수를 믿으시고 맏아들이 교회에 다니니 제사가 아닌 기독교식 예배를 드려야 할 것인데, 믿지 않는 동생들은 생각이 달랐습니다.

"제삿날 교회식으로 예배를 드리면 믿지 않는 다른 자식들은 어떻게 해."

"제사상도 좀 차려 놓지."

예배가 생소하니까 그런 말을 하는 것은 당연할 것입니다. 이번에는 남편이 머리를 썼습니다. 먼저 믿지 않는 형제들을 포함한 전체 식구가 거실에 둘러앉아 예배를 드리고, 이어 믿지 않는 자녀들이 술을 따르고 절을 하도록 제사상을 별도로 마련했습니다. 예배드릴 때 옆에 앉아 있다가 예배가 끝나면 제사하게 도와준 것입니다. 이후로 제사에 대해 형제간에 말이 없었습니다. 예수 믿는 사람들은 예배를 드리고, 믿지 않는 사람은 절을 하면 되었습니다.

처음 예배를 드릴 때는 믿지 않는 형제들은 다른 곳에 가 있다가 예배 끝날 무렵에 맞춰서 돌아왔습니다. 그러다 어느 순간부터 제사상이 없어졌습니다. 믿지 않는 가족들도 추도 예배에는 같이 둘러앉아 예배드리는 분위기가 되었습니다. 이제는 제사가 아니라 예배를 드린다는 것을 모두가 알고 있습니다. 이전에는 기일이 되면 절을 하고, 술을 따르고 했는데, 더는 이런 일을 하지 않아도 됩니다.

3박 4일 동안 식사하기 위해서는 120인분 치 상차림을 해야 합니다. 죽은 사람이 먹는 제사가 아니라 그야말로 예배 후에 살아 있는 사람이 먹는 것입니다. 음식 장만을 위해서는 당시 50만 원 이상이 들어가나 가족 누구의 힘도 빌리지 않았습니다. 장례만 아니라 설과 추석 명절, 부모님 생신 등이 있으면 가족들이 며칠씩 있다 갔습니다. 그래서 통장에 돈이 남아 있을 틈이 없고, 적금을 만기에 찾아본 기억이 거의 없습니다. 그런 것을 당연한 일로 여겼습니다. 집안의 일은 내가 해결한다는 마음이었습니다.

시아버님의 장례로 많은 조문객이 집으로 오셨고, 준비할 것이 많아 식사할 겨를이 없었습니다. 친정 엄마는 내 치맛자락을 붙들어 세웁니다.

"너 그러다간 쓰러져 죽는다. 뭐라도 먹고 움직여라."

얼마나 먹지 못했으면 허리가 한 줌밖에 되지 않았을까요. 말씀은 감사하지만 그럴 상황이 아닙니다. 시어머니, 고모들, 동서는 아들 방에 앉아 있습니다. 부모가 돌아가시면 상주라고 해서 자식들은 일하지 않았습니다. 대신 교회 여선교회에서 도움을 주셨습니다.

스물여섯에 결혼한 후 마흔이 되었을 때 뒤를 돌아보니 예수님의 포도나무에 구원의 열매들이 이 가지 저 가지에 줄줄이 붙어 있는 게 보였습니다.

'가지 많은 나무 바람 잘 날 없다'라고 했는데 얼마나 많은 일들이 지나갔는지요. 결혼할 당시 엄마는 제게 다른 말씀은 안 하시고, "결혼하면 귀머거리 3년, 벙어리 3년, 장님으로 3년을 보내야 한다"라고만 말씀해 주셨습니다. 제가 대가족 맏며느리로 시집간다고 하니까 팔남매 대종갓집 맏며느리로 살아오신 친정 엄마는 엄마 자신이 생각나신 것 같습니다.

하고 싶은 말을 다 한다고 해서 집안이 편안해지는 것이 아닙니다. 하고 싶은 말이 있다고 그때마다 다 한다면 똑똑할 것 같은데 오히려 상처를 주고 갈등이 깊어지는 경우가 생깁니다. 대신 묵묵히 기다리다 보면 어느 순간에 하고 싶었던 말의 내용과 문제들이 다 해결돼 있는 것을 봅니다. 종갓집 맏며느리로 시집오셨던 엄마는 일찍이 이 원리를 터득하신 것 같습니다. 저도 이걸 경험했습니다. 엄마가 자신의 상황에서 딸에게 해 주고 싶었던 말씀도 그런 뜻이라고 여겨집니다.

결혼생활을 하고 하나님을 만나며 고백하는 말씀이 있습니다. "환난은 인내를 인내는 연단을 연단은 소망을 이루는 줄 앎이로다"(로마서5:4). 결혼하고 10년이 지나자 '이 말씀이 엄마가 하신 말씀이었구나'라고 깨달았습니다.

엄마에게서 꼭 듣고 싶은 이야기

처음에는 예수님을 모르고 살던 시댁 식구들은 이제 예수 믿고 교회에 나가는데, 친정 가족은 일찍이 예수님을 알았으나 지금은 믿음을 잊고 살아가고 있습니다. 새벽마다 친정 가족이 예수님을 영접하게 해 달라고 눈물로 기도하고 있습니다.

친정 엄마는 서천 한산 종지리에 월남 이상재 선생이 봉헌하신 동네 교회에 다니셨고, 교회학교 반사(교사)도 하셨습니다. 어린 저를 무릎에 앉혀 놓고 성경을 들려주시고 '어둔 밤 쉬 되리니' 같은 찬송도 불러 주셨습니다.

아버지는 구세군에서 17년간 봉직하셨기에 예수님 만날 시간이 많았습니다. 하지만 아버지도 엄마도 세례를 받지 않으셨다는 사실을, 아버지가 교통사고로 돌아가신 뒤에 알게 되었습니다. 너무나 놀라서 엄마한테 여쭤봤지요.

"아버지가 구세군교회에서 하사관(장로 직분)으로 계셨는데 어떻게 세례를 받지 않으셨어요?"

아버지는 종갓집 장남으로서 조상을 향한 제사를 그만둘 수 없었기 때문이라는 것이었습니다. 이를 알고 나서 얼마나 울었는지 모릅니다. 세례를 안 받으셨다는 것은 하나님을 영접하지 않았다는 것으로 이해했기 때문입니다. 비록 직접 세례를 안 받으셨더라도 마음으로는 하나님을 영접하셨을 것이라고 저는 믿고 있습니다.

아버지의 이야기를 들은 뒤, 살아계신 엄마는 세례를 받고 믿음을 회복하셔야겠다는 마음이 들었습니다. 담임 목사님께 서천에서 세례식을 열어 주실 수 있는지 여쭸습니다. 목사님은 흔쾌히 승낙하셨습니다.

2006년 10월 교회 찬양대원 50여 명이 서천으로 향했습니다. 전날까지만 해도 엄마를 모시고 사는 동생 내외도 세례를 받기로 했는데 이날이 되자 갑자기 못 받겠다고 합니다. 엄마라도 받으셔야 하니 계획대로 일행은 아침 일찍 교회를 출발했지요.

서천 집에 도착하여 마당 한가운데에 비닐 포장을 깔고 대원들이 앉았습니다. 담임 목사님께서 예배 인도와 말씀을 전해 주시고 솔리스트가 특송을 했습니다. 할렐루야 찬양대가 합창을, 대표 기도는 딸인 제가 했습니다.

엄마가 세례를 받으시기 전에 다 같이 찬송 '어둔 밤 쉬 되리니'를 불러 드렸습니다. 엄마가 저를 무릎에 앉혀 놓고 들려주시던 그 찬양을 찬양대와 함께 무릎이 아파 거동이 불편하신 엄마에게 불러 드린 것입니다.

"이렇게 대대적인 축하 속에서 세례 받는 건 대한민국에서 나 혼자일 거"라고 엄마는 아이처럼 좋아하셨습니다. 어려서부터 믿음을 갖고 시집오셔서 교회에 나가고 싶었으나 유교 집안이라 제사를 1년에 열두 번씩 지내며 교회 근처에도 못 가셨습니다. 믿음을 마음 깊이 묻어 놓고 사시다가 오늘에서야 믿음의 표인 세례를 받으시니 엄마에게도 제게도 특별한 날입니다.

"엄마만을 위한 시간이니 맘껏 누려 보세요."

축복 속에 친정 엄마가 세례를 받으시니 얼마나 감격스러운 일인가요. 오늘까지도 엄마는 그날을 회상하며 아주 기뻐하십니다. 딸로서 이보다 더 기쁜 일이 있을까요.

어려서부터 본 엄마는 일에만 파묻혀 계신 분 같았습니다. 호된 시집살이 속에서 대가족을 이끌다 보니 엄마와 이야기를 나누고 싶어도 좀처럼 시간을 내주지 못하셨습니다. "엄마" 하고 부르면 "나 바빠" 하고 계속 이리로 저리로 움직이십니다. 제가 어렸을 때는 엄마랑 이야기를 해 보고 싶어도 할머니가 계셔서 시집살이하시느라 가만히 앉아 이야기할 상황이 아니어서 오로지 일만 하셨습니다. 그러다 이제는 몸이 편찮으셔서 일을 그만하시니 이야기할 수 있는 시간과 여건은 충분한데, 귀가 잘 안 들리시니 이야기를 나누고 싶어도 여전히 어려운 일입니다.

저의 마지막 소원은 친정에 믿음이 들어가 신앙을 회복하는 것입니다. 절실한 기도 제목입니다. 친정을 구원하는 것은 저의 마지막 십자가입니다. 마지막 십자가가 가장 어려운 줄 알고 있습니다. 내가 어렸을 때 나를 무릎에 누이고 찬송을 들려주시던 그 엄마의 입에서 나오는 찬송을 다시 듣고 싶고, 성경을 읽으시던 엄마의 그 모습을 다시 보고 싶습니다.

"영숙아, 네 말 듣고 나 교회 다시 가기로 했다."

"이제 내가 교회 가는 거 너 걱정하지 않아도 된다."

이런 말씀을 엄마에게서 듣고 싶습니다. 그럼 저는 울면서 할렐루야를 외치고 기뻐 뛰며 하나님을 찬양할 것입니다. 이런 날이 올 것으로 확신합니다.

아흔이 넘으신 엄마가 제사 걱정하지 않고 성경 말씀 보시고 찬양하는 날이 오도록 기도하고 있습니다. 하나님은 우리 눈물의 기도를 모르시는 분이 아닙니다. 전화를 드리면, 교회는 못 나가고 계시지만 집에서 기도하고 찬양한다고 하십니다.

가족 구원의 길고 고통스러운 여정은 막바지에 이르렀습니다. 돌아보면 지금까지 모든 것이 하나님의 은혜이고, 가족이 구원받는 믿음의 대장정이었습니다. 저는 확신합니다. 믿지 않는 가정이 결국에는 주님께 돌아오는 놀라운 일이 있을 것으로 믿습니다. 주님께서 그런 일들을 기뻐하시기 때문입니다.

성도 여러분, 이 앞에 서기 부족한 저의 간증을 들어 주셔서 감사합니다. 온 가족이 다 같이 예수 믿고 모두 함께 천국에 이르시기를 간절히 기도드립니다.

3부
초대
1988년~

'나는 죄인이구나!'

이렇게 시인하고 받아들이자 자연스럽게 한 가지 의문이 따라왔다.

'내가 죄인이라고 하면 이제 나의 죄를 고백하고 용서를 받아야 하겠는데…. 그런데 내가 지은 죄가 뭐지?'

도덕적으로, 윤리적으로, 아무리 생각해 보아도 누구에게 나쁜 일을 범했던 기억이 나지 않았다. 사실 영숙 씨 같은 경우라면 나쁜 일의 기억을 찾으려 하는 것보다 착한 일의 기억들을 떠올리는 편이 훨씬 쉬울 것이다. 리어카가 언덕을 오르면 뒤에서 밀어 주고, 신작로 지나가는 사람들에게 볶은 콩을 나누어 드리고, 누가 세수를 하면 옆에서 수건을 들고 기다려 주고, 학교 복도에 뾰족한 것이 떨어져 있으면 시키지 않아도 줍고, 부모님 말씀이라면 그대로 순종하고, 교사가 되어서는 어려운 아이들에게 먼저 눈길 손길이 가던 영숙 씨였다.

어디 그뿐인가. 대가족으로 시집와서는 모아 두었던 결혼 자금을 털어 시댁 식구들이 지낼 거처를 마련해 드리고, 시아버님과 남편과 친인척들(및 남편 친구들에 직장 동료들 그리고 훗날 아들 것까지!)의 빚을 갚아 주고, 몸이 성하나 성치 않으나 가족들을 위해 몸 바쳐 일하였다. 누구에게 피해를 주는 일이 없었고, 누구의 도움을 당연하게 여기는 법도 없었다. 혹 누구의 선의를 입는다면 잊지 않고 답례하는 인물이었다. 자기의 보이지 않는 수고를 사람들이 알아주지 않아도 비난하지 않고, 혹 누가 기분을 상하게 했을지라도 그를 해코지하거나 적의를 품고 대할 줄은 몰랐다.

영숙 씨가 결혼한 1970년대 후반 '새 시대의 문화'란 것은 시부모와 상관없는 핵가족의 삶을 허락하는 것이었음에도, 시부모는 물론이요 시동생들과 시누이들까지 한집으로 모셔 안정된 보금자리를 제공한 착한 며느리, 아니 차라리, 이 땅의 '마지막 며느리' 영숙 씨였다.

그런 사람이라면 죄인이 아니라 의인의 상을 주어야 합당하지 않겠는가? 그러니 영숙 씨가, '나의 죄가 뭐지?'라는 질문이 들었던 것은 가식이 아닌 정말 솔직한 의문이었던 것이다.

'나는 죄인이다'라는 깨달음이 머리가 아닌 가슴 혹은 영(靈)의 자리에서 일어나게 하신 하나님께서 그 대답도 머리가 아닌 가슴과 영의 차원에서 답해 주셨다. 이는 날마다 참석하던 새벽기도회에서 일어났다.

"'나의 죄가 무엇인가요? 알기 원합니다'라고 기도하던 새벽이었다. 하나님 앞에 가기 위해서는 깨끗한 세마포를 입고 나아가야 하는데 나는 높은 담으로 가려진 곳 앞에 서 있다.

'하나님 앞에 가고자 하는데 어두움이 가리고 담이 앞을 가로막고 있는데 이게 무엇이지요?'

머리카락 한 올까지도 세신바 되시는 하나님 아버지는 세밀한 음성을 들려주신다.

'네 안에 있는 자존심이란다.'"

자존심?

자존심!

전혀 의외의 대답이었다.

머릿속이 환해지는 대답이었다.

나쁜 의도와 행동이 아닐지라도, 속에 단단히 자리한 자존심이 죄가 된다니.

"나는 자존심이 무척 강한 편이었다. 남 앞에 자기를 드러내기 좋아한다는 말은 아니다. 양보하기를 좋아하고 봉사에 앞장서며 약한 사람 돌보는 일을 좋아했다. 단, 남에게 지는 것은 용납이 되지 않았다. 대가족의 첫째 딸인 나는 어려서 늘 칭찬을 받으며 자랐다. 이후 성장하는 동안에도 남한테 싫은 소리나 욕먹는 소리를 들어 본 적이 거의 없었다. 그래서인지 약간의 모욕적인 언사를 받는다면 견디기 어려웠다. 남이 내게 무슨 지적을 한다거나, 싫은 소리 하는 것도 받아들이기 힘들었다."

"늘 칭찬을 받으며 자랐다고 하셨는데, 주로 누가 어떤 부분을 칭찬하셨나요?"

"군산에 사는 동안 고아원 원장 사모님이 칭찬을 하시는데, 교복을 빨고 운동화를 깨끗이 닦는 것을 자주 칭찬하셨다. 학교에서도 선생님들 대부분이 칭찬하셨다. 공부도 잘하고 모범생으로 매사 성실하고 착하다 하셨다. 애들도 어떻게 하면 공부를 잘할 수 있느냐며 비법을 가르쳐 달라고 했다. 칭찬인지는 모르나, "완벽주의자다"라는 소리를 자주 들었다. 한번 계획을 세우면 바로 실행에 들어간다. 반드시 실천한다. 우유부단한 걸 견디지 못한다. 갑갑하다. 그래서 누구에게 시키기보다 내가 나서서 스스로 해결하는지 모른다.

칭찬을 가장 많이 하신 분은 아버지시다. 내게 대고 하시기보다는 아는 사람들을 만나면 하셨다. 공부를 잘한다고, 실장을 한다고, 선생님에게 칭찬을 많이 받는다고 등등. 내가 마치 칭찬을 밥으로 먹는 것처럼 느꼈다. 그만큼 일상적으로 자주 들었다는 말이지. 지금 생각하면 다 부질없는 것인데⋯."

영숙 씨의 자존심은 아이러니하게도, 그의 성실함에서 비롯된 것 같다. 대가족 안에서 단련된 것이었든지, 부모님에게서 물려받은 것이었든지, 아니면 둘 다 작용했든지, 여하튼 생활로 나타나는 영숙 씨는 한마디로 성실 덩어리였다. 성실했기에 어디를 가나 인정받았다.

빨래나 심부름, 청소처럼 사소한 취급을 받는 일까지 성실하게 대하는 사람을 본 적 있는가. 누가 보지 않아도 성실한 사람을 본 적 있는가. 그런 사람은 평소에는 칭찬이요, 중요한 일이 있으면 주변의 추대를 받는 것이 보통이다. 영숙 씨가 계획성과 실천력에 있어 남다른 능력을 보여 주었던 것도 사실이다. 그런 사람이라면 칭찬으로 하루 세끼에 디저트까지 먹는 것이 별로 이상할 일도 아니다. 뒤집어 생각하면, 칭찬에 익숙한 만큼 지적이나 비난은 낯설 것이다.

그러나 세상은 비난에 익숙하고

칭찬받는 것이 잘못이 아니요, 모욕에 상처받는 것이 죄가 아닐 것이다. 다만 이 세상은 성실과 선의, 배려보다는 의심, 비웃음, 적개심이 우세한 곳이다. 낯선 손님을 집에서 먹이고, 어른 말씀이면 그것이 선한 것이라고 믿어 그 말씀을 따라 최선을 다했던 영숙 씨에게 어린 시절의 대가족과 시골은 좋게 보아 주는 세상이었다. 그러나 도시와 산업화는 의심과 경계심, 경쟁과 적개심 등이 득세하여 타인의 안 좋은 점을 찾아내거나 타인에 관해 부정적으로 해석하는 습관에 물든 세상이다. 영숙 씨가 어려서 경험한, 상대가 거지꼴을 하고 와도 밥을 드려야 하고, 처음 본 사람이라도 집에서 재우기를 쉽게 거절할 수 없었던 인정미 넘치는 시골의, 아니, 실은 우리의, 오랜 삶의 가치와 방식들은, 새로 도래한 세상에서는 하루아침에 낙오자 취급을 받게 되었다.

그런 세상에서 영숙 씨가, 우리 전통과 시골이, 신음하게 될 것은 훤히 보이는 일이다. 영숙 씨의 자존심이 회개하기 전에 먼저 산업화와 도시들이 회개해야 할 것이 아닌가. 그리고 그런 세상을 당연하게 여기어 타인을 향한 성실이나 선의 없이 살아도 잘못이 아니라고 믿고 사는 이들부터 회개해야 하지 않은가.

회개는 영숙 씨나 시골이 아니라 오히려 다른 쪽이 먼저일 터인데도, 그런데도 하나님은 영숙 씨를 회개로 초청하셨다. 그렇다면 회개는 '잘못한 쪽이 하는 것'보다 훨씬 그 이상의 무엇이다. 누가 더 옳고 그른지 판별하는 재판 정도가 아니다.

"'하나님 아버지, 감사합니다. 저는 저의 자존심이 하나님 앞에 죄란 걸 몰랐습니다. 용서해 주세요.'

깨닫게 해 주시는 순간 눈물을 펑펑 흘리고 가슴속에서부터 나오는 주체 못 하는 콧물을 잡아 끌어내며 속이 시원해지도록 기도하면 예배당을 나올 때 마음이 가볍고 상쾌하다."

가슴도 걸음도 날아갈 듯한 새벽이었다. 하나님 앞에 죄를 고백하고 교회 문을 빠져나오던 그 새벽 말이다. 영숙 씨를 회개로 초대하신 하나님은 실은 자유와 새 출발을 마련해 놓고 기다리셨던 것이다. 이런 의미에서 회개란, 하나님이 책임지시는 해방으로의 초대장이다. 하늘에서 오는 그 초대장을 여는 사람은 순간 하늘을 나는 기분을 만끽한다. 살면서 몇 번 겪어 보기 어려운 상쾌한 가벼움이다. 돈으로는 살 수 없고, 회개로는 살 수 있는 그것이다.

깨어짐, 어쩌면 삼켜짐

자존심이 죄라는 것을 깨달았다면, 다음 순서는 자존심이라는 이 녀석을 어떻게 하느냐는 것이다. 신발 벗듯 벗어 버려야 하는가? 휴지통에 넣듯 던져 버려야 하는가? 소각장에 넣고 태워 버려야 하는가? 시원하게 토해 내야 하는가? 어떻게 해야 하는가?

"자존심을 내려놓는 일은 쉽지 않았다. 내 오장육부를 끄집어내야 하는데 어디 그 일이 쉽겠는가. 스스로 자존심을 내려놓는다고 작정하고 고백하여도 말처럼 되지 않는다."

"자존심을 어떤 식으로 내려놓나요? 마음에 거슬리는 것이 있어도 순순히 받아들인다, 그런 의미인가요?"

"어딘가 마음에 안 들고 내 생각과 다를 때 자신을 비우고 사람들을 이해하려고 노력한다고 할까. 그런데 인간적인 사고로는 꼬리에 꼬리를 물어 머리가 아파지지. 자존심이나 화를 본인 스스로 이겨 내려 하면 내 생각들이 투입되어 쉽지 않은 거지. 대신 기도에 집중하면 하나님께서 나 자신을 보게 하시고, 내 죄까지도 깨닫게 하신다. 그렇게 하나님께서 마음을 만져 주시면 용서가 되고 마음이 편안해져. 내려놓을 수 있게 되지.

내가 기도 생활에 소홀하고 은혜에 충만하지 않을 때는 자존심에 손상이 오면 이기지 못하고 말소리가 커질 때가 있지. 자존심이 건드려져서 참고 참는 단계를 벗어나면 얼굴이 달아오르고 호흡이 가빠지지. 머리에서 불꽃이 튀겨. 그런 과정을 통해서 타인의 말로 속에서 불이 끓는 내 모습, 내가 보지 못했던 그러한 자신을 보게 되고 나아가 나를 비우고 내려놓는 배움의 시간이 된 거지."

"전에는 자기의 그런 모습을 볼 기회가 없어서 보지 못했는데, 은혜를 받은 뒤부터 내가 모르는 내 안의 문제를 보게 되었다, 그런 말씀일까요?"

"성경 말씀에 의지하여 기도하다 보면 먼저 감사의 고백이 나오고, 말씀에 따라 산 삶이었나를 되짚어 볼 때 그렇지 못한 내 삶이 느껴지고 발견되는 순간 회개하게 되지.

죄의 깨달음과 고백을 통해 하나님께서 마음의 평안을 주시면 남의 지적이나 싫은 소리에도 너그러워진다고 할까. '나 같은 죄인도 용서하시고 새 삶을 살게 하시는데 뭐…' 하면서 웬만한 것은 넘어가는 마음이 생기는 것이지."

하나님께서 나의 죄를 용서하시고 부족한 점까지 너그러이 보아 주시는 것처럼 나도 남들이 내게 주는 피해나 불편에 너그러운 마음을 갖고 미워하지 않으며, 나아가 그들이 잘되기를 바라는 마음까지 들 수 있는 평안의 기운은 하나님의 용서 덕분이었다.

눈뜨고 주변을 둘러보면 여전히 불편함이 있고, 여전히 걸림이 되고, 여전히 거리감이 들고, 때때로 자극이 되고, 불쾌함이 재발하리라는 것이 물론 현실이다. 단, 하나님이 주시는 평안과 너그러움 그것도 또 한 가지의 외면 못 할 현실이다. 그렇다면 무엇이 더 우세한 현실일까? 어느 현실을 나의 주된 현실로 삼기로 할까? 두 현실이 공존할지라도, 부정적 경험과 감정들은 하나님의 평안으로 달램을 받고 싸맴을 얻는다.

"주로 어떤 부분을 용서하셨나요?"

"가장 많이 느낀 게 가까운 곳의 말들이지. 가까우니까 더 많았겠지. 하지만 구체적인 내용은 다 사라져서 기억에 없어. 과거의 것을 생각나지도 떠오르지도 않게 해 주시라고 기도했지."

"그건 용서하는 마음인가요? 회피하는 마음인가요?"

"베드로의 질문에 예수님께서는 일곱 번을 일흔 번까지라도 용서하라고 하셨지. 이 구절을 많이 되새겼어.

나중에는 정말 오랜 시간이 되니까 회피가 됐나. 아니면 용서했나. 그런데 내가 용서할 자격이 있나….'

사람들의 손쉽게 하는 말들에 상처받았던 영숙 씨는…
그런데,
잠깐, 잠깐…
어느 사람이 사람의 말들에 상처받지 않는가? 누가 말하기를, "저 사람은 칭찬만 받으며 자라서 별것 아닌 말도 불쾌함으로 느끼는 연약함이 있는 거야"라고 간편하게 말할 수 있는가? 우리는 이 땅의 영숙 씨들처럼 하지 못하면서도 영숙 씨들을 두고 쉽게 말을 하고, 그러면서도 속으로는 영숙 씨들처럼 불이 붙기도 하고, 속을 앓기도 한다.

영숙 씨는 자기를 추스르며 상황을 개선하고자, 또는 서로의 다름을 인정 및 수용하고자, 차분한 노력을 기울여 보았다. '나를 불편하게 하는 이들을 이해해 보자', '그런 식으로 말해도 괜찮다고 여기자', '배려가 없어 보일 때는 거기에 나쁜 의도는 없을 거라고 믿자' 등등. 그때마다 허사로 돌아갔다. 영숙 씨가 '자존심을 깨뜨릴 수 있는 것은 기도밖에 없다'라는 결론에 도달해야 했음은 앞서 보았다.

결국 영숙 씨의 자존심은, 깨어졌다기보다는, 하나님의 용서라는 감격과 새 삶의 선물이라는 감사에 의해 삼켜졌다고 해야 할 것 같다.

"대가족을 섬기며 살아가는데 내가 자존심을 내려놓지 못하고 고집대로 밀고 나간다면 서로 간에 지내기가 얼마나 힘이 들겠는가. 배알을 다 내보여야 하는 순간에도 '내 영혼이 하나님으로부터 구원받았다'라는 확신이 들 때는 용서만 되는 게 아니라 기쁘기까지 하다. 내 자존심 같은 것은 보이지 않게 된다. 오히려 그 기쁨으로 가족을 섬길 수 있게 된다."

영숙 씨에게 있어 그 삼켜짐의 현장은 고요하고 따사로운 해변가가 아니라, 트럭들이 쌩쌩 지나가는 좁고 울퉁불퉁한 비포장도로, 대가족 맏며느리라는 골치 아픈 장소였다.

대가족 맏며느리.

그는 가정에만 있는 것은 아니다. 교회에도 있고, 회사에도 있고, 핵가족 안에도 있고, 1인가구 안에도 있다. 여자만 맏며느리인 것도 아니다. 때로는 남편이나 노총각도 대가족 맏며느리가 된다. 수고하고 무거운 짐 지는 삶의 자리마다 대가족 맏며느리가 거기 있다. 그러니 그냥 맏며느리가 맏며느리가 아니라, 그런 맏며느리가 맏며느리다.

자존심이 구김 받는 상황으로 맏며느리는 밀어 넣어진다. 사방에서 따가운 말들이 날아와 부서지는 언덕 위 십자가에 맏며느리가 알몸으로 달린다.

그곳에, 그곳이어서,

구원이 임한다.

무덤은 비었고,

죽었던 자는 영광의 몸으로 선다.

마음 상한 자, 상처 받은 자의 자리이기에, 하나님께서 주목하신다. 하나님의 주목이란 곧 하나님의 구원과 멀지 않다. 차라리 마음 상하고 하나님의 주목을 받는 편이, 남의 마음을 상하게 하며 하나님의 외면을 받는 것보다 훨씬 낫지 않은가.

하나님의 구원은 모든 불리와 불의와 불편과 불안을 뒤엎어 버리는 아이러니의 승리다. 예수께서 성전 장사꾼들의 매대를 뒤집어엎듯이, 영숙 씨의 아버지가 논밭을 뒤집어엎고 유실수를 심으시듯이, 아이러니는 전세를 뒤엎는다.

또한 하나님의 구원은, 스스로 할 수 없었던 일을 자연스럽게 '하고 있게 만드는' 도움이다. 자존심으로 인해 속에 불이 나야 할 상황에서 오히려 자비롭게 바라볼 수 있게 하는 것이 하나님이 주시는 구원의 능력이다. 가장 값비싼 이것을 거저 얻는 감격 속에 있을 때에만 불편하고, 불만족스럽고, 때로는 불합리하고 부당하기까지 한 대우나 반응에도 살맛을 잃지 않게 될 것이다. 비교도 할 수 없이 큰 것을 가졌으면 자잘한 것들은 별로 상관없게 되는 이치다. 그렇게, 회개로 하나님을 소유하는 자가 최후 승자가 되었다. 동시에 그 최후란 곧 새로운 마음으로 사는 새 삶의 최초이기도 했다.

"자존심을 내려놓는 것은 나 자신을 비우는 훈련이다. 열심히 했으나 알아주지 않는다든지, 내가 남보다 못하다고 느낀다든지 하는 상황에 분노하지 않고 겸손히 수용하는 것이다. 심지어 억울한 말을 듣거나 그런 조건에 처하더라도 주님이 주시는 은혜와 평안으로 마음이 요동치지 않는 나 자신을 보는 것이다.

가족들의 행동이나 방식은 이전과 크게 달라진 것은 없다. 집에서는 여전히 사건이 터진다. 칭찬까지는 바라지 않지만, 나의 수고를 인정해 주는 사람도 없다.

하지만 나는 이전과 다르다. 회개하기 전에는 가족의 말과 행동으로 마음이 상할 때가 있었지만, 회개하고 나면 나와 같이 있어 주는 것만으로도 고맙다. 그렇게 느껴지니 무슨 일이든 수월하게 넘어갈 수 있다."

"회개의 경험 이후에 가족을 한 명씩 전도한 것이지요? 어떻게 보면 회개 후에 가족이 교회에 나오게 되니 '가족 구원은 한 사람 회개의 열매다', 그렇게 볼 수도 있겠네요. 그런 의미에서 '한 알의 밀알이 되었다'라고도 할 수 있겠고요. 그럼 한 알의 밀알이 되는 방법은 누구를 위해 엄청 희생하고 고생하는 것도 있겠지만, 자기가 회개를 하는 것도 누군가를 위한 밀알이 되는 길이다, 그렇게도 볼 수 있겠군요?"

"그런 셈이네. '나는 구원받았는데 그럼 가족은?'이란 질문이 드는 거지. 그런 순간 가족의 영혼이 안타깝게 보이는 거야. 그러면서 전도를 시작하게 된 거지. 결혼 당시에는 생각으로만 하고 있었다면, 회개 이후로는 실천으로."

죄인인 나도 구원을 받았다고 확신하는 사람은 구원을 받지 않았다고 확신이 드는 사람들을 향해 나아간다. 실제 행동으로 나아간다. 이는 은혜가 실제로 임했기 때문일 것이다. 이제 중요해진 것은 누가 잘했고 못했고가 아니다. 회개를 바라보는 사람에게 그 정도 수준이란 진작에 뛰어넘은 것이다.

회개는 새 아침을 불러온다. 낮은 일할 시간이다. 하나님이 기뻐하시는 일을 하는 그 기쁨으로 일을 할 시간이다. 결국 회개란, 내 죄인됨의 고백으로부터 출발하는, 타인을 향한 꺼지지 않는 훈훈함의 일임을 발견한다. 그 등불로 세상이 따듯해지지만, 가장 먼저 따뜻해지고 가장 많이 따듯해지는 사람은 자기 자신이다.

숨길 살길 새길

자존심의 회개는 우상숭배*에 익숙한 시대에서 견디게 하는 숨길이었다. 돈과 힘의 우상숭배로 굴러가는 도시에서도 사람이도록 하는 살길이었다. 영숙 씨는 처한 곤경을 헤쳐 가는 피난처를 하나님으로 삼는다. 아니, 하나님께서 영숙 씨를 상황에서 견디고 건지시는 길로서 하나님 자신을 들고 오신다.

여기서 '피난'이란 집안을 버린다거나 또는 도시에서 산골로 도

---

* 사실 우상숭배라고 말하는 그것 가운데는 우리의 전통문화와 세시풍속의 일부였던 것들이 상당하다. 당시 이 땅에 살던 사람들이라면 누구나 거기에 영향을 받고 그 안에서 생활하였다. 유교적 뿌리가 강했던 영숙 씨의 친가도 예외가 아니다. 단, 영숙 씨가 문제의식을 느낀 우상숭배는 좀 더 샤먼적인 형태의 행위였던 것 같다.

피한다는 뜻이 아니라, 하나님께서 은혜의 내밀한 보호 아래 숨겨 거기서 둘만 아는 위로와 기쁨으로 먹이고 입혀 주신다는 의미다. 존재의 바깥에서 무슨 일을 당하여 마음이 상하였든지, 저 안에만 들어가 있으면 두 다리 쫙 펴고 잘 수 있다. 마치 영숙 씨 어렸을 적 시골 본가에 일이 많아 잠시도 쉴 수 없을 때는 증조할머니 계신 방으로 들어가면 뜨듯한 아랫목에서 걱정 없이 잘 수 있었던 것처럼. 화로에서 잘 익은 고구마를 꺼내어 먹여 주시는 것은 물론이다.

　방 밖의 세계에서는 이전과 다를 바 없이 마음 상하게 하는 말들과 일들이 활보하지만, 증조할머니에게서 받는 따스한 환대와 존귀한 대접은 외부 고난의 강도를 느끼는 감각을 잠재우고, 대신 시선을 삶의 긍정적인 쪽으로 돌리게 하여 잠시 마음이 상할지라도 다시 아이 웃음을 회복하게 해 준다. 결국 회개에는 용서의 기쁨만 담긴 것이 아니라, 그 위에서 펼쳐지는 새로운 삶이 주는 기쁨도 - 증조할머니가 먹여 주시는 고구마나 건강 만점의 숭늉처럼 - 담겨 있었던 것이다.

　때로는 학교도 갈 수 없을 정도로 아픈 날도 있다. 이때는 어디에 도움을 요청할 힘조차 없는 시간으로, 말없이 스스로 죽어가는 때, 생명의 물이 줄줄 새어 나가는 것을 그저 바라만 보고 있는 때다. 생각지도 못한 외할머니께서 그런 손녀딸을 찾아오신다. 아예 집으로 데려가 한 달간 먹이고 재워서 몸을 회복시키신다. 그 뒤에는, 혼자 갈 수 있는 아는 길인데 굳이 데려다주겠다며 손녀딸과 동행하시다가 산 중턱에 앉으시더니 뜨끈한 박대를 꺼내어 뼈를 일일이 발라 손녀 입에 넣어 주신다. 외할머니의 저 뜨끈하신 의지처럼, 하나님의 의지는, 움직이지도 못할 정도로 마음 상한 이들을 먹이고 재워서 살려 내신 뒤, 입에 생명과 소망의 음식까지 넣어 주셔서 위태로움에서의 회복은 물론이요, 새롭게 된 몸에 삶을 향한 뜨끈한 의지까지 불어넣어 힘찬 새 시작을 선물해 주시고는, 아무 일도 없었다는 듯 만면의 미소만 얼굴에 한아름 안고 집으로 돌아가시는 외할머니의 싱싱한 발걸음 속에 사신다.

삶을 바라보는 질문이 상당히 새로운 것으로 바뀌면서 영숙 씨에게 전과 다른 나날이 펼쳐졌다. '하나님께서 기뻐하시는 것이 무엇일까?'를 묻는 삶이 곧 그것이다. 이제부터 중요한 것은 '왜 우리 나무는 가지 많아 잠잠한 날 없는가', '산속 움막에서 홀로 풀을 뜯으며 사는 편이 이보다는 편하지 않을까' 등등의 질문이나 상상이 아니라, '하나님은 무엇을 기뻐하실까? 나의 어떤 모습을 바라실까?'로, 다른 누구도 아닌 자기 자신 안에 변화가 일어난 것이다.

10년 묵은 체념은 장독대를 열어 꺼낼 수 없을 정도로 딱딱하게 굳어 버린 것이어서 맨정신으로는 여기서 무엇이 바뀐다는 기대를 할 수 없는 것이었으나, 묵은 자존심을 회개하고 내버리게 하신 하나님의 은혜는 노인 발바닥 굳은살 같은 맏며느리의 눌린 마음을 아기 발바닥처럼 보들보들한 감촉으로 바꾸고도 남는 것이었다. 그렇게 영숙 씨의 10년짜리 고난은, 무척 어색하게도 또는 무척 무색하게도, 긍휼과 감사로 바뀌어 나타났던 것이다.

영숙 씨는 예수께서 나의 구원을 위해 목숨까지도 주셨기에, 나도 목숨을 다해 믿지 않는 영혼을 찾고 전도해야 한다고 느꼈다. 끓어오르는 삶의 의욕으로서 그리 느꼈다.

"예수 믿어야 천국 갑니다."

"하나님은 당신을 사랑하십니다."

집안에서만 아니었다. 학교에서도 기회 닿는 대로 믿지 않는 학부모들을 붙들고 예수를 전했다. 마음 상한 나를 건져준 '이 좋은 것'을 사람들에게 알리는 것은 자연스러운 행동이요, 사랑의 동기에서만 지속할 수 있는 일이다. 무엇을 하든 온 힘을 기울이는 성실 덩어리 영숙 씨는 이제 하나님 나라를 위해 발 벗고 뛰게 된 것이다.

기쁨이 온 뒤에는

1989년 부천동초등학교는 오전과 오후로 나누어 2부제 수업을 했다. 영숙 씨는 오전 수업을 마치면 목사님과 교우 심방을 하거나, 성도님들과 고아원이나 장애인의 집에 가서 봉사했다.

한 주 동안 중증 남자 장애인 예닐곱과 한방에서 숙식하며 지냈던 일이 있다. 나이는 서른둘이지만 정신연령은 세 살 수준이다. 한 남자 장애우는 '좋다'는 뜻을 자기 손바닥에 침을 뱉어 영숙 씨 손바닥에 문지르는 식으로 표현했다. 그러면 영숙 씨 손바닥과 몸에서 침 구렁내가 심하게 난다. 영숙 씨는 그것도 싫어하거나 거부하지 않고 그의 방식대로 따라 주었다. 양치질도 해 주고, 밑도 씻기고, 휠체어로 식당에 데리고 가서 밥도 먹였다. 정해진 봉사

기간이 끝나 집으로 돌아가는데 몇몇 장애우들이 엉엉 울며 따라온다. 영숙 씨도 눈시울이 뜨거워진다. 이후에도 주기적으로 찾아갔기에 눈물이 오래일 필요는 없었다.

고아원 봉사나 교우 심방이 끝나면 목사님은 차로 영숙 씨를 학교까지 데려다주었다. 하루는 교문 앞에서 영숙 씨가 목사님에게, "제가 교직 20년째가 되면 연금이 나오니까 그때까지만 교사직을 하고 이후로는 주의 일을 위해 헌신하겠습니다."

이 약속은 교직 33년째가 되는 2008년에 은퇴하고 교회 봉사에 헌신하면서 지켜졌다. 주변에서는 정년까지 10년이나 더 남았는데, 조금 있으면 교감을 하고 교장을 할 순번인데, 그 좋은 직장을 왜 떠나느냐고 만류하는 소리가 적지 않았다. 영숙 씨는 하나님 일에 매진하기 위해서라며 결단을 내렸다.

"돌이켜보면 가정생활, 학교생활, 교회생활로 참 바쁜 나날을 보냈다. 아침에 새벽기도, 퇴근 후 기도회, 어느 날에는 서너 시간 수면이다. 그런 생활을 당연하게 받아들였다.

50대 초반에 이르자 그때까지 쌓인 가정, 학교, 교회에서의 일과 활동으로 과부하가 걸려 몸이 소진상태였다. 몸 상태와 상관없이 2005년도에는 장로로 피택 되어 3년의 소양 교육과 품행 심사를 거쳐 2007년 장로 안수를 받았다. 그리고 이듬해 2008년 2월, 만 33년의 교직을 퇴임하였다. 가장 보람된, 하나님의 일에 집중하고 싶어서다."

'주의 일에 몰두하기로 했으니 딴전 피우면 안 되지.'

어떤 집사님 부부는 심하게 시험이 들었는데 여러 번 찾아가 만나 갈등에서 나오게 했고, 가정이 깨어질 위기에 있던 또 다른 집사님 부부는 기도와 권면으로 가정의 회복을 도왔다. 어떤 교인은 영숙 씨를 찾아와 이성 문제를 상담하고, 어떤 성도는 교인과의 불화, 돈 문제, 자녀 문제, 신앙 문제 등 다른 곳에 말하기 힘든 사연들을 가지고왔다. 바람 잘 날 없던 집안에서 세월을 견디어 온 영숙 씨의 경험들이 아픈 이들에게 위로와 격려가 되어 주었다. 그렇게, 지난 고통의 시간들이 놀라운 의미를 갖게 되었다. 나의 아픔이란 실은 누군가의 아픔을 위해 하나님께서 예비해 놓으신 아름다운 진주였음이 드러난 것이다.

영숙 씨는 어려움을 호소하는 이들과 전화로 함께 기도하거나, 병원 심방과 가정 방문을 부지런히 다녔다. 빵을 쪄서 들고 가고, 음식을 만들어 찾아갔다. 물질이 필요한 가정은 소리 없이 물질로 도왔다. 겨울이 되면 어르신들께 내의를 사 드렸다. 옷가게 주인이, "속옷을 100벌 이상 사 가도 본인 것은 사지 않는데 어디에 쓰려고 이렇게 자주 사 가느냐?"라고 묻기도 했다. 교회 어르신 수십 분을 집으로 모셔서 식사를 대접하고, 어려운 사정을 찾아 귀를 기울였다.

그런 가운데 영숙 씨를 생각해 주신 분들도 많았다고 한다. 채소를 가져다주시는 권사님, 김치를 보내 주시는 권사님, 고구마를 가져오시는 권사님, 홍합을, 잡채를, 고기를, 영양제를 보내시는 권사님, 옷가지를 챙겨 주시는 권사님, 아플 때 전화로 걱정하고 위로해 주신 권사님 등등 일일이 열거하기 어려울 정도라고 한다. 과분한 사랑을 받았다면서 여기서 영숙 씨는 눈물을 보였다.

  교사로 33년을 보낸 영숙 씨는 교회에서도 그 만한 시간을 봉사하였다. 영숙 씨라고 하는 성실과 순종의 인물이 있었다는 것은 교회 공동체에도 유익이었을 것이나, 영숙 씨도 자기를 아껴 주는 '집 밖의 대가족'을 얻은 셈이기도 하다. 주님을 위해 삶을 드리는 사람은 가족과 친구와 집과 땅을 이 땅에서 백 배로 얻는다는 주의 말씀이 이루어진 장면이기도 할 것이다(마가복음 10:30).

  "1988년 평안의교회에 등록한 이후 교회학교 교사로, 사회봉사부장으로, 찬양대 대장으로, 장로로, 여선교회 총회장으로, 지역장으로, 장례위원장으로, 교구장으로, 예배부장으로, 필리핀선교회 회장으로, 베델성서대학 총동문회장으로, 쓰임 받게 하심에 감사하는 마음이다. 2008년 학교를 조기 퇴직하고 장로로 교회 봉사에 전적으로 매진했다.

  시간이 흘러 2022년 남편과 함께 교회 장로에서 동반 은퇴했다. 남편 정 장로는 만으로 70세, 난 우리 나이로 70세다. 부부 동반으로 장로에서 은퇴할 때 가장 감사한 것은 정 장로가 예수를 모르는 불신자 가정에서 자랐지만, 예수를 영접하고 장로의 직분으로 교회와 교인들을 섬기다 아름답게 은퇴한다는 점이다. 우리가 언제 하나님의 부름을 받을지 모르지만, 함께 예수 믿는다는 사실이 벅찬 감격으로 다가온다."

맏며느리로 시집온 영숙 씨는 10년의 고생 끝에 시댁 가족들을 교회로 인도했다. 남편의 가족과 집안이 세시풍속에 따르는 토속적 신앙에서, 새로운 가치관과 세계관을 선사하는 하나님 신앙으로 나오게 된 것은 사람의 계획이나 발상으로는 가망성이 전혀 없어 보이는 일이었다. 한때 성경을 비판하고 교회를 달갑지 않게 여기던 남편과 한 교회에서 30년 이상을 보내고 동반으로 장로직에서 은퇴하는 영숙 씨의 감회는 남달랐다.

회개에서 출발한 구원의 여정에는 가족 구원이 있었고, 그 끝자락에는 남편과 함께한 신앙생활에 대한 감격이 있었다. 대가족에서 출발한 이야기는, 아니, 부부 둘에서 시작된 이야기가 대가족을 거쳐 마침내 다시 남편과 둘만의 이야기로 수렴되어 갔다.

남편과 아내.

그러고 보니, 대가족 이전에도 이야기가 있었다. 대가족에게도 부모가 있었다. 대가족이 있기 전에 먼저 남편과 아내가 있었던 것이다. 남편과 아내가 대가족의 부모다.

남편과 아내 이전에는 남자와 여자가 있었다. 남녀의 페이지에는 긴장과 불안 넘치는 이야기가 낙서 되어 있다. 통금을 피해 여관방으로 죄인처럼 뛰어 들어가던 순간의 당혹스러움과 불편함이 쓰인 페이지도 있다. 이후 페이지는 계속 넘어간다. 마지막 장 전까지 책은 끝난 것이 아니다. 아직 쓰이지 않은 빈 페이지가 남아 있다. 그동안 잊고 살았던 것이 있었다면 남은 그 페이지에 써 나가면 어떨까. 남자와 여자에서 출발한, 남편과 아내의 이야기 – 대가족 안에서 오랫동안 잊혔던 그 이야기 말이다.

마지막 실타래

교회에서 제2여선교회 회장을 맡았던 2016, 17년 영숙 씨는 부부의 소중함을 일깨우기 위해 '강촌 레일바이크 부부 사랑 체험'이란 행사를 기획했다.

영숙 씨는 말한다.

"아내가 남편과 부부 둘만의 시간을 갖는 것은 낙타가 바늘구멍에 들어가는 것보다 어려웠던 시대를 살았다. 부부가 함께하기 위해서라며 따로 시간을 낸다는 발상 자체가 우리 세대에게는 낯선 개념이었다."

대가족 생활 가운데 땅에 묻어 두어야 했던 '부부'라는 보화를 이제는 꺼내어야 할 시간이다. 하나님의 구원은 부부의 의미에까지 손길을 내미시는 것일까.

군산 해망동 월명공원.
결혼을 앞둔 가을날 나들이.

부부치고, 함박웃음 없이 부부 된 부부가 없다. 부부마다, 현재의 무표정이나 무뚝뚝함이 가서 보면 까무러칠 정도로 아름다운 웃음꽃이 있었다. 그 꽃이었기에 그래도 부부가 되었던 것이다. 예쁜 웃음의 역사를 지녔음에 대한 증거는 지금 부부로 있다는 사실 자체다. 믿지 못하겠다면 한번 부모님의 젊은 날 사진을 꺼내어 보자. 믿음으로 구원을 얻을 것이다.

제2여선교회 강촌 레일바이크 부부 사랑 체험

목적 : 지금까지 60여 년이 넘게 살아오며 위로 부모님께는 효도를, 아래로 자녀를 위해서는 온몸을 불살랐으나, 정작 돕는 배필인 부부 서로를 위해서는 둘만의 시간을 갖지 못한 것에 아쉬움을 갖고 이번 체험을 계획하였습니다. 아무쪼록 이번이 계기가 되어 부부가 함께하는 시간이 주님 부르시는 날까지 소중하게 지속되기를 바라는 마음입니다.

성구 : "아내들아 자기 남편에게 복종하기를 주께 하듯 하라"(에베소서5:22).

"남편들도 자기 아내 사랑하기를 자기 자신과 같이 할지니 자기 아내를 사랑하는 자는 자기를 사랑하는 것이라"(에베소서5:28).

일정 : 오전 9시 교회 출발 → 11시 춘천 BLOSSOM CAFE 도착 → 도착 예배 → 이벤트 : 사랑의 편지, 꽃다발 전하기 → 12시 점심 식사 → 2시 김유정역 레일바이크 탑승 → 사진 이벤트 → 낭만 열차로 갈아타기 → 김유정역 도착 → 똥아이스크림 먹기 → 오후 4시 김유정역 출발 → 저녁 6시 30분 교회 도착.

준비물 : 운동화, 상의 = 단체 티, 청바지, 모자, 선글라스, 사랑의 편지 등.

경비 : 티셔츠 15,000 × 24 = 360,000원, 식사비 13,000 × 16 = 208,000원, 레일바이크 4 × 40,000 = 160,000원, 간식비 : 오렌지, 아이스크림, 사탕 72,000원 = 계 800,000원.

영숙 씨는 2016년 말부터 이 행사를 준비했다. 2017년 1월에는 경비 마련을 위해 예배당을 청소하여 80만 원을 확보했다. 인터넷으로 카페도 물색했다. 강촌에 위치한 카페를 사전 답사하여 2층 전체를 예약하고, 행사 진행에 대한 허락도 받아 두었다. 참여하기 위해 어렵게 결정 내린 선교회 회원들 총 열네 분이 함께하기로 했다. 회원들의 나이는 60대 초중반이다.

  영숙 씨는 프로그램에 아내가 남편에게 '사랑의 편지' 쓰는 순서를 넣었다. 한 달 전에 미리 편지지를 주며 써 보라고 했다. 아내들은 오랜만에 갑자기 편지를 쓰려니 다들 어렵다는 반응이다.

  "우리 세대 남편들은 아내에 대한 사랑을 고백하고 사시는 분들이 많지 않다. 오히려 퉁명스럽게 말하고 대우만 받으려고 하면 누가 좋아하겠는가. 부부가 함께 시간 보내는 일이 얼마나 희귀하였으면 이런 프로그램을 만들어 진행하겠는가. 신혼여행 이후 오늘까지 남편과 단둘의 여행을 한 번도 가 보지 못했다고 고백하는 부부도 있었다. 그러니 남편에게라면 딱히 쓸 말도 없고 쓸 마음도 없다는 것이다. 그래도 잘 생각해 보시고 기왕이면 긍정적으로 써 보자고 격려했다."

  강촌 카페에 도착하여 영숙 씨는 프로그램을 진행했다. 편지 발표 순서는 빼빼로 게임으로 정했다. 빼빼로를 부부가 입에 물고 양쪽 끝에서부터 안쪽으로 먹어 들어오게 한다. 입이 가장 빨리 닿은 부부가 첫 번째로 발표한다.

게임을 시작하자마자 부부들은 순식간에 빼빼로를 먹어 치우고 입과 입이 닿아 있다. 60살이 훌쩍 넘은 부부들이라 사랑 표현이 어색할 줄 알았는데 젊은이 못지않다. 모두 배꼽을 잡고 웃느라 정신이 없다.

'역시 사랑에는 나이가 없어. 주변에서 늙었다고 생각할 뿐이야.'

영숙 씨는 남편 정 장로에게 아래와 같은 편지를 낭독했다.

사랑하는 남편에게

겨우내 움츠렸던 나뭇가지가 기지개를 켜고 푸르른 새싹을 맘껏 자랑합니다. 일찍이 세상에 빛을 보였던 매화꽃은 자취를 남기고, 산언저리엔 알록달록 아름다운 꽃들이 흐드러져 피어 있네요. 우리의 메마른 마음을 살포시 만져 주듯 완연한 봄기운은 굳어진 마음을 녹여 주는 듯하고요.

1975년 10월에 옥계초등학교에서 만나 41년이 되었네요. 그동안 한눈팔지 않고 저만 바라봐 주셔서 감사해요. 1978년도 12월에 결혼하여 천안에 보금자리를 정하고 흩어졌던 가족들을 한자리로 모이게 한 것이 엊그제 같아요.

우리 가족은 아버님, 어머님, 시동생 두 명, 시누이 둘까지 대가족이었지요. "가지 많은 나무 바람 잘 날 없다"라고, 하루하루가 사건의 연속이었고요. 집안에 문제가 일어날 때마다, '내가 교회에 다니다가 안 나가고 있으니 벌을 받는 것이야'라고 생각하며, '더 늦기 전에 교회에 나가야 한다'라는 생각이 머릿속을 메웠어요. 집 근처에 있는 교회들을 찾았지요. 오늘은 이 교회, 다음 주일엔 저 교회. 시장에 간다고 하고 아이들과 교회를 찾아다니며 예배를 드렸었어요.

교회를 찾던 중 평안의교회에서 말씀을 듣는 순간 '아, 내가 찾던 교회야!' 하고 그 이후로 하나님 첫사랑을 알았지요. 은혜를 받고 기쁘니 자연히 가족에게로 눈이 돌려지지 않겠어요. 아이들을 교회에 데리고 나오고 그다음 남편을 전도해야 하는데, 88올림픽 시즌이었는데 씨가 잘 먹히지 않았어요. 그래서 고모를, 아버님을, 어머님을 차례로 하나님께로 인도하고 가장 늦게 천국으로 향하는 열차를 정 장로님이 90년도에 타셨지요.

저는 하나님의 도구로, 에스더의 "죽으면 죽으리라"란 각오로, 어느 때는 목에서 피를 토하기까지 기도했어요. 무릎이 붓고 손목에 멍이 들도록 기도했지요.

"한 알의 밀이 땅에 떨어져 썩지 아니하면 한 알 그대로 있고 죽으면 많은 열매를 맺느니라"(요한복음12:24).

이 말씀을 새기며 하나님 앞에 나아갔을 때 하나님께서는 눈물의 기도를 들어주시고 역사하셨어요.

돕는 배필로 함께할 수 있음에 감사해요. 지금까지 저의 부족하고 허물이 많음에도 지켜 주시고 함께해 주신 것처럼 주님 부르시는 날까지 믿음 지키며 주의 나라와 의를 위해 달려가면 좋겠어요.

아프지 마시고 교회의 기둥 역할을 잘 감당하는 '야긴'과 '보아스'가 되어요. 주님의 이름으로 동역자가 될 수 있음에 다시 한번 감사하며 사랑해요.

아내 영숙 올림

아내들이 편지를 낭독할 때는 서서 했고, 남편들도 서서 들었다. 남편 정 장로는 서서 듣기도 부족하였는지 스스로 의자를 들고 벌 받는 자세로 들었다. 그것도 눈물까지 흘리면서 말이다.
정 장로만이 아니다. 아내가 들려주는 편지 낭독에 남편들은 그동안 보여 준 적 없었던, 그런 게 있으리라고는 상상도 못 했던, 울음을 터뜨린다. 부부들마다 삶의 내용이 비슷하다 보니 자기 이야기인 듯 동감하는 부분이 많다. 다들 살아 봐서 몸으로 아는 것이다.
결혼함과 동시에 집안일로, 바깥일로, 자식의 일로 둘만의 시간을 일과표 밖에 두고 사는 게 당연했던 세월이 인생의 절반 가까이 되는 지난날이었다. 생각하면 안타깝고 아까운 시간이다.
그 세월 동안 몸 마디마디에는 삶의 고됨을 담은 기록들이 쓰여 갔다. 삶은 부부 둘만의 시간을 여간 허락하지 않았지만, 고생에 있어서는 부부 둘만 아는 이야기가 가득한 시간이었다. 서로만이 알고 있을 그런 옛이야기들을 편지에 담아 고백하자니 더욱 눈물이 나온 것 같다. 듣고 있는 다른 부부들은 박수로 낭독자를 격려하며 함께 흘리는 눈물로 공감을 표한다.
아내가 남편에게 편지를 들려준 뒤에는 남편이 아내에게 그동안 수고한 것에 대한 보답으로 꽃다발을 선물하는 순서다. 결혼하고 나서 자식 다 키워 놓을 때까지 남편에게 꽃다발을 받아 본 아내들이 얼마나 있을까. 꽃이 뭐라고. 아내들 얼굴이 꽃이 된다. 그 얼굴을 부부 둘만의 기념사진으로 남긴다. 둘은 삶의 고됨을 잠시나마 잊고 어린아이가 되어 웃는다.

사실, 이제 거의 할머니 할아버지가 된 이곳의 부부들도 한때는 코흘리개 아이였다. 그 아이의 시선으로 보면, 결혼했다고 갑자기 어른 취급을 받게 되어 어른 역할을 하다 보니 어느덧 노인 취급을 받아 노인 역할을 하고 있는 셈인지 모른다. 그러나 이 '노인이 된 아이'는 인생의 짝꿍과 함께 웃으면서 잠시나마 '아이가 된 노인'이 된다.

집을 위해서라며, 자식을 위해서라며, 가장 가까운 사이로서 실은 먼 거리에서 살아야 했던 사람들 - 부부. 혹시, 지금이라도 다시 잘 지낼 수 있을까? 그러기에는 너무 긴 시간이 지나 굳어진 이 관계를 돌이킬 힘도, 의지도, 소원도 없다고 할까? 아이의 웃음이 생존해 있음을 확인하는 이 순간, 새로운 시작이 절대 불가능하지만은 않을 것 같다.

*

제2여선교회 부부 사랑 체험 프로그램은 끝났지만, 담임 목사님은 영숙 씨에게 장로 부부 수련회도 같은 곳으로 가면 좋겠다고 하셨다. 영숙 씨는 지난번처럼 사랑의 편지 낭독을 기획했다. 대신 이번에는 아내들을 주인공으로 삼기로 했다. 남편들이 아내를 위해 사랑의 편지를 낭독한다.

편지 쓰는 일을 남편들이 더욱 힘들어한다. 반응은 한마디로 죽어도 못 쓰겠다는 것이다. 어떤 장로님은 아내가 잠들었을 때 거실로 나와 펜을 들었으나 머리가 하얗게 되면서 펜만 붙들고 밤을 새웠다고 한다. 쓰다가 찢은 종이가 몇 장이나 되는지 모른다니 편지는 도저히 못 쓰시겠단다. 대신 말로 하시겠단다.

하지만 사랑의 편지는 낭독이 묘미다. 젊었을 때 연애편지 쓰던 시절을 떠올리며 써 보시라고 재차 권면했다. 다음 날 돌아오는 장로님의 대답은, 종이만 찢겨 나갈 뿐이었다고 한다. 세월도 너무 흐르면 잉크가 마르듯 아내에게 편지 쓰기도 그렇게나 어려워지는가 보다. 장로님은 결국 말로 하시기로 했고, 다른 장로님들은 편지를 가져왔다. 그분들도 몸을 짜내어 써 왔을 것임은 충분히 예상이 된다.

제2여선교회 기도회에서는 편지 읽는 순서를 빼빼로 게임으로 정했는데, 이번 장로 수련회에서는 제비뽑기로 했다.

다시 찾은 강촌의 카페.

남편들이 편지 읽는 순서가 되었다. 써지지 않는 편지를 꾸역꾸역 써 와서 그런지 읽는 모습이 진지하기 그지없다. 나이 드신 장로님이나 신천 장로님이나 다를 바가 없다. 그만큼 아내를 향한 마음이 진중하다는 뜻도 될 것이다.

편지를 들고 읽으려 하는데 차마 아내 앞에 얼굴을 들지 못하는 남편들. 뜸을 들이다가 간신히 "사랑하는 아내 ○○○…"라고 이름만 불렀는데 벌써 눈물이 글썽이고 목소리가 떨려 온다. 아내 이름 석 자에서 더 전진하지 못하고 그대로 멈추어 있다. 그 이름에 한참을 머물러 있을 수밖에 없음을 보여 주는 것 자체가 메시지다. 거기 담긴 깊은 마음은 말하지 않아도 전달된다. 흥겨운 카페도 이때만큼은 숙연해진다.

글로 읽으니 말로 할 때보다 감정이 더 자극되는지 장로님들의 눈시울은 뜨겁고, 듣는 이들도 여기서 훌쩍 저기서 훌쩍 난리다. 그중에서도 영숙 씨의 남편 정 장로가 가장 심했다. 편지를 읽기도 전에,

"켁, 켁! 이영숙 장로… 켁, 켁!"

간신이 낭독을 시작한 뒤, 결혼하여 아내가 지금까지 살아온 얘기를 하며 훌쩍훌쩍하다가 목이 메어 편지를 손에 든 채로 흐느끼느라 말을 잇지 못한다. 2, 3분이면 될 편지가 5분 이상 걸렸다. 영숙 씨도 얼굴을 묻고 조용히 눈물지으며 듣는다. 편지 가운데 아래와 같은 내용이 있어 영숙 씨의 마음을 울렸다.

지금 처음으로 말하는데 당신이 부원초등학교에서 앞으로 넘어져 이를 다친 후 며칠 동안 밥을 먹지 못할 때가 있었지요. 너무 마음이 아파 나도 점심을 3일 동안 굶었어요.

학교에서 남편과 책상을 나르다 영숙 씨가 시멘트 바닥에 넘어졌던 일이 있다. 앞니 두 개가 골절돼 입천장에 박히고 코뼈가 부러졌다. 남편은 이때의 사고를 10년이 지나도록 잊지 않고 마음 아프게 여겼던 것이다.

영숙 씨는 가끔 남편에게 "사랑한다고 한번 말 좀 해 봐요"라고 해 보지만, 남편은 "그걸 꼭 입으로 말해야 하나. 마음이 중요하지" 하며 피해 가곤 했다. 그런데 아내가 이가 아파 밥을 못 먹을 때 남편도 마음이 아파 점심을 3일이나 굶었다는 말을 들으니 겉으로 표현만 안 했다는 사실을 영숙 씨는 알게 됐다.

편지 낭독을 받은 아내들은 감사함으로 남편에게 꽃다발을 전달한다. 이후 부부는 꽃다발을 들고 둘만의 사진을 남긴다. 두 사람의 '오늘'이라고 하는 가장 젊고 파릇파릇한 모습을 영구히 보존해 줄 특별한 사진이다.

영숙 씨는 장로 수련회를 준비하고 진행하면서 새롭게 세족식을 추가했다. 예수님이 제자들을 향해 사랑과 섬김의 표현을 이렇게 하셨던 것처럼 남편이 아내 발을 씻기고 기도해 주는 순서다. 남편은 한쪽 무릎을 꿇고 다른 쪽 무릎은 기역(ㄱ) 자로 세워서 의자에 앉은 아내의 오른발을 씻기고 수건으로 닦아 준다. 반대쪽 발도 그렇게 한다. 이를 받는 아내는 미안함과 사랑의 눈물로 감사의 표현을 대신한다. 겉으로는 대야에 담긴 물로 발을 닦는 것이지만, 속으로는 눈물로 서로의 마음을 닦아 주고 있는 것으로 보일 정도다.

남편은 아내 발을 씻기며, "그동안 애써 줘서 고맙습니다. 믿음 안에서 자녀들 잘 키우고, 받은 사명 잘 감당할 수 있도록 기도한 당신의 헌신이 있었기에 오늘의 내가 있습니다" 등의 진심 어린 말도 전한다. 다 닦은 뒤에는 아내의 발을 붙들고 아내를 위한 기도를 한다. 눈물로 씻은 발의 기도가 끝나면 서로 포옹한다.

발과 눈물과 기도. 실은 그 셋은 성경에서도 한 지점에서 만났던 적이 있다. 어느 여인이 예수님의 발을 눈물로 씻었다는 기록이다(누가복음7:36~). 발에다 하는 눈물과 기도는 겸손을 끔찍할 정도로 표현해 준다. 세족식이라는 극도의 행위는 아내의 발에 자기를 굽히지 못하는 보통 남편들과 남편의 발에 자기를 굽힐 뜻 없는 보통 아내들이 동조하여 망쳐 놓은 이 세상에 하나님 나라를 건설하는 조용한 첫 삽이다. 그 위에 기도를 심고 눈물을 뿌려 새로운 세상이 임하면 본 적도 없고 맛본 적도 없는 열매를 매일 먹게 될 것이다. 물론 그런 것과 전혀 무관하게 살다 죽을 수도 있지만, 사랑은 상대가 최상의 경험을 누리도록 애쓴다. 자기 몸을 바닥에 밀착시키면서라도 말이다.

가장 오랜 시간을 함께하는 특별함

아래는 영숙 씨의 고백이다.

"우리나라는 일제강점기를 지나 해방 후 6.25 전쟁을 겪었다. 정치, 사회, 경제적으로 피폐와 어둠의 연속이었다. 그러는 와중에도 변하지 않은 한 가지가 있는데 그건 대가족의 정서였다. 내가 어려서도 증조할아버지, 증조할머니, 할아버지, 할머니, 부모님, 삼촌, 고모까지 4대가 자연스럽게 어우러져 살았다. 특별히 고등교육을 받지 않아도 대가족 안에서 구두로 삶을 익혀나갔다.

대가족에서 하나 아쉬운 것은 부부의 의미는 부각되기가

어려웠다는 점이다. 아내는 남편에 대해 어디 가서 말하는 분위기가 아니었고, 남편이 아내를 자랑하면 팔불출 소리를 들었다. 부부 둘만의 시간은 부부 둘만 있을 때밖에는 없었는데, 대가족에서 부부가 둘만 있는 때란 거의 없었다.

이는 결혼하고 나서도 별반 다르지 않았다. 자식 키우기와 집안일에 여념이 없어 서로를 돌아볼 시간도 정신도 없게 되기 때문이다.

그러다가 장로 부부 수련회를 통해 부부 둘만의 시간을 만끽하였다. 환갑을 넘기신 장로 부부들은 순간 어린아이로 돌아간 듯했다. 눈물이 지나고 간 자리에는 오랜 정과 감추어 두었던 동심이 꽃피었다.

엉켜 있던 실타래 하나가 홀가분하게 풀린 것 같다. 태어나서 처음으로 아버지 말씀에 불순종한 것이 지금 남편과의 결혼이었다. 그만큼 한 남자를 믿고 나를 맡겼다. 함께 즐거워하고 함께 어려움을 이겨나갈 짝을 만난 것이다.

장로 부부 수련회 가운데 남편들이 고백했던, '그동안 애써 줘서 고맙습니다. 믿음 안에서 자녀들 잘 키우고, 받은 사명 잘 감당할 수 있도록 기도한 당신의 헌신이 있었기에 오늘의 내가 있습니다' 등의 말은 마음으로만 움찔거릴 뿐 입 밖으로는 내기 어려운 것이었고, 시간을 내어 행동으로 표현하기도 이상하게 막힌 듯했던 지난날이었다.

그런데 가장 오랜 시간을 같이하는 건 결국 부부다. 가장 많은 시간 곁을 지키는 것도 부부다. 주변에서 하나둘 떠나가도 마지막까지 남는 것이 부부다. 그렇게 소중한 것인데, 그렇게 소중하게 대하지 못했던 것 역시 부부다. 부부 수련회를 통해 서로의 귀함을 깨닫게 하시고 눈물과 웃음으로 화평과 기쁨을 허락하신 하나님께 감사와 찬송을 올려드린다."

인생은 영숙 씨에게 부부 둘만의 시간을 오래 허락해 주지 않았다. 곧 다시 대가족의 시간이 펼쳐지면서 남편과 단둘의 시간은 사라졌다.

둘만의 생활과 이후 대가족살이는 전혀 다른 세상이었다. 두 집안의 문화나 성향은 반대되거나 상충하는 것들도 적지 않았다. 첫 10년은, 퇴근길 집을 바라보면 가슴이 쿵쾅거렸다. 몸이 부서지도록 뛰었지만, 체념이 엄습해 오는 순간이 없지 않았다.

변화의 빛은 성경 말씀에서부터 시작된 것 같다. 말씀으로 은혜를 받으면서, 하나님을 모르는 가족들을 긍휼히 여기며 전도해야 한다는 생각이 들었고, 기도로 은혜를 받아 자기도 몰랐던 자기 죄를 깨닫고 회개하기에 이른다.

회개는 영숙 씨의 어깨에서 무거운 짐을 떼어내 주었고, 은혜는 사람들을 향한 긍휼과 사랑의 체력을 키워 주었다. 그렇다고 주변 사람들이 바로 바뀐다거나 편안한 일만 일어나는 것은 아니었지만, 영숙 씨 자신의 변화는 변화한 것이 없었던 주변까지 변화하도록 이끄는 계기와 원동력이 되었다.

이후 35년간 한 교회에서 신앙생활을 하고, 훗날 남편과 가족들과 그리고 성도들과 천국에서의 삶을 기대하게 된 이 선물은 하나님으로부터 출발한 것이다. 누가 알았을까. 당찬 영숙 씨의 속앓이가 10년이나 갈 줄은. 그리고 또 누가 알았을까, 사장골 정 선생이 장로가 될 줄은. 한 사람도 믿는 이 없었던 시댁식구들이 하나님 앞으로 나오게 될 줄은.

죄의 회개와 은혜의 체력으로 영숙 씨의 삶은 개인적 고통에서 더 깊은 의미로 확장되었다. 자존심으로 인해 마음이 상하고 머리에 불이 나는 고통으로부터 자신을 지킬 수 있게 된 것이나, 집안에서 일어나는 사건들에 더 편안하게 대응할 수 있게 된 것만 아니라, 교회에서의 새로운 관계와 삶을 선물 받은 것이다.

교회는 맏며느리이니, 누구의 아내이니, 그런 것은 하나도 중요하지 않았다. 대신 기도하고, 말씀 읽고, 봉사하고, 전도하며 새로운 동무들과 교제를 나눈다. 교우들과 함께하는 장애인 복지센터, 고아원, 지역 어르신 섬김, 이주 노동자 봉사, 이웃사랑 1000포기 김장 나눔 등은 자유와 기쁨을 안겨 주었다.

그뿐만 아니다. 시간이 지나면서 흥미를 잃어 시들시들해지거나 멀어지곤 하는 부부 사이가 교회를 통해 새로운 활동과 추억을 공급받음으로 감격과 고마움의 눈물이 마르지 않는 사이로 남을 수 있었다.

하나님의 은혜가 온 뒤 어긋났던 것들이 하나둘 바른 자리로 맞추어졌다. 그 끝에는, 그간 잊고 살아왔던 부부가 있었다. 가장 가까운 사람이지만 저 멀리서 살아야 했던 사이가 제자리로, 돌고 돌아 돌아온 것이다.

'어떻게 나의 죄, 자존심을 버릴 수 있을까?' 하는 처음 고민은 진작에 사라졌다. 그런 질문은 더는 필요가 없어졌다. 하나님 은혜의 초대에 감격하며 사는 사람에게는 세족식과 같은 몸의 섬김이, 감사 편지와 같은 축복의 고백이, 그러한 완전히 새로운 관심이, 날마다 따라다니기 때문이다.

4부
땅끝
2013년~

고아와 과부, 나그네를 잘 대접하라는 가르침은 구약과 신약성경 전반에 걸쳐 나온다. 영숙 씨가 어려서 본 대가족은 나그네가 찾아왔을 때 거저 보내지 않는 바로 그런 집이었다. 시골에서 할머니나 엄마, 아버지, 삼촌, 고모가 교회에 나가지 않으셨지만, 성경의 이런 가르침을 꿰찬 사람처럼 사셨다. 손님을 위한 방과 밥상을 따로 마련해 놓고 살 정도였다.

영숙 씨네 집에서 숙식하고 갔던 이들은 대부분 한산장에 모시나 소를 팔러 가는 사람들이었다. 하룻밤 자고 다음 날 첫닭이 울 때 새벽같이 길을 떠났다. 그래서 손님 묶는 방은 바깥쪽에 있었다. 일어나면 떠난다고 주인에게 이야기할 필요 없이 조용히 갈 길을 갔다. 묵어가는 이는 묶어가기에, 재우는 이는 재우기에 그걸 기쁨으로 여겼던 때라고 한다.

영숙 씨네만이 아니다. 집에 먹을 것이 부족해도 자기 것을 내어 이웃을 도와주는 것이 암묵적인 '룰'이었다. 자식들은 "왜 우리도 없는데 남에게 나누어줍니까?" 하고 반발할 법도 한데, 당연히 그래야 하는 것으로 알았단다.

곡식은 떨어지고 보리는 미처 여물지 않은 오뉴월의 보릿고개는 농가에 가장 어려운 시기다. 보릿고개에 가뭄까지 맞은 상태라면 더욱 힘들어진다. 보릿고개에도 장은 열리지만 이때는 장에 나가도 물건이 많지 않아 가격이 올라가니 농민들의 생활은 더더욱 처절해진다.

보릿고개에는 많은 가족이 한끼를 때우기 위해 멀건 국물에 밀가루를 풀어 풀떼죽을 끓여 먹기도 했다. 그것도 먹지 못해 굶어죽는 사람들이 있었다. 먹을 게 없어 물만 먹다 부황(몸이 부음)나서 죽는 경우다. 얼굴이 붓고 배가 부은 사람을 시골에서 종종 볼 수 있었다. 그리고 며칠 후, 그 사람이 죽었다는 소리를 들어도 놀랄 일이 아니었다.

그래도 보릿고개 춘궁기에 더 많은 이들이 죽지 않았던 것은, 자기는 풀떼죽을 먹을지언정 거지가 오면 아껴 두었던 쌀이나 보리를 내주던 마음 때문일 것이다. 이런 면에서 보면 당시의 '이교 사마리아인'들이 오늘날의 기독교인들보다 더욱 기독교인들이요, 하나님 나라에 더 가까웠던 것도 확실하다.

우리나라의 나그네 환대 전통은 산업화, 도시화를 통한 경제성장과 함께 서서히 약해졌고, 오늘날은 그것이 지구 정반대 편 외국의 이야기가 되었다. 낯선 이를 집으로 초대한다는 발상 자체가 낯설 뿐 아니라 거북하다. 모르는 사람을 집에서 재우는 일은 기이한 행위로 여겨진다. 모르는 사람은 제쳐두고 아는 사람도 초대하기를 좋아하지 않는 경향이 우세하다. 아마 예수님이 오시려 해도 집 정리가 안 되었다면서 영영 못 들어오시게 하는 건 아닌지 모른다. 또는, 깔끔하지 않은 이방인으로 오시기에 못 알아볼 수도 있다(마태복음25:43). 도시의 한국 사람은 자기도 모르는 사이에 예수님과 얼마나 달라져 있는지 잘 모른다.

그런데 영숙 씨는 시골에서만 아니라 도시에 살면서도 처음 본 이들을 집에서 많이 재웠다. 불편하지 않았을까? 무섭지 않았을까? 왜 그렇게 했을까? 아니, 어떻게 그렇게 했을까?

"낯선 사람을 경계하고 피하는 현대에도 나그네 대접을 융숭하게 받은 이가 있다. 바로 아들이다. 입대 전 세계 일주를 한다면서 자전거를 비행기에 싣고 혈혈단신 런던으로 갔다. 영국, 스페인, 독일, 폴란드, 리투아니아, 라트비아 등지를 거쳐 한국까지 340일을 낡은 자전거로 여행하고 돌아왔다.

텐트와 취사도구, 통기타만 챙겨 간 이 여행에서 숙식이 얼마나 어려웠겠는가. 어디 아는 사람도 없었다. 각 나라에 있는 한인교회 전화번호를 프린트하여 가져갔을 뿐이다. 우리 부부는 아들한테서 전화가 안 오면 '잘 가고 있구나' 하고 생각했고, 전화가 걸려 오면 긴장하면서 '어디로 가라, 어떻게 연락해 봐라' 해 주는 정도였다. 간절한 마음으로 하나님께 기도하는 것이 전부였다. 남편은 이를 계기로 새벽 기도에 빠지지 않게 되었다.

날마다 잠자리를 찾고 먹거리를 해결해야 하는 것은 아들

몫이었다. 영국에 내렸을 때, 런던에서 한인교회를 하시는 조광진 목사님과 유미 사모님께서 갈 데 없는 나그네를 두 주간 재워 주시고 밥도 제공해 주셨는데 너무나 감사했다. 유럽 각국 한인교회와 현지인에게서 환대를 받고 무사히 돌아온 아들을 보며 하나님께 감사드린 뒤 마음에 한 다짐이 있었다.

'우리나라에 온 외국인 중에 누구라도 숙식이 필요한 분이 계시면 무조건 우리집이다.'

이후 20여 년에 걸쳐 일본 청년, 필리핀 선교사님, 탈북 청소년과 탈북 모녀, 중국동포 청년, 아이티 선교사님, 미국 목사님 등을 집에 모실 수 있었다. 그러면서 섬김의 기쁨만 아니라 다른 나라나 문화에 대한 열린 마음을 갖게 되었다. 그러던 차에 아들이 여러 나라에서 공부도 하고 선교 봉사도 했기에 밖에 나가 볼 기회가 종종 생겼다."

영숙 씨는 나그네 환대라는 기독교적 가치를 시골 대가족 유교 집안에서 자연스럽게 흡수하고 실천했다. 나그네를 잘 대접해 온 덕분인지는 모르나, 훗날 그의 자녀가 나그네 되었을 때 받은 예상 못한 환대는 나그네를 향한 영숙 씨의 섬김의 의지를 더욱 뜨겁게 달구었다. 영숙 씨는 나그네를 위해 이불 두 채를 따로 마련해 두고, 안방을 내드렸다.

환대의 핵심은 단순히 집을 여느냐 마느냐에 있는 것은 아니다. 그 핵심은 마음을 여느냐 마느냐에 있는 것이다. 다시 말해, 낯선 이방인도 좋게 보고자 하는 '시선'을 가졌는가? 그의 어려움에 공감하며 도움을 주고자 하는 공간이 있는가? 혹은, 의심의 눈길이 팽배한 세상을 따라 타인에게 나쁜 뜻이 있을 것이라고 믿고 싶어 하는 시선을 가졌는가?

예수님을 닮는, 아니 예수님을 모시는, 환대란 먼저는 마음의 개방이요 그와 함께 집의 개방이다. 하나님이 보시는 중심이란 곧 마음의 집에 누가 와 있는가를 의미한다.

자기 집을 나그네에게 활짝 여는 삶에는 희생 이상의 것이 있었다. 되레 영숙 씨에게 인생의 새로운 가능성들을 활짝 열어 준 것이다. 이방인을 좋게 보고자 하는 '시선의 의지'는 그들의 세계로 뛰어들기 수월한 마음 상태를 갖추게 하고, 이는 다른 데서는 얻을 수 없는 특별한 경험의 문을 열어 주어 결국 살아 있음의 의미를 맛보는 길로 인도한다는 것이 인생의 한 공식이라면 공식이다. 그들을 향해 문을 열었더니, 나를 향해 문이 열린 것이다.

이어지는 내용은 영숙 씨 일기장에 적혀 있던 기록들로, 영숙 씨가 "밖에 나가" 경험한 이야기들이다. 영숙 씨는 집안에서 고등 교육을 받은 최초의 여성일 뿐만 아니라 지구촌을 누비는 것으로도 가문의 첫 여성이다. 돈과 시간 있으면 누구나 할 수 있는, 좋은 곳 보고 좋은 것 먹는 차원이 아닌, 현지인의 일상으로 들어가 그들과 살을 맞대고 벗이 되는 차원의 여행이 펼쳐진다.

영숙 씨의 일기장을 통째로 옮긴다.

캄보디아

2013. 8. 12. 월

요즘 한국은 40도 가까이 오르는 찌는 듯한 무더위다. 밭에서 일하시던 어른들 몇 분이 하늘나라로 가셨다는 뉴스도 들려온다. 냉방 속에 사는 사람들에게도 열대야는 가히 살인적이다. '캄보디아라고 이보다 더 더울까?'라는 생각마저 들 정도다.

얼마 전 모 탤런트가 캄보디아에서 유비저균에 감염되어 패혈증으로 숨진 일이 있었다. 캄보디아에는 모기에 물려 뎅기열로 숨지는 사례도 있다고 한다. 만나는 분들마다 주사는 맞았느냐, 약은 준비했느냐, 가더라도 불량식품은 사 먹지 마라, 등등 염려를 해주셨다. 또한, 예순을 넘긴 할머니가 홀로 인천을 떠나 상하이를 거쳐 캄보디아 프놈펜까지 가니 주변에서는 걱정하시지만, 나는 믿는 분이 있다. 하나님 은혜로 떠나는 것인 만큼, '사람이 계획할지라도 인도하시는 분은 주님이십니다'라는 자신감을 안고 간다.

두 달간 쏟아졌던 비와 이후 찾아온 106년 만의 더위가 오늘은 견딜 만하고 화창한 날씨로 바뀌어 있다. 남편 정 장로와 인천공항으로 향하는 길은 날씨처럼 설레면서도 조금 섭섭하다. 본래 함께 떠나는 계획이었는데 일이 생겨서 혼자 가는 길이 되었기 때문이다.

내가 앉은 좌석번호는 40L이다. 남편도 왔다면 옆에 앉았을 것이다. 대신 옆자리에는 예쁜 고교생이 있다. 소녀는 순수해 보이고 혼자였다. 일산에 사시는 할머니 댁에서 지내다가 부모님 계신 방글라데시로 가고 있다. 부모님께서 10년째 선교 사역을 하고 계신단다. 이야기를 나누다 보니 어느새 경유지인 상하이 공항이다. 여기서 여학생은 다른 길로 가고 나는 환승센터 (international transfer) 쪽으로 향했다.

게이트에 도착하니 캄보디아로 가는 중국인, 일본인이 많았다. 즐거운 표정으로 대화를 나누고 있다. 서슴없이 이야기하는 모습이 좋아 보였다. 우리나라 말은 들리지 않았다. 우리는 언제부턴가 스마트폰에 빠져 대화하는 법을 잊어버린 것 같다.

프놈펜으로 가는 비행기에 탑승했다. 내 자리는 35L 창가다. 옆 좌석에는 일본 아가씨 둘이 앉았다. 다까꼬 23세와 마유미 26세다. 다까꼬는 나고야 출신이다. 배용준을 좋아하고 여동생은 한국 남자를 사귀고 있단다. 둘은 댄스 클럽 멤버이고 뉴욕에서 공연한 적이 있다고 한다. 공연 동영상도 보여 주었다. 대단한 아가씨들이었다. 캄보디아에 오는 내내 우리는 안 되는 영어로 정답고 유쾌하게 떠들었다. 예를 들어 내가, "I am happy"라고만 말해도, "나는 마유미와 다까꼬와 함께 있어서 행복하다"라는 뜻으로 알아서들 이해한다. 그러면 그녀들도 까르르 웃으며 맞장구를 치면서 즐거운 시간이 되는 것이다. 미국인이 옆에 앉았더라면 그렇게까지 재밌지는 않았을 것이다. 자정이 가깝도록 한시도 지루할 틈이 없었다.

그들은 프놈펜에 내리면 버스를 타고 더 가야 한다고 했다.

공항에서 입국심사를 하는 검사관이 나를 늦게 내보내는 바람에 그들은 먼저 떠나야 했고 나는 뒤처져 만나지 못한 아쉬움이 있었다.

대신 그 아쉬움을 달래 주고도 남을 만남이 기다리고 있다. 수도 프놈펜 공항을 빠져나오니 건강한 대한민국 젊은이 하나가 앞에 서 있다. 아들과 반가움으로 포옹하고 '뚝뚝이'를 타고 집으로 갔다. 뚝뚝이는 오토바이에 사람이나 물건을 태우고 실을 수 있는 수레를 연결해 놓은 이동 수단이다. 집에 도착하니 우리나라 시간으로 새벽 3시쯤이다.

집 바깥에는 강렬한 맹꽁이 소리, 풀벌레 소리, 쿵쾅거리는 가라오케 소리까지, 사방에서 몰아치는 소리의 향연이 대단하다. 나도 시골에서 풀벌레 소리를 들으면서 자곤 했지만, 캄보디아 풀벌레들의 밤 울음소리에는 비할 바가 아니다. 캄보디아가 생활이 극빈하고 날씨가 무더운 나라라면서 사람들이 염려해 준 것과는 다르게 이 나라에는 힘찬 기운이 돈다. 풀벌레 소리에서부터 그러한 기운을 느낀다.

아들과 그간 쌓인 이야기를 풀어놓으며 밤을 보냈다.

2013. 8. 13. 화

한국에 있었다면 오늘은 화요 기도 모임과 남부지역 속회 모임이 있는 날이다. 하지만 여기서는 아들과 특별한 시간을 보낸다. 프놈펜에서 남서쪽으로 15km쯤 떨어진 킬링필드(Killing Fields)에 다녀오기로 했다.

뚝뚝을 타고 40분 정도 간다. 공사가 한창인 도로에서 날리는 먼지와 오토바이 매연으로 마스크와 선글라스를 써야 했다. 도로에는 신호등이 거의 보이지 않는다. 오토바이 물결이 장관이다. 각자 알아서 피하며 간다. 불평도, 큰소리 내는 사람도 없이 잘도 제 길을 간다. 역주행하는 오토바이들도 태연한 표정이다.

길가에 보이는 벌거벗은 아이들, 맨발로 다니는 사람들. 한눈에 어려운 삶임을 알 수 있다. 그러나 표정은 밝다. 경제적으로 힘들지라도 자연과 환경에 맞추어 알맞게 살아가는 모습이 대견하다.

먼지 날리는 도로를 가르며 킬링필드에 도착했다. 안내가 나오는 작은 녹음기를 건네받는다. 한국말 해설도 나온다. 곧바로 위령탑으로 가는 줄 알았는데 그곳은 제일 나중에 간다.

녹음기에서 설명이 시작된다. 폴 포트는 1975년부터 79년까지 4년간 캄보디아 인구 800만 중 약 300만 명을 학살했다. 그런 집단 학살지가 캄보디아 전역에 300여 곳 있는데, 이곳의 규모가 가장 크다. 교사, 공무원, 의사 등 지식층은 거의 다, 새로운 곳으로 이주한다면서 밤에 이곳으로 데리고 와 처형했다고 한다. 학살 도구로 농기구, 심지어는 야자나무 줄기를 이용하기도 했다. 이는 비용을 아끼기 위한 것이었단다. 죽임당한 자 중에는 부녀자, 어린아이도 있었다.

40여 년이 지난 지금에도 당시의 처참한 학살 현장이 그대로 남아 있다. 특히 흙바닥에 슬쩍슬쩍 드러나 있는 희생자들의 찢긴 옷가지나 뼛조각 등을 발견할 때면 한 정신이상자의 만행이 얼마나 처참한 현장을 만들었나를 생각할 수 있었다.

위령탑으로 발길을 옮기니 죽임을 당한 사람들의 머리뼈가 쌓여 있다. 사진과 TV에서 본 모습 그대로다. 어떤 두개골은 파인 자국이 있는데, 도끼나 망치로 맞아서 그런 것이란다. 인간이 인간에게 어디까지 할 수 있는 건지, 가슴이 미어진다.

관광객은 외국인이 주를 이룬다. 우리나라도 역사 속 사건과 장소를 있는 모습 그대로 보존하여 알리는 것에 더 솔직했으면, 하는 마음이 든다.

2013. 8. 14. 수

오늘은 프놈펜 주변을 둘러본다. 먼저 아침 식사를 하러 식당에 갔다. 관광지역이 아닌 일반 거주지역이어서 그런지 가장 비싼 메뉴도 2,000원 정도다. 과일도 싼 가격에 먹을 수 있어 좋다. 망고스틴이란 과일은 처음 맛보는데, 귤보다 작은 크기의 과일로, 꼭지를 따고 두 손으로 비틀어 올리면 겉껍질이 벗겨지고 속에 있는 하얗고 통통한 살이 보이는데 새콤달콤 꿀맛이다. 1불에 열두 개 정도 준다.

아들이 엄마의 방문을 위해 마련해 놓은 집은 방 두 개에 거실, 욕실, 주방, 화장실이 있고 에어컨과 선풍기까지 구비되어 있는데 한 달에 24만 원이라고 한다. 내가 한국에 돌아가면 아들은 시골로 거처를 옮겨 더욱 현지 언어에 접근해 볼 계획이라고 한다. 어쨌든 있는 동안 불편 없이 배려해 준 점에 고맙다.

2013. 8. 15. 목

아침에 기도하고 오늘의 말씀을 본 다음 아들과 시편 144, 145편을 읽고 묵상했다.

오후가 되자 바람이 불고 먹구름이 일더니 돌연 비가 쏟아진다. 지금은 우기다. 이곳에는 어떻게 비가 내리는지 궁금했는데 휘몰아치며 내리는 모습이다. 창문을 닫고 밖을 보니 갑자기 소떼가 집 앞 풀밭에서 풀을 뜯고 있다. 대도시 한복판에 어디서 나타난 걸까? 비가 그치고 다시 창밖을 보니 소들이 온데간데없다.

저녁에는 프놈펜에서 기독교 연합 집회가 열릴 예정이어서 프놈펜왕립대학교 캠퍼스에 있는 코이카(KOICA) 강당으로 갔다. 행사 전까지 대학 근처 카페에서 나는 아들이 써 보라고 한 일기를 쓰고, 아들은 현지 아이들을 집회에 부르려고 떠났다. 잠시 후 나도 아들 친구인 현지 청년의 오토바이를 타고 학교로 갔다.

오토바이는 처음 타 본다. 아버지는 내가 절대로 오토바이를 타지 못 하게 하셨었다. 여자는 다소곳해야 한다고 생각하셨고, 여자가 다리를 벌리고 무엇을 타는 건 절대 용납이 안 되셨다. 그런데 아들 덕분이라고 해야 할까, 때문이라고 해야 할까. 나는 지금 오토바이를 타고 있다. 여기는 어디를 가든 오토바이로 간다. 처음 타는 것이라 좀 어지러운 감은 있었지만, 타는 시간이 짧아서 아쉬움도 든다.

행사가 열리는 강당에 도착했다. 현지인 전도를 돕기 위해 한국에서 온누리교회 워십팀과 찬양팀이 담임 목사님과 함께 캄보디아를 찾았다. 집회에는 현지인 500여 명이 참석하여 말씀을 듣고 결신했다. 아들은 여섯 명 타는 뚝뚝이에 열다섯 명을 태우고 행사장으로 왔다. '쓰레기산'이라고 불리는 지역의 교회 아이들이란다. 아들이 초청한 또 한 팀은 할머니와 아이들까지 전부 다섯으로 다른 빈민촌에서 왔다. 저녁마다 길거리로 나와 쓰레기를 줍던 할아버지와 어린 손녀를 발견하고 사귄 가족들이란다. 다음 주 목요일에 그 가정을 방문하기로 했다.

2013. 8. 16. 금

아침 6시 30분. 오늘은 캄보디아 남쪽 해안 마을 깜폿(Kampot)에 간다. 집에서 나와 뚝뚝을 타고 버스 터미널로 향했다. 이른 아침인데도 벌써 오토바이 물결이 장사진을 이룬다.

터미널에 도착해서 보니 우리나라에서 폐기 처분한 것 같은 버스가 보인다. 우리가 탈 버스다. 프놈펜에서 깜폿까지 150km 라는데 5시간 30분 정도 걸렸다. 기사 옆에는 손님을 태우고 내려 주며 짐도 챙겨 주는 안내원 청년이 한 명 동행한다.

버스는 길가 중간중간에 섰다. 어느 손님은 차가 멈추자 내려서 물이 고여 있는 논으로 가서 물을 움켜쥐고 한 모금 입을 가셔 내고 얼굴을 씻고 돌아온다. 덜컹거리는 버스와 달리 차창 밖 풍경은 한가롭다. 삼모작을 하는 논 풍경에는 타작하는 곳도 있고, 벼가 누렇게 익은 모습도 보이고, 모내기를 하는 것도 보인다. 어느 곳이나 영혼의 집(spirit house)이라고 하는 신줏단지 같은 것도 마당에 놓여 있다.

　목적지인 깜폿 버스 터미널에 내리니 오토바이꾼들이 호객 행위를 한다. 오토바이 두 대를 잡아 아들과 각자 타고 여행자 숙소로 갔다. 캄보디아에 와서 벌써 두 번째 오토바이다. 2층으로 된 여행자 숙소는 방 하나에 7불이다.

　짐을 풀고 가까운 교회를 찾아가 보았다. 정해 놓고 방문하는 것이 아니다. 오토바이를 잡고 기사에게 가까운 교회로 가 달라고 한 뒤 인도하는 대로 가 보는 것이다. 기사들이 우리를 안내한 곳은 신기하게도 내가 속한 감리교단 교회였다.

　교회 대문을 지나니 넓은 마당이 있고 개 짖는 소리가 났다. 잠시 후에 직원이 나오고 이어서 선교사님이 나오셨다. 우리 이야기를 들은 선교사님은 많이 놀라셨다. 여태껏 한국 사람이 이런 식으로 찾아와 방문한 적이 없었단다. 교회로 가 달라고 하니 오토바이 기사가 이 교회를 소개한 것을 보고 또 한 번 놀라셨다.

　선교사님은 교회를 구경시켜 주시면서 이런 말씀을 하셨다.

　"밭은 희어져 추수할 것이 많은데 추수할 일꾼이 절실히 필요합니다."

　유치원 사역을 하면서 한국어 학교도 열기를 소망하셨다. 그리고 점차 교도소 사역, 의료 사역 등 참으로 하실 일들이 많으셨다. 처음에는 힘들었지만 여호와 이레 하나님을 체험하며 감사함 가운데 꿈을 꾸며 사신단다.

　인사를 나눈 후 헤어졌다. 시내로 돌아와 프리엑 투 추 강가를 따라 걸었다. 맹인이 하는 마사지 가게가 있어 들어갔다. 처음 체험해 보는 것이 많다. 그동안 엄마한테 신경 써 드리지 못해 죄송하다며 아들이 여러 가지를 마련했다. 한국에서 지쳐 있던 내 몸과 마음은 벌써 다 회복된 것 같다.

깜폿에 오기 전 아들이 물었었다.

"해변 쪽으로 가고 싶으세요? 산으로 가고 싶으세요?"

난 산이 좋다고 했고, 그래서 깜폿을 계획한 것이다. 아들도 가 보지는 못했지만, '보꼬'라고 하는 특별한 산이 있다고 했다. 20불을 주면 시내에서 산 높은 곳까지 오토바이가 올라가 준다고 한다. 자꾸 오토바이를 타니 두려움이 사라지고 자연스러워져서, 오토바이 뒤에 앉아 해발 1,000m 산을 오르는 것도 이상하게 여겨지지 않았다.

숙소로 돌아와 저녁을 먹고 있는데 선교사님에게서 연락이 왔다. 내일 아침 7시에 숙소에서 만나자는 것이다. 직접 보꼬산을 보여 주시겠다고 하신다.

2013. 8. 17. 토

아침 7시에 선교사님 부부가 차를 가지고 오셨다. 우리가 오토바이로 올라갈 것이라는 말을 들으시고 염려가 되어 일부러 시간을 내신 것이다. 숙소를 출발하여 보꼬 마운틴을 향해 한 시간 가량 달렸다.

과거 프랑스가 캄보디아를 식민 지배하던 시절 프랑스인들이 더위를 피해 이 산 정상으로 가는 길을 닦았는데 1,000명 가까이 목숨을 잃으며 보꼬산 높은 지대에 거대한 마을을 이루었다고 한다.

차가 구불구불한 길을 오르는 동안 장관인 것은 날씨의 변화다. 순식간에 안개가 꼈다가 사라지고, 비가 왔다가 그친다. 순간순간 변화무쌍하게 바뀌는 날씨를 겪으며 정상에 다다랐다.

산 정상이라고 해서 나는 약간 걸을 정도의 공간을 생각하고 있었는데, 그 규모가 상상을 초월했다. 과거 프랑스인들이 이 장소에 교회를 세우고 시청을 짓고 저수지를 만들고 타운을 이루었던 것이다. 교회 모습은 폴 포트 크메르 루즈 정권 시절 총탄에 맞고 폐허에 가까울 정도로 십자가만 우뚝 보이고 옛 흔적을 간직한 채 외롭게 서 있다. 우리는 그 상황을 생각하며 선교사님 부부와 함께 기념사진을 찍었다. 이동하여 고산에 피어 있는 아름다운 꽃들을 만끽하고, 괴암석들이 있는 곳을 지나 폭포수가 흐르는 곳으로 향했다.

이동하는 동안 하늘이 맑았다가 흐려지고, 안개가 자욱하여 시야가 가렸다가 순식간에 해가 쨍하여 하늘색과 바다빛이 구분이 안될 정도로 맑고 푸르름이 계속된다. 산이 높아 안개가 산을 끼고 움직이는 모습도 진풍경이고, 아래로 펼쳐지는 정글 숲도 설명할 말을 잃게 한다.

정글 아래로 떨어지는 뽀뽁빌 폭포(Popokvil Waterfall)는 비가 오면 줄기가 몇 배나 넓어진다고 한다. 폭포수 아래에서 외국 청년들이 바위 위에 서서 장난치며 걸어 다니고 있다. 미끄러지면 크게 다칠 수 있다. 그러고 보니 나도 젊어서는 남편과 해발

1,000m가 넘는 문장대 바위를 기어오르지 않았던가.* 우리는 폭포 바닥까지는 가지 않고, 대신 약간의 정글 체험을 해 보기 위해 조금 더 밑으로 내려가기로 했다. 깊숙이 모험한다고 가면 길을 잃어버리기가 쉽기에 폭포수 옆 약간 아래 정도로 내려갔다.

정글에 핀 고사리는 놀랄 만큼 컸다. 어려서 시골에서 꺾던 고사리는 땅바닥에 보일락 말락 하거나 조금 크면 20cm 정도였는데 여기는 고사리가 나무가 되어 있다. 예쁜 난꽃도 군데군데 피어 있다. 호접란 비슷한데 색이 진하다. 집 안에 갇혀 있는 신세가 아니고 넓은 세상에 있어서 그런지 생명력이 넘치는 것 같다. 이외에도 한국에서는 화분에 심어 가꾸는 화초들이 이곳에서는 갖가지 색과 자태를 뽐내며 곳곳에 널려 있다. 꽃을 좋아하는 나는 처음 접하는 정글의 아름다움에 취하여 발걸음이 떨어지지 않았지만, 1시에 프놈펜 가는 버스를 타야 했기에 아쉬움을 뒤로 하고 산등성이를 내려왔다.

다시 눈부신 햇살과 자욱한 안개와 차가운 비와 거센 바람이 번갈아 나타났다. 만약 이 길을 오토바이를 타고 왔다면…. 선교사님 내외의 속 깊은 배려에 정말 감사했다.

깜폿에서 미니밴을 타고 2시간 만에 논스톱으로 프놈펜에 도착했다. 오늘 찍은 사진을 남편 정 장로께 보냈다. 같이 오지 못했지만 사진으로 위로 받고 계시는지….

---

* 그때는 아주 위험한 곳에만 밧줄 정도 걸어 놓은 게 전부였다.

2013. 8. 18. 일

오늘은 스떵 먼쩨이(Stung Meanchey)에 있는 담낙톰 교회에 다녀왔다. 소위 쓰레기산이라고 불리는 지역에 있는 교회다. 열 살도 되지 않은 아이들이 산처럼 쌓인 쓰레기더미를 종일 뒤져 하루 1달러어치를 번다고 한다.

도착한 교회는 나무판자로 짠 단층 건물이었다. 들어가니 비만 가릴 정도의 양철 지붕 아래로 칠판 하나와 기타, 간단한 마이크와 플라스틱 의자가 전부다. 이 더운 나라에 벽면 선풍기 네 대와 나무 미닫이 창문 두 개가 유일한 '냉방' 수단이다.

아기부터 어르신까지 약 50명이 예배를 드린다. 한 여자 청년이 찬양과 율동을 인도한 뒤 목사님이 나와서 기도하신다. 목사님은 설교하면서 중간중간 질문을 던지고, 앉은 성도들은 대답한다. 그러다 다시 찬양하고 기도한다. 순서는 자연스럽게 이루어진다. 예배에 열중하는 아이들과 청년들의 모습이 눈물겹다.

열악한 환경으로 기관지 천식 환자들이 여러 명 눈에 띄고, 어르신들은 몸 이곳저곳이 아파 보이신다. 처음 만난 나에게 성치 않은 어깨도 내보이고 배도 보여 준다. 이곳은 붙이는 파스가 만병통치약인가 보다. 배, 어깨, 관자놀이에 파스를 붙이고들 계신다. 쏴– 하는 느낌이 통증을 사라지게 한다고 여기시는 듯하다.

내가 어렸을 때도 까스활명수를 만병통치로 여겼었다. 배가 아파도 마시고, 열이 나도 마셨다. 믿고 마셔서 그런지 효험이 있었다. 이분들에게는 파스가 그런 역할을 하는 건지 모르겠다.

예배 후 아이들은 약간의 간식을, 어른들은 라면을 한 봉지씩 받아 간다. 몇몇은 예배 후에도 남아 빙 둘러앉아 지난 한 주간의 삶을 나누고 기도 제목을 이야기하며 통성으로 기도한다.

나중에 들으니 예배가 열리면 신앙과 상관없이 마을 사람들이 몰려든다고 한다. 새로운 것에 관심과 호기심이 많은 사람들이다.

돌아오는 길에 똔레 쌉(쌉 호수)에 있는 여행사에 들렀다. 앙코르 와트가 있는 시엠립으로 가는 '나이트 버스' 표를 구했다. 여행사를 나와서는 인도식당으로 갔다. 이때 어떤 뚝뚝 기사 청년이 아들에게 붙어서 떠나지 않는다. 못 이기고 그 청년도 같이 저녁 식사를 하게 되었다. 나이는 19세. 초등학교 5학년까지 다니다 가정 형편으로 그만두었다고 한다. 어머니의 친구로부터 700불에 뚝뚝이를 외상으로 사서 운전 일을 하는 중이고, 매일 15불씩 갚는단다. 아버지는 폴 포트 정권 때 두 다리를 잃고 현재 시장에서 구걸하고 계신다. 어머니는 길가에서 행상을 하시고 7남매가 있다.

캄보디아에 와서 본 사람들은 어려운 삶의 조건에도 대부분 표정이 밝았다. 그러나 이 청년은 수심에 차 있다. 공부를 더 하고 싶다면서 처음 만난 우리더러 매달 12불씩 후원해 달라고 한다. 이곳에는 이 청년 같은, 아니 그 이하의 삶을 살아가고 있는 이들이 너무나 많다. 어찌할꼬.

2013. 8. 19. 월

캄보디아의 현 수도 프놈펜에서 고대 앙코르 제국의 수도 씨엠립까지는 320km다. 한국에서 나이트 버스라고는 들어보지 못했고 타 보지도 못해서 어떻게 생겼을까 궁금했는데, 터미널에 도착해 보니 버스는 한국산 중고 차량의 내부를 1, 2층으로 누울 수 있게 개조한 것이었다. 들어가니 자리마다 담요가 한 장씩 놓여 있다. 우리는 1층 칸인데 사람들이 복도를 지나갈 때마다 신발 밑창에서 먼지가 풀풀 날린다. 차가 달리니 덜컹거리는 소리와 바닥에서 올라오는 매연이 조금 불편했지만, 그래도 호기심이 들어 한번 타 보는 것도 괜찮겠다고 생각했다. 여러 새로운 것들을 체험할 수 있어서 좋다.

아침 6시 30분 씨엠립 도착.

버스에서 내리니 아들의 친구라는 뚝뚝 기사가 기다리고 있어 곧장 숙소로 향했다. 모기장 딸린 침대 두 개가 있고 천장에 선풍기가 달린 방으로 1박에 12불이다. 짐을 내려놓고 씻은 다음 아침 식사를 하였다. 2불 이하면 먹고 싶은 것을 거의 먹을 수 있다.

다시 뚝뚝이를 타고 앙코르 와트에 도착했다. 잊혀 있던 유적을 19세기 중반 프랑스인이 발견했다고 한다. 규모나 형상은 책이나 사진으로 보는 것과는 비교할 수 없는 웅장함을 안겨 준다. 현재 씨엠립에 약 20만 명이 거주하는데, 앙코르 제국 시기(9C~15C)에는 100만 명이 살았다고 하니 그 규모가 대단했음을 알 수 있다.

1000년 전 조성했다는 인공저수지는 완벽하다. 주변을 계단식으로 정교하게 만들었다. 도로를 놓고 교각을 쌓은 어마어마한 돌들을 어디서 어떻게 가지고 온 것인지는 아직도 밝히지 못할 정도로 미스터리라고 한다.

이곳에는 구백여 개의 사원이 있다고 하는데 탑과 벽화의 정교함이 상상을 초월한다. 탑의 꼭대기 동서남북 중요한 곳마다 벽 조각이 다양하다. 처음에는 이들이 믿는 부처나 신의 모습인 줄 알았는데, 신 특히 나가(뱀의 머리가 일곱인 신)의 묘사도 많지만 더 흔히 보이는 것은 왕의 모습과 신하, 군사, 노예 등의 기록 같다. 권세 있는 왕은 신으로도 묘사된다.

인간의 권력을 과시하기 위해 지은 어마어마한 규모의 건축물이라 해도 그곳에 하나님이 안 계신 것은 허상에 지나지 않을 것이다. 정치로도 종교로도 되찾지 못한 저들의 마음속 평안은 복음만이 채워 줄 수 있다. 이를 위해 한국 선교사님들의 헌신이 뒤따른다. 때가 되면 이 나라도 하나님의 자비와 공의가 굳게 세워질 줄로 믿는다.

2013. 8. 20. 화

동남아시아에서 가장 큰 호수요, 세계에서 세 번째 규모를 자랑하는 똔레쌉 호수. 그곳에는 쫑 크니어라고 하는 물 위의 동네가 있다고 한다.

아침 8시 씨엠립 시내에서 뚝뚝이를 타고 10km 거리의 수상

마을로 향했다. 가는 길옆으로 시내가 조금씩 흐르고, 군데군데 수상가옥들이 보인다. 갈수록 길은 황톳길이다. 흙바람을 일으켜 눈을 뜰 수 없을 정도가 된다. 선글라스와 마스크를 챙겨 오라고 하는 이유다.

수상가옥들이 점점 많아지면서 옛 캄보디아 열대 지방의 분위기가 느껴지는 것 같다. 나무 대신 콘크리트 기둥을 써서 근사하게 지어 놓은 현대판 수상가옥도 보인다.

물 위의 마을을 방문하려면 배로 가야 한다. 나루터에 도착하여 35불을 주고 배에 올랐다. 승객은 아들과 나뿐이다. 한 시간을 탄다고 한다. 배는 나아갔다. 호수를 앞에 두고 양옆으로는 물속에 잠긴 맹그로브 정글이 끝을 모를 정도로 펼쳐진다.

수상마을에 들어서니 배 위에 철공장도 있고, 학교도 있고, 교회도 있고, 식당도 있고, 별의별 것이 다 있다. 심지어 한국 식당까지 있다. 지구 곳곳에 한국 사람 없는 곳이 없다던데 참말 같다.

그런데 슬픔도 있었다. 물결치는 대로 배 위에서의 삶. 말로만 들었던 보트피플. 베트남 피난민들이 나라를 잃고 찾아온 곳 똔레쌉! 배마다 제각각 고유한 문양들을 새겨 놓았다. 그건 장식이 아니라 자기의 뿌리를 잊지 않기 위한 하나의 문신인지 모른다. 왜 고국이 그립지 않겠는가. 한쪽에는 그들의 묘지도 보인다. 언제나 고국에 돌아갈 수 있을까?

아픔 있는 자여, 진정한 고향을 찾자. 그 길은 주 예수를 믿는 믿음 안에서 영생의 고향을 만나는 것이다.

똑같은 수상가옥이라 해도 캄보디아인들은 육지 쪽에 기둥을 대고 있다. 그러나 베트남인들은 배만 의지하여 흔들리며 살아가는 것 같다. 형편에 따라 작은 배에서 살기도 하고, 좀 나으면 튼튼한 갑판 위에서 산다. 나름 빈부의 격차라면 격차다.

수상마을을 지나면 드디어 똔레삽 호수가 드넓게 펼쳐진다. 호수 쪽으로 깊이 들어갈수록 여기가 호수가 아니라 황톳빛 바다 한가운데에 와 있다는 느낌을 준다. 수평선 외에는 보이지 않는다. 그러면서 배는 물결을 따라 좌우로 불안하게 흔들린다. 호수는, 아니 바다는, 우리더러 이쯤에서 그만 육지로 돌아가라고 속삭이는 것 같다. 무서운 감이 들어 조금 전진한 뒤 마을 쪽으로 뱃머리를 돌렸다.

나루로 돌아와 다시 뚝뚝이에 올랐다. 씨엠립으로 돌아가는 길에 프놈 끄라움 수원마을*에 들렀다. 우리말로 쓰여 있어서 반가움과 호기심이 들었다. '행복캄'이라는 단체에서 이 마을의 여성 처우 개선과 함께 길도 닦아 주고 우물도 파 준 것을 보았다. 지금까지 본 마을 중 가장 열악한 느낌이었다.

마을에는 빈집들이 눈에 띈다. 얼마나 살기 어려웠으면 집까지 버리고 떠났을까. 남편의 고향 사장골도 금광이 폐광되자 그 많던 사람들이 터전을 버리고 흩어졌다. 살기 위해서 살아온 곳을 버려야 했던 사람들을 여기서도 만난다. 떠나고 난 자리에는 언제 누가 여기 있었느냐는 듯한 휑함만이 방문객을 맞이한다.

---

* 여기서 수원은 우리나라 수원시를 말한다.

그나마 남아있는 몇몇 가옥들은 정령신에 의지한다. 집 입구에 향을 피우고…. 저들의 영혼이 구원받기를 원하는 마음으로 동네를 한 바퀴 돌았다.

씨엠립에 도착해서는 봉고차를 타고 프놈펜까지 5시간을 달렸다. 씻고 저녁을 먹은 뒤 바로 곯아떨어졌다.

2013. 8. 21. 수

오늘은 집에서 책도 보고 휴식하면서 지냈다. 한국에서는 새벽 4시면 눈떠 교회 새벽기도회로 시작하여 이후 집안일과 바깥일, 끊임없는 만남과 쉼 없는 행사로 무엇을 천천히 생각할 틈이 없이 하루가 지나간다.

그러나 캄보디아에서는 잠시 아무 일을 하지 않아도 되는 마음으로 지내는 중이다. 살면서 이래도 되는 것인지 생각이 들면서도, 삶이 이래야 되는 것은 아니었는지, 자문해 보는 시간이다.

집에서 조용히 고 이용도(1901~1933) 목사님의 글을 읽는데 시 한 편이 마음에 크게 와닿는다. 첫딸을 잃은 고통 속에서 지었던 시인데 마침 그 딸의 이름도 영숙이었다.

제목 : 생의 승리

위로의 왕 그리스도

기도를 올리려고

단 앞에 무릎을 꿇은즉

빌수록 주님 계심을 깨닫나이다

보아라

거기 서 계신 이를

그리스도 빙그레하시며

"두려워하지 말라."

주여, 진실로 사망을 이기실 것 같으면

이미 전날에 죽어간 자를

다시 살려주시옵소서 하고

간절히 소원을 말씀드리니

주께서 빙그레하시며

"그는 죽지 않았느니라."

말씀과 같이

그러면 잠들었나이까?

덮은 그 눈, 우리 눈으로부터 격한 그 눈썹을

주여 열어주옵소서.

주 빙그레하시면서

"그는 잠들지 않았느니라."

만일 저가 눈을 뜨고 아름다운 달빛을 본다면

아파하는 내 가슴에 돌려보내 주소서

주 빙그레하시면서

"그는 자지 아니하니라."

아, 잃은 것은 너무도 현저해서

죽음의 내를 건너기까지는

다시 만날 소망은 없는 게지요

주 빙그레하시며

"그렇지 아니하니라."

사랑하는 이, 곁에 있는 줄로 믿기는 하지만

가까이 있기를 간절히 빌 때는

더구나 먼 것 같이 생각이 되던데요

주 빙그레하시며

"내가 여기 있노라."

주여 저의 눈에는 아무것도 보이지 않습니다.

주여 우리와 같이 행하시며

또 주무시지 않고 또 멀리 가시지 않으심을

어떻게 알 수 있습니까

주 빙그레 하시며

"내 안에서 살아라."

2013. 8. 22. 목

　로차*로 점심을 해결하고 아들과 솔라 거리에 있는 짠다라네 집으로 향했다. 갈 때 교통편은 역시 뚝뚝이다. 기사는 아들의 친구 브라더 밴. 여러 차례 탔는데 참 친절하고 인상이 좋다.

　집을 나와 10m 전방에서 좌회전하면 대로가 펼쳐진다. 10분 정도 가면 생선가게, 농방(가구점)을 지나서 위생이 불결한 철도 길을 건넌다. 이때부터 오토바이 물결과 뚝뚝의 대행진을 만난다. 역주행 오토바이는 물론 역주행 뚝뚝이까지, 이제는 이상하지 않다. 익숙하지 않은 눈으로 볼 때는 좀 아찔할 것이다. 신호도 없고 질서도 없는 거 같은데 잘도 피해 간다. 대단한 운전 실력이다.

　20분 정도 지나서 시장이 서 있는 마을로 접어들었다. 쌀과 물을 사 가기로 했다. 온갖 것이 다 있는 상점 앞에 뚝뚝을 세워 놓고 가게로 들어갔다. 쌀은 50kg짜리 한 포대, 질 좋은 거라고 한다. 44불이다. 물은 큰 한 통에 5불이다.

　잠시 후에 짠다라네에 도착했다. 일곱 살배기 짠다라는 밤이면 할아버지와 프놈펜 시내를 돌며 쓰레기를 줍는다. 우리가 방문했을 때 짠다라는 학교에 가 있고, 집에는 할머니와 네 살배기 짠다라 여동생과 세 살짜리 사촌 동생만 있었다. 어둑한 방 한 칸에서 아이들 10명과 할아버지, 할머니 그리고 부모님이 아닌 다른 어른 한 명이 기거한다. 한쪽에 커튼을 쳐 놓았고, 그 안

* 캄보디아의 면으로 짧고 통통하다. 부추와 소고기와 오뎅 비슷한 것을 양념 된 간장에 버무려 위에 계란후라이로 덮은 것. 잡채 느낌이 난다.

으로 침대가 하나 있다. 누가 쓰시는 건지는 모르겠다. 허름한 주방은 문이 없는 화장실 바로 옆이다. 그 모든 것이 열악한 상태다.

할머니께서 따뜻한 자스민 차를 대접하시며 앉으라고 깔개를 펴 주신다. 지난번 왕립대학교에서 열린 연합 집회가 끝나고 보았을 때보다, 다시 보니 더 정감이 간다. 짠다라의 여동생은 나를 보자마자 다리를 잡고 안긴다. 나의 굳었던 마음이 아이가 안기는 순간 녹아내리는 것 같다.

'선교사님들이 이런 마음으로 오지에서 사역을 감당하시지 않을까.'

차를 마시기 전에 기도하며 서로 주님의 이름으로 축복했다. 차를 마시면서 가지고 간 선물을 드렸다. 나는 슬쩍 그들의 머리를 보았다. 한국에서 이발 도구를 가지고 왔기 때문이다. 그러나 선뜻 내놓지 못하고 이발과 파마 기술을 익혀서 다시 와야겠다고 생각했다. 교사 시절 아이들의 머리를 잘라 주던 때를 생각하고 가져왔으나 섣불리 꺼냈다가 낭패를 볼 것 같았다.

이야기를 나눈 뒤 떠날 시간이 되어 일어서는데, 잘 어울리지 못하고 외따로이 놀던 세 살배기가 갑자기 소리를 내며 우는 것 아닌가. 깜짝 놀라 안아 주고 토닥거려 주어도 울음은 그치지 않는다. 엄마 생각이 났던 걸까. 그의 엄마는 딸을 두고 어디에 가 있는 걸까. 엄마와 연락은 되는 걸까. 엄마와 떨어져 살 수밖에 없는 사연이 무엇일까. 나도 눈시울이 뜨거워진다. 아들이 자주 찾아보기로 했다. 어떻게라도 위로가 되면 좋겠다.

내일이면 캄보디아에서의 13일을 마치고 한국으로 돌아간다. 주님께서 이곳으로 인도해 주셔서 지친 나의 영혼에 쉼을 주시고 대자연도 만끽할 수 있는 시간 주심에 감사드린다.

또한 감사한 것은 아들이 마음을 다해 엄마를 위한 시간을 할애한 것이다. 다양한 요리를 맘껏 먹고, 한국에서는 맛볼 수 없는 과일들도 듬뿍 맛보고, 중간중간 쉬는 시간도 여유 있게 배려하며 안내해 주었다.

그러나 무엇보다 감사한 것은 대화를 많이 나눈 점이다. 특히 기억에 남는 말을 들었다. "엄마 본래의 모습을 본 것 같다"라는 말이다. 집에 있을 때 나는 직장에 가고 아들은 학교, 학원에 가기 바쁘니 서로 이야기 나눌 시간이 거의 없었다. 일터에서 돌아오면 그동안 쌓인 집안일을 하느라 자녀들과 이야기해 볼 시간이 주어지지 않았다. 아이들 눈에 비치는 것은 '엄마는 원래 바빠'였을지도 모른다. 하지만 그런 가운데서도 아들이 나의 '본래의 모습'을 파악하고 있었나 보다. 캄보디아에 와서 긍정적인 자세로 새로운 것에 도전하는 모습을 보고 "엄마 본래의 모습"이라고 한 것이다.

2013. 8. 23. 금

오후가 되어 귀국 준비를 했다. 자정에 중국 동방항공을 탄다. 그전까지는 아들과 시간을 보냈다. 일기장에 쓴 내용을 내가 읽으면 아들이 받아 타자를 쳤다. 2시간 이상이 걸렸다. 교회 홈페이지에 방문기 중 한 편을 올렸다.

집을 나서기 전 아들과 이야기를 나누었다. 올해까지 왕립대학교 어학연수원에서 크메르어(캄보디아어) 3단계를 마치면 자전거를 타고 라오스, 미얀마, 인도, 중국을 거쳐 이라크, 이란, 터키, 그다음은 일정이 되는대로 내년 6월에 캄보디아로 돌아와 외국인을 위한 크메르어 최고 단계인 4단계를 마치고 9월에 시작하는 프놈펜 왕립대학교 문학과에 입학하여 제대로 캄보디아를 공부하겠단다.

자전거를 타는 것은 민성이라는 아이가 백혈병으로 항암 주사를 맞고 있는데, 전에 12회면 된다고 했던 것이 24회로 횟수가 늘면서 후원금을 모으려고 계획한다는 것이다. 함께 기도하고 비행장으로 향했다. 역시 브라더 밴의 뚝뚝이를 타고 간다.

공항 입구도 뚝뚝이는 한쪽으로 통행하게 되어 있는데 프리패스다. 서민을 위한 배려로 본다. 이 나라가 어렵고 못사는 것 같지만 의식은 깨어 있다. 화장실 문화를 보면 알겠는데, 식당이나 관공서 어디를 가나 화장실이 화려하지는 않으나 깨끗하게 하려는 노력이 보였다.

아들과 작별 인사를 나누고 게이트를 찾아 비행기에 탑승했다. 옆자리엔 우즈베키스탄 아가씨 두 명이 앉았다. 일본 아가씨들하고는 안되는 영어로 재미있게 갔었는데, 도저히 피곤하여 잠들었다.

상해를 경유하여 마침내 인천행 비행기에 오르니 긴장이 풀렸는지 다시 그대로 잠이 들었다. 얼마 뒤 눈을 떠보니 상공을 날고 있었고, 곧 인천공항에 내렸다. 낮 12시 20분쯤이었다.

평소 마시지 않던 과일주스를 캄보디아에서 많이 마셔서 그런지 한국에 돌아온 후 소화가 잘 안 되어 며칠간 화장실을 드나드는 어려움이 있었다. 한 달이 지나니 신체적으로 정신적으로 안정이 됐다. 대모험을 한 것 같다.

이런저런 상황에서 젊은이들이나 경험할 수 있을 법한 일들을 나이 많은 나도 해 볼 수 있었던 것은 지키시고 보호해 주시는 주님의 은혜이다. 얼마나 감사한지요. 할렐루야!

보꼬 마운틴에서. 캄보디아의 자연은 엄마의 품 같은 치유의 방이다. 언제든 환영해 준다. 지쳐 터덜터덜 걸어 들어와도 반겨 준다. 그 처지가 딱할수록 그만큼 더 따듯하게 맞아 준다. 세상에서 그런 방은 어디서도 찾기가 어려운데, 다른 방들에서 허송세월하다가 마지막에 가서야 그 방을 다시 찾는 것이 사람이다. 당장 캄보디아에 갈 수 없다면, 대신 엄마에게 전화를 드리자.

연변조선족자치주 연길

2015. 8. 6. 목

새벽 6시. 교회에서 기도회를 마치고 연길 선교여행을 떠나려 남편과 인천공항으로 직행했다. 도착하니 공항은 이른 시간부터 여행객들로 북적거린다. 최근 메르스(중동호흡기증후군)로 비행이 곳곳에서 정지됐다가 며칠 전 해제된 상태다. 활기차게 살아 있는 모습이 보기 좋다.

우리는 상하이 공항에서 4시간을 머문 뒤 연길로 가는 동방항공 MU5651을 탄다. 지난번 캄보디아에 오갈 때는 혼자 상하이 경유 비행기를 탔었다. 남편하고 함께하니 아무것도 문제로 여겨지지 않고 내가 리드까지 하게 되었다. 선경험이라고나 할까. 게다가 단둘이 비행기에 오른 것은 신혼여행 이후 37년 만이다. 남편과 같이 교회에 나가는 것이 꿈이었었는데, 이제는 둘이 선교지에 같이 가고 있다니, 꿈속에서 꿈을 꾼다고 할까.

여유를 갖고 면세점에 가서 먹을거리도 사본다. 비행기에 오른 뒤에는 아래를 구경하는 느긋함도 생겼다. 남편 어깨에 기대어 잠을 청해 보기도 한다. 이 모든 경험과 순간이 소중하다. 저가 비행기라 그런지 식사는 부실한 편이지만, 남편과 오랜만에 함께하니 좋은 마음만 든다.

상하이를 거쳐 연길 공항에 도착하니 아들이 손을 번쩍 들어 맞이한다. 턱에 수염이 거멓게 자란 모습이, 여러 식구 먹이느라 고생한 흔적으로 읽힌다. 대한민국 여권을 갖고 당당하게 연길을 재방문한 탈북 청소년 유미도 환한 얼굴로 우리를 향해 손을 흔든다. 유미는 꼬마 소녀였을 적에 엄마와 함께 탈북하여 연길에 살던 중 엄마를 잃어버리고 혼자가 되어 있다가 한국으로 온 뒤에는 우리와 가족처럼 지냈다. 그러던 중 방학을 맞아 옛 추억이 깃든 연길을 다시 찾았다. 반가운 포옹을 나눈 뒤 택시를 타고 민박집으로 이동했다.

원래 우리는 한국에서 일하고 있는 조선족 청년인 영준 형제네 집에서 지낼 계획이었는데, 그곳에는 이미 한국에서 온 청년 다섯이 머물고 있고 물 사정이 좋지 않아 가까운 곳에 민박을 준비했다고 한다. 방 2개에 거실이 넓고 깔끔한 숙소로 1박에 100위안(18,000원)이다. 조선족 사장님이 하시는 곳이라 말도 잘 통한다.

도착하여 짐을 내려놓고 민성이를 만나기 위해 곧장 식당으로 향했다. 10살 민성이는 백혈병을 앓아 학교에 못 가고 있다. 아들은 민성이가 병이 나기 전부터 조선족 교회에서 만나 알고 지냈다. 민성이가 아프다는 소식을 듣고 캄보디아, 라오스, 베트남 등지를 자전거로 돌면서 치료비를 모금했다. 지난겨울에는 민성이 어머니가 한국의 구로동, 광화문, 강남역 등지에서 팻말을 들고 모금했다. 민성이 어머니는 우리집에도 왔었고, 우리도 십시일반 모은 치료 성금을 후원했었다.

식당에 도착하니 민성이 할머니와 어머니, 주인공 민성이, 조선족 교회에 봉사하러 온 한국 청년 몇이 기다리고 있다. 민성이를 보는 순간 건강한 모습이다. 하나님의 은혜요, 많은 분의 기도와 후원 덕분이다.

민성이는 한 달에 한 번 항암 주사를 맞는다. 이를 위해 평안의교회 담임 목사님과 부천 남지방 여장로회, 평안의교회 교회학교 담당 목사님과 교사들 등 참 많은 분이 손길을 모아 주셨다. 민성이 할머니와 어머니는 감사의 말을 잇지 못했다. 민성이에게 이런 분들에게 고마움을 잊지 말라고 당부하신다. 오늘은 저녁만 같이하고 치료 성금은 내일 전달한다.

식사 후 우리는 연길의 널찍한 인도를 함께 걸으며 이야기를 이어갔다. 동포와의 대화는 어제 헤어진 동네 사람들과 하는 느낌이다. 국적은 달라도 같은 말로 함께 기도할 수 있다는 사실도 감격적이다. 뿌듯한 마음으로 주님 안에서 한 형제자매임을 고백하며 발걸음을 옮겼다.

2015. 8. 7. 금

민성이는 돈을 벌기 위해 타지로 간 엄마와 떨어져 할머니와 단둘이 외롭게 자랐다. 10살답지 않은 의젓함이 있고, 병을 앓고 있는 아이 같지 않게 밝고 건강해 보였다. 민성이가 아파 중국으로 돌아온 엄마와 늘 곁을 지켜 주신 할머니의 사랑으로 잘 자라고 있는 듯하다.

오늘 일정은 가정 고아원과 가정교회를 이끄는 사모님과 남편 목사님(두 분 모두 중국동포) 댁 방문, 그다음은 민성이네 집으로 가서 백혈병 치료 후원금을 전달하는 일이다.

과일 몇 조각으로 아침을 때운 뒤 우리는 가정 고아원 사역을 맡고 계신 사모님 댁으로 갔다. 아들이 주일 오후마다 이 아이들을 만나 시간을 보내고 평일에는 몇몇 학생들의 학업을 도와주고 있다.

단층 아파트로 들어서니 7명의 남녀 아이가 살고 있다. 소학교(초등학교) 어린이부터 고1까지 있다. 매일 아침과 저녁으로 예배를 드린다고 한다. 아이들이 순박하고 착해 보인다. 아이들 가운데 사모님을 힘들게 하는 애는 남편이 돌보는 '윗집'(이곳도 가정 고아원이다)으로 보낸다고 한다.

소개는 고아원으로 하지만, 정확히 말하면 고아가 아니다. 이들은 북에서 건너오거나, 북에서 건너온 여성의 자녀들이다. 연변 깊은 곳에 숨어 지내며 아이 키우기가 마땅치 않아 연길 시내로 자녀를 보내서 오게 된 아이들이 주를 이룬다.

아이 돌봄 사역은 18년 전인 1997년부터 하셨다. 종교활동이 어려운 중국에서 아이들을 믿음으로 양육하는 것은 쉬운 일이 아니었다. 때로는 감옥행을 각오해야 했다고 한다. 게다가 탈북 여성의 자녀들이라니 더욱 위험이 크다.

세상 사람들은 아이들을 학원에 보내지만, 이곳에는 그렇게 할 여력은 없고 오직 말씀으로만 양육하신단다. 함께 기도하고 후원금을 전달한 후 집을 나왔다. 오후에는 남편 되시는 목사님의 가정교회로 간다.

그전에 우선 고아원에서 만난 아이들과 한국에서 온 일행 20여 명이 함께 점심을 했다. 식당이 북적북적해진다. 이후 한국 선생님 몇몇과 아이들은 어느 백화점에 있는 게임장에 들르기로 했다. 아이들에게 스트레스 풀 기회를 주기 위한 배려로 생각한다.

나와 남편 정 장로, 아들과 유미는 연변공원으로 향했다. 중요한 만남이 기다리고 있다. 중국에 건너온 유미가 탈북한 엄마를 잃어버린 뒤 머물게 되었던 가정 고아원(이곳은 앞서 이야기한 곳과는 연관이 없는 전혀 다른 곳이다)의 조선족 원장님께서 유미의 어렸을 적 사진을 주신다고 하여 유미와 원장님이 만나기로 한 것이다.

사실 유미는 이번 연길에 오기 전에 두려움이 있었다. 유미가 탈북하여 이 고아원에 머물고 있었을 때, 원장님이 유미의 한국행을 허락하지 않은 상태로 위기 상황 가운데 탈출하는 식으로 나왔기 때문이다. 유미가 탈출한 뒤 고아원에 대한 기사가 한국 모 신문에 보도됐다. 고아원 원장님이 이상한 종교에 빠져 아이들을 그쪽으로 몰고 간 사실에 대한 내용이었다. 이후 원장님은 가정 고아원 문을 닫고 시골에서 살고 있었단다.

유미는 중국에서 엄마만 아니라 친동생도 잃어버려 생사를 확인하지 못하고 있다. 아들은 유미 동생을 찾아보기 위해 원장님에게 도움을 청하기로 했다. 유미는 아들과 함께 연변공원에서 원장님을 만났다. 원장님은 유미가 한국에서 잘 지낸다니 일단은 좋은 마음이 들었다고 한다. 아들은 유미 친동생의 행방을 물으며 준비해 온 후원금을 전달했다.

유미와 아들이 원장님과 시간을 보내는 동안 나와 정 장로는 공원을 둘러보았다. 연못에는 연꽃이 피어 있고, 연못 주변으로 시민들이 더위를 식히며 아름다운 풍경을 느끼고 있다. 연못 뒤로는 어느 조선족 교회의 커다란 십자가가 눈앞에 보인다. 사회주의 국가에서 보는 십자가는 가슴을 뜨겁게 한다.

사람 소리가 나는 쪽을 향해 걸었다. 층계를 오르니 조각상이 눈에 들어왔다. 옛 우리 조상의 모습이다. 등지고 오르내리기, 할아버지가 손자에게 글을 가르쳐 주시는 모습, 며느리가 시어머니의 머리를 땋아 드리는 모습 등, 내가 어려서 보았던 것들도 있었다. 이곳에서 내 어렸을 적의 모습을 회상할 수 있다니 감회가 새롭다. 며느리가 시어머니 머리를 땋아 주는 장면은 실제로 본 적은 없지만, 연길에서 보고 옛날에는 이런 일도 있었나 보다, 생각했다.

어르신들 넷이 한 조가 되어 카드놀이도 하고, 화투도 치고, 주사위 같은 것을 갖고 게임도 한다. 나중에 들으니 그 게임은 마작이라 했다. 연길의 젊은이들은 한국에 가서 돈을 벌어 오고, 여기 계신 어르신들은 이렇게 시간을 보내시는가 보다.

나무 그늘에 주민들이 나와서 마이크를 켜고 노래 부르며 춤을 춘다. 대낮에 남녀노소가 모여 있어 신기했다. '회사에 가지 않나?'라는 의문도 생기고, '참 한가한 사람들이네' 하는 생각도 들었다. 북적북적할 정도로 많다. 한국에서 인기를 끌었던 옛 가요나 한국말(여기서는 '연변말' 또는 '조선말')로 부르는 옛 노래가 인상적이다. 춤은 고전도 추고, 부르스도 추는 것이 이색적이다. 야외 노래방 시설이 되어 있어 사람들은 자유롭게 율동도 하고 노래도 부른다. 나도 한번 놀아 보고 싶은 생각이 들 정도다. 그러나 뒤로하고 내려가니 원장님과 유미의 대화가 끝난 뒤다. 들어보니 큰 수확은 없었다고 한다. 유미의 엄마도, 친동생도, 지금 어디에 있는지 어떻게 되었는지 원장님 역시 전혀 아는 바가 없단다. 유미의 어렸을 적 사진 몇 장 건진 정도였다.

원장님과 헤어진 후 우리는 나머지 일행이 있는 백화점 내 게임장으로 향했다. 번화한 서(西)시장에 있는 백화점이다. 게임장은 8층에 있다. 우리나라에서는 게임장이라고 하면 좀 퇴폐적인 장소로 생각해서 가지 않았었다. 그런데 이곳의 느낌은 좀 다르다. 가족들이 많다. 갓난아이에서부터 어르신들까지 보인다.

아이들은 이미 2시간여에 걸쳐 게임을 하고 있었기에 지쳐있다. 나도 동전을 받아 두더지 게임과 공 던지기 게임을 했다. 난생처음 해 보는 것이다. 땀이 난다. 여럿이 하니까 못해도 재미는 좋다.

아이들과는 여기서 헤어진 후 남편과 나, 아들, 그리고 한국에서 온 또 다른 탈북 청소년인 연미는 '윗집'이라고도 하는, 남편 목사님이 하시는 가정교회로 향했다. 연미가 머물렀던 가정 고아원의 원장님이다. 연미도 한국에 올 때 원장님이 허락하지 않으려고 하여 반탈출 느낌으로 왔었는데, 이번에 찾아뵙고 죄송했다는 말씀을 드리려고 온 것이다.

가정교회는 일반 가정집처럼 단층 아파트 1층에 있었다. 목사님은 우리를 보자마자 얼마나 아이들과 힘든 시간을 보내왔는지부터 털어놓으신다. 강욱이란 아이는 가출해서 지금은 어디에 있는지도 모르신단다. 아이들과 상담하려고 하면 진작 눈치를 채고 먼저 도망간다고 한다. 동작과 힘이 어찌나 빠르고 센지 "날아다녀요"라고 하신다.

1997년부터 대여섯 살의 오갈 데 없는 아이들을 돌보아 오신 목사님은 아이들이 고마움을 모르고 말을 듣지 않아 애가 탄다고 하신다. 그 모습 속에서 목사님 자신을 발견하여 회개도 하시고, 은혜가 되는 때도 있다고 한다.

가출한 아이가 경찰에 붙잡혀서 이 고아원에 대해 알게 되면 큰 문제가 될 거라고 한다. 정식으로 승인된 곳도 아니고, 무엇보다 탈북자 자녀들이 있기 때문이다.

'그간 얼마나 힘드셨으면 처음 보는 우리에게 속내를 다 털어놓으려 하실까?'라는 생각이 들었다. 어디에 말할 곳이 없었기 때문이리라. 물론 그렇게 해서라도 속이 시원하고 힘을 얻으신다면야.

저녁 식사 후 우리 일행은 강둑을 따라 걸었다. '윗집'부터 우리 숙소까지는 걸어서 40분이다. 강둑길에서는 음악이 흐르고 많은 사람이 나와 집단으로 율동하고 있다. 남편과 나, 유미와 연미는 그들을 따라 몸을 움직였다. 강 옆으로 선 건물마다 휘황찬란한 네온이 비추고(시진핑 주석이 동북삼성을 방문한다 하여 그때부터 네온이 밝혀졌다고 함), 강 주변에는 많은 사람이 산책을 하며, 한쪽에서는 밤낚시를 즐기고 있다. 여유로운 모습들이다. 우리가 여기 사람들에 대해 느껴 보지 못했던 것이다. 한국에서는 중국에서 왔다, 연변에서 왔다, 라고 하면 낮추어 보지는 않는지? 생각을 바꾸어야 한다.

중간쯤 오는데 또 음악 소리가 난다. 이번에도 많은 사람이 모여 체조를 하고 있다. 이전보다 더욱 동적인 움직임이다. 우리도 따라 했다. 몸은 굳어있지만 함께하니 즐겁다. 따라 한다고 누가 쳐다보는 사람도 없으니 자유롭다. 여기 사람들은 이런 율동이 체질화가 되어 있고 삶 자체인 것 같다. 얼마나 큰 응집력인가. 음악이 있고 장소만 있다면 알건 모르건 질서 있게 동작한다. 우리나라에 이런 것이 있나 생각해 본다.

숙소에 도착해 천천히 하루를 돌아보았다. 사회주의 국가에서 신앙을 지키기 위해 애쓰시는 분들의 간증도 듣고, 같이 아파하고 위로하며 보낸 시간이었다. 하나님께서 사람들의 눈물을 닦으시고 주의 오른손으로 붙잡아 주셔서 믿음의 주요 온전케 하시는 하나님의 은혜가 힘이 될 줄로 믿으면서 하루를 마감한다.

"강하고 담대하라. 내가 너와 함께 하리라"(신명기31:23).

2015. 8. 8. 토

아들 일행은 오전에 조선족교회 어린이 다수와 핑퐁 시합을 했다. 아이들 점심을 먹이고 귀가시킨 후 오후 2시에는 가정 고아원 아이들과 연변 자치구 대 신장 자치구 축구 경기가 열리는 연길 인민경기장에 가기로 했다.

정 장로와 나는 정오 무렵 모아산으로 갔다. 모아산은 연길과

용정에 걸쳐 있는 산으로 해발 517m다. 숙소에서 20위안(3,600원)꼴)이면 택시로 모아산까지 간다. 입구에 도착하니 이미 많은 사람이 와 있다. 한쪽에서는 조선족 아주머니들이 악기를 타며 흥겹게 노래 부르고 있다. 아무튼 여기 계신 분들은 흥이 있고 여유로운 맘을 가진 것 같다.

다른 한쪽에서는 해방 70주년 사진전을 열고 있다. 독립운동을 하던 우리 조상들의 숨결과 애환이 담긴 곳일진대, 온통 중공군의 활약상에 대한 것들이다.

'목숨을 다하여 바쳤던 우리 조상들의 업적은 어디로 치웠는고?'

정상으로 가는 길은 나무 데크와 계단으로 이루어져 있다. 계단 양옆으로 소나무 군락이 이어진다. 새들이 지저귀고, 한국에서 흔히 보는 식물들도 만난다. 싸리나무, 개똥쑥 등등. 나무계단 바로 옆으로는 흙바닥에 돗자리를 깔고 휴식하는 가족들이 꽉 들어차 있다. 가족 간의 사랑이 큰 것 같다.

더위를 참으며 한 계단 한 계단 오른다. 돌로 쌓은 탑들도 보인다. 올라갈수록 산자락이 넓게 펼쳐 있고 연길이 아스라하게 내려다보인다. 시내를 두르고 있는 강과 널따란 구릉들도 눈에 들어온다.

정상에 오르니 3층짜리 정자가 높이 서 있다. 나무로 되어 있는데 바람이 불 때마다 살짝 흔들린다. 흔들리는 것이 오히려 안전하다고 한다.

정자에 오르면 모아산 가장 높은 곳에 도달한 것이다. 시내와 자연 풍경도 좋지만, 사람 구경은 더욱 재미있다. 쌍쌍이 오는 아베크족*이 가장 활기차 보인다.

연길시 인구는 50만 명인데, 조선족이 20만이고 한족이 30만이란다. 유미가 4년 전 연길을 떠날 때만 해도 조선말 쓰는 사람이 훨씬 많았었는데, 이번에 와 보니 조선말 듣기가 어렵고 여기저기서 한어만 들린다고 한다. 다시 만난 조선족 원장님도 원래 한어를 못했었는데, 이제는 중국어를 하셔서 유미는 적잖이 놀랐다. 연길이 점점 중국어를 모르면 살 수 없는 곳이 되어 가는 걸까.

내려오는 길에 다시 택시를 타고 서시장으로 향했다. 서시장은 연길의 대표적인 장터다. 80대로 보이는 조선족 할아버지가 계신 가게로 갔다. 참깨 20봉지와 흑임자 10봉지를 샀다. 큰 대추 10위안어치(1,800원꼴)와 참외 20위안(3,600원꼴), 자두 20위안어치도 산 뒤 다시 택시를 잡아타고 숙소로 돌아왔다.

하루하루 이곳에서 보내는 시간이 즐겁다. 외국이라고 하지만 낯설지 않다. 한국어(조선어)와 중국어가 병행되어 사용되기 때문이다. 우리말이 들리고 우리 글이 보이니 친근감이 가고 이웃집에 방문한 것 같다.

* 아베크족(avec族)이란 연인이나 커플 남녀를 이르는 말이다.

2015. 8. 9. 일

주일을 맞아 아들이 나가는 조선족교회 예배에 참석했다. 한때는 1000여 명이나 되는 성도가 모여 예배드렸었다고 한다. 지금은 한국에 돈 벌러 간 분들이 많아 자리가 눈에 띄게 비어 있었다.

2부 예배는 주일학교에서 드렸다. 한국에서처럼 프로그램이 다양한 건 아니다. 어린이들이 모여 찬양하고, 율동하고, 설교 말씀 듣는 게 전부다. 그렇지만 선생님들은 진지하고 아이들의 눈은 반짝인다. 당시 한국 청년 일행이 교회학교에서 봉사하고 있었다. 중국에서는 외국인이 교사가 될 수 없다. 티 나지 않게 곁에서 거드는 정도다.

지도하시는 한 젊은 여선생님이 간증하신다. 듣는 이들의 눈시울을 뜨겁게 한다. 친정 엄마는 한국에서 일하고 계신다. 연길에는 한국행으로 이산가족이 된 가정들이 수두룩하다. 그 사연은 연길에 와서만 살며시 들을 수 있다.

교회에서 점심 식사를 마친 후 민성이 엄마와 서시장에 갔다. 서시장은 갈 때마다 재미가 좋다. 이곳저곳 구경하며 화병(전병)을 사고 진달래 냉면집에서 냉면을 먹었다. 서시장에 오면 이 집을 꼭 들러야 한단다. 특이한 점은 숟가락 대신 국자로 먹는다는 것이다.

민성이 할머니께 드릴 카디건을 사기 위해 옷 가게로 향했다. 80대 조선족 할머니가 옷을 팔고 계셨다. 나이를 생각하지 못할 정도로 활달하고 건강해 보이신다. 유머 감각도 있으시다. 자기는 이도 튼튼하고 몸도 건강하니 '아바이'(아저씨, 남자)를 소개해 달라고 하신다. 다 같이 한바탕 웃었다.

늦은 시간이 되어 헤어진 후 민박집으로 돌아왔다.

2015. 8. 10. 월

오늘은 두만강 도시 도문(圖們)을 방문한다. 일찍 일어나 연변 기차역으로 향했다. 본래 백두산을 가기로 했는데 금, 토밖에 운행하지 않는다고 하여 대신 도문으로 간다. 기차역 검사대를 통과하여 열차표를 구했다. 1인당 14위안(2,500원꼴)이다.

기차에 오르니 시트 냄새가 코를 찔러 목이 아프다. 먼지로 눈을 크게 뜰 수 없다. 몇 칸을 옮기니 좀 나아지는 것 같다. 좌석번호도 있으나 마음대로 앉는다고 한다.

한 시간을 달려 아침 8시, 북중 접경 도시 도문에 도착했다. 시내에서 두만강까지는 걸어서 간다. 두만강을 끼고 산책로가 가지런히 마련되어 있다. 강 건너로 북한 초소가 보이고, 집과 주민들이 일하는 모습도 눈에 들어온다.

중국 측 도문에서는 조선족 할머니 할아버지들이 두만강을 따라 걷거나, 강가 숲 우거진 곳에 모여 게이트볼 놀이를 하고 계셨다. 부모뻘 되시는 이 어르신들은 중국어(한어)를 제대로 모르신다. 일제강점기 한반도에서 태어나 수난을 겪는 가운데 북간도로 이주하신 분들이다.

숲을 따라 더 들어가니 두만강이 코앞에 모습을 드러냈다. 남편과 나는 두만강 물에 두 손을 넣어 보았다. 이렇게 지척에서 오갈 수 있는데 여기서 더 이상 걸음을 멈추게 한다니 가슴이 답답하다.

강변에 있는 야트막한 산에 오르니 열악한 북한 땅 모습이 한눈에 담긴다. 상가와 건물, 사람의 이동이 활발한 중국 쪽 도문과는 비교하기도 싫어진다. 강 하나를 두고 서로 달라도 이렇게 다를 수 있는가. 그 장면을 마지막으로 가슴에 담고 우리는 연길로 돌아왔다.

저녁 5시. 교회에서 특별한 만남이 기다리고 있었다. 교회학교 교사들이 우리 부부와 아들 일행 그리고 민재 형제와 부모님을 교회 식당으로 초대하신 것이다. 민재 부모님이 우리보다 먼저 와 계셨다. 민재 부모님과는 첫 번째 만남이다.

북경에서 대학 다니는 조선족 청년 민재가 포럼 참석차 한국을 방문했을 때 우리집에서 한 달가량 식구처럼 지냈다. 낮에는 서울로 나가 일을 보다가 밤이 되면 돌아와 편히 쉬었다. 집에 있을 때는 아들과 마태복음을 연변말로 번역하는 작업을 했었다. 민재 부모님은 우리를 보시고는 오래 기다린 사람마냥 반가워하셨다.

두 분은 공산당원으로서 공직에서 퇴직하신 상태였다. 당원직은 유지된다고 한다. 지금은 연금을 받고 계신단다. 당에 대한 자부심이 대단하다. 두 분이 가진 한국에 대한 이미지가 그다지 좋지 않다고 들어서 내심 염려했었다. 친척 가운데 한국에서 일하다 몸의 병과 마음의 상처를 입은 형제가 있다고 들었기 때문이다. 그럼에도 이런 분이 교회에 오시다니 하나님의 은혜요 인도하심이다. 우리는 준비해 간 인삼차를 선물로 드렸다. 민재 부모님은 중국 술과 녹차를 우리에게 선물로 주셨다. 이것으로는 성에 안 차시는지 다음 날 우리 부부만 따로 저녁 식사 대접을 하시겠다고 한다.

2015. 8. 11. 화

오늘 오전에는 쉬면서 가까운 부르하통 강가를 따라 걸었다. 산책 후 야채 도매시장에서 두리안을 48위안(8,700원꼴)에 샀다. 한국에서는 생각할 수 없는 가격이다. 오는 길에 해바라기씨도 30봉지들이 한 박스를 75위안(13,500원꼴)에 샀다. 해바라기씨는 한국에서 보던 것보다 세 배는 크다. 입에 넣고 까먹으면 맛이 고소하고 괜찮다. 한국에 가면 교회 교사들에게 드리려고 한다.

남편의 시간이 많지 않아 내일이면 한국으로 돌아가야 한다. 여행 짐을 대강 싸 놓고 저녁 약속 시간이 되어 나가니 민재가 먼저 와 기다리고 있었다.

'명가'라는 식당이다. 일류 요리 집인가 보다. 메뉴와 가격표도 지금까지 먹은 것들과는 차원이 다르다. 민재 부모님은 우리를 극진히 대접하기 위해 좋은 음식들을 다 먹지 못할 정도로 주문하셨다. 이름 모를 음식이 연이어 나오고 우리는 한참을 즐겁게 대화했다. 한국 사람에 대한 안 좋은 감정들도 많이 씻기신 것 같다. 자연스럽게 예수님 이야기도 나왔다. 예수 믿으시라고 말씀도 드렸다. 공산당 이념이 뿌리박혀 하루아침에 버리긴 쉽지 않으나 노력해 본다고 하신다.

음식에 대한 예의가 바르신 것이 인상적이었다. 민재 부모님은 우리가 교회에 다니기 때문에 술 대신 차를 따로 준비해 오셔서 반주로 권하시며 잔을 부딪치시는데 그 모습이 내 어렸을 적 시골에서 본 모습을 떠올리게 했다. 안방에 어르신들이 음식상을 받으시고 대화를 나누시다가 약주를 서로 한 잔씩 권하면서 잔을 부딪치셨었다.

내일 아침 한국으로 돌아가는 공항에서 다시 만나기로 하고 승용차로 우리를 숙소에 데려다주셨다. 차 안에서 한 번 더 신앙 이야기가 나왔다. 민재 부모님은 자기들에게 예수의 이야기를 들려준 사람이 하나도 없었다고 한다. 주변에 안 믿는 사람들만 있었기 때문일 것이다. 그러고 보니 전에 남편이, "내가 산골에 살 때 왜 교회 다니라는 말을 해 준 사람이 없었는지 몰라"라고 한 말이 떠올랐다.

"'믿음은 들음에서 나며 들음은 그리스도의 말씀으로 말미암 았느니라'라고 성경에서 말씀했습니다."

"그렇군요. 들려주는 사람이 없었습니다."

"교회에 나오시면 목사님으로부터 말씀을 들으실 수 있습니다. 성경을 읽으셔도 말씀을 보실 수 있고요."

교회에 나오시길 간절히 바라는 마음으로 권면을 드렸다.

"내 마음만 기도하는 맘으로 살면 되지 않습니까?"

"보통 그렇게 말씀하시지요. 그러나 살다 보면 어려움에 빠지기도 하고 낭떠러지도 만날 수 있는데 그때 구세주로 오시는 분이 예수님이십니다."

하나님께서 인도해 주시길 다시 간절히 기도드렸다.

숙소에 도착하니 이미 밤이 되었다. 하지만 우리 부부는 아들의 안내를 따라 영준이 이모님 댁으로 갔다. 이모님이 우리 방문에 대해 듣고 꼭 오라 청하신 것이다. 이모님은 집을 아주 깔끔하게 꾸미고 지내신다. 10년 전에 산 집인데 그때만 해도 연길에서 가장 보안이 잘된 건물이었다고 한다. 이모님도 공산당원이고 현재는 연금으로 살아가고 있다.

우리를 위해 손수 만드신 떡을 선물로 주셨다. 모아산에서 나뭇잎을 채취하여 우리나라 맹감떡 비슷한 것을 만들어 주셨다. 몇십 년 전만 해도 서울에서도 맹감떡이라고 해서 자정 무렵에 떡을 어깨에 메고 "맹감—떠억—"하면서 팔고 다니는 사람들이 많았었다. 멍개 나뭇잎을 밑에 깔고 쌀가루를 반죽하여 속에 팥고물을 넣어 솥에 쪄서 만드는 것이다. 그런데 영준이 이모가 이와 비슷한 떡을 직접 만들어서 한국에 가지고 가라 하시니 그 정성에도 놀라고 그 내용에도 놀랐다.

예수를 믿으시는지 물으니 본인의 이야기는 하지 않고 어머니와 동생 가족만 믿는다고 하시며 넘어간다. 죽음 이후 영생의 길을 알지 못하는 사람들이 연변땅과 북녘땅에 얼마나 많이 있을까. 여행사를 끼고 오면 그런 분들을 만날 수 없다. 그러나 개인이 연고를 갖고 일대일로 만날 때 복음 전도는 얼마든지 가능하다. 우리에게 이런 은혜를 주신 것에 감사하다. 때를 얻든지 못 얻든지 복음 증거에 목숨을 다하리라. 복음은 생명이다.

2015. 8. 12. 수

벌써 일주일을 보내고 돌아가는 날이다. 이른 새벽 정 장로와 시내 강둑을 따라 걸었다. 새벽 산책이 습관이 된 것 같다.

'언제 다시 이곳을 걸을 수 있을까.'

벌써 많은 사람이 나와 산책을 하고 출근도 한다. 강태공도 보인다. 다들 여유롭고 편안해 보인다.

'언젠가는 저들도 예수님을 믿는 날이 오겠지.'

아이들과 민박집 부근 전주비빔밥 식당에서 아침을 하기로 했다. 짐 정리와 민박집 청소를 마치고 약속 장소로 갔다. 민성이와 어머니, 할머니가 먼저 와 계시고, 아이들도 짐을 싸 들고 왔다. 한국으로 가는 것에 민성이네 가족이 무척 서운해하신다.

민성이 할머니는 산에서 직접 따신 자연산 표고버섯을 싸 주셨다. 내가 어려서도 우리 친할머니는 손님이 가실 때 빈손으로 보내드린 적이 없었다. 뭐라도 손에 쥐여 주시려고 애쓰셨다. 그래야 마음이 편해지시는 것 같았다. 그런 모습이 민성이 할머니에게서도 보인다. 민성이 할머니만 아니라, 연길에서 만났던 많은 분들에게서 종종 그런 느낌을 받았다. 한국에서 사라진 우리네 옛 정이 연길에 와서 숨어 있었던 걸까?

식사 후 민성이가 속히 완쾌되기를 위해 남편이 마음 다해 기도했다. 그 기도를 듣는 나는 더욱더 감개무량이다. 산골에서 우상숭배를 하는 집들은 흔했지만, 거기서 하나님께 기도하는 집안이 나오는 경우는 흔치 않은 것이었으니.

　식당에서 민성이네 가족과 헤어진 후 택시를 타고 연길 공항으로 향했다. 공항에는 민재 부모님이 선물로 왕꽈배기를 한 보따리 들고나와 계시고, 조선족교회 교사와 주일학교 어린이들까지 배웅차 와 있다. 가정 고아원 친구들도 우리를 향해 인사한다. 눈시울이 뜨겁다.

　언제 다시 볼지 모른다는 아쉬움을 뒤로하고 작별한 우리는 검사대를 통과한 후 게이트로 향한다. 우리 뒷모습이 보이지 않을 때까지 민재네 가족, 주일학교 어린이들과 선생님들이 손을 흔들어 주고 있다. 우리도, 그들을 볼 수 없는 지점까지 와서 고개를 돌려 한 번 더 그들을 마음에 담는다.

　남편 정 장로와 함께한 이번 여행은 단둘이 출발하였지만 새로운 가족을 얻어 돌아가게 된 여행이요, 잃어버렸던 작은 고향을 발견한 여행으로 남는다.

중국 도문 측에서 바라본 두만강과 북한 함경북도 온성군 남양노동자구. 보이는 다리가 도문대교다. 부모님을 모시고 저 다리를 자유롭게 건널 수 있는 날은 언제나 올까? 그런 날을 기다린다는 것만으로 오늘의 삶은 의미를 얻는다.

인도 데마지 타운

몇 해 전 아들이 자전거를 타며 민성이의 백혈병 치료비 모금에 나선 일이 있었다. 캄보디아, 라오스, 베트남, 태국, 미얀마 등지를 자전거로 달렸다. 가다 보니 미얀마 옆에 있는 인도, 그중에서도 기독교 인구가 90% 이상이라는 북동부의 나가랜드(Nagaland) 주에 관심이 끌렸나 보다. 인도는 힌두교가 85% 이상을 차지하는데 그런 곳에 기독교 지역이 있다고 하니 가 보고 싶었던 것 같다.

미얀마까지 가서 보니 자전거로 국경을 통과하기 어려운 정세여서 비행기를 타고 인도 북동부로 갔다. 무작정 도착한 뒤 숙소를 잡고 낯선 거리를 걷는데 한 집에 사람들이 모여 있어 들어가 보니 '인도 북동 지역 기독 청년 행사'가 열리고 있었단다. 불쑥 등장한 한국 청년에 놀라면서도 사람들은 따뜻하게 환영해 주었다. 여기서 페구(Pegu) 목사님을 만났다. 목사님은 인도 아쌈(Assam) 주 데마지(Dhemaji)가 고향이다. 행사가 끝난 뒤 목사님의 초청으로 데마지를 방문했던 일이 있다.

한국에 돌아와서 인도 상황을 이야기하는데 들어 보니 집에 화장실이 없어서 난달에서 용변을 해결하거나, 친구 집 화장실을 빌려 쓴다고 했다. 샤워가 하고 싶을 때도 페구 목사님의 친구 집에 가서 했단다.

목사님은 월 5만 원을 사례비로 받기에 사모님이 일하시고 목사님도 틈틈이 아르바이트하면서 생계를 이어가신다고 했다. 자녀가 둘이 있는데 첫째인 딸은 입양한 아이로 등록금이 없어서 공부를 못 하고 있었다. 둘째는 아들로 역시 학업이 어렵다고 했다.

마음이 끌리어 우리 교회 속회(소그룹 모임)에 이야기를 전하여 페구 목사님을 돕기로 했다. 다섯 명이 매달 2만 원을 후원하여 두 달 간격으로 20만 원을 교회 이름으로 페구 목사님에게 송금했다. 그러는 동안 나도, 남편 정 장로도, 데마지에 가보고픈 마음이 끓었다. 그 꿈이 이루어지는 데까지는 긴 시간이 걸리지 않았다.

2017. 2. 19. 일
인천공항.

우리 부부는 아들이 예약해 놓은 인도행 저가 비행기에 몸을 실었다. 비행기가 이륙하는데 좀 흔들리는 것이 불안했으나 잠시 후엔 아무렇지 않았다.

6시간을 날아 방콕까지 간다. 거기서 하루를 푹 쉬고 인도로 향한다. 우리가 나이가 있어서 아들이 배려를 했다. 한국식(?)으로 진행하는 무리한 여행이 아니라, 이동에도 쉼이 있는 선교여행을 기획한 것이다. 게다가 우리는 기대가 크다. 아들과 며느리를 방콕에서 만나 이번 여정을 함께하기 때문이다.

새벽 2시경 방콕 공항에 내렸다. 공항 첫인상은 상업적인 냄새가 물씬 풍긴다는 것이다. 정신을 어디에 두어야 할지 모를 정도로 어수선하다. 공항을 한참 빠져나오니 멀리서 손을 흔들고 있는 아들 내외가 보인다. 얼싸안은 뒤 공항 근처 예약해 놓은 리조트로 향했다. 한국에서는 둘이었으나 이제는 넷이 짐을 챙기는 기분이 편안하니 좋다.

다음 날(21일) 방콕에서 인도로 가는 비행기도 저가 항공이다. 자꾸 타 보니 숙달이 된 것 같다. 방콕에서 출발, 인도 캘커타에 내려 하루를 묵고 이튿날(22일) 다시 비행기로 아쌈의 주도(州都)인 구와하티로 간다.

인도로 출국을 앞둔 어느 날 한국에서 지인이 이야기했었다.

"결혼 전에 처음으로 해외여행을 인도로 갔는데 더럽고 큰 쥐들이 막 왔다 갔다 했어요."

그러면서 적잖은 염려를 하셨었다. 하고많은 곳 중에서 하필 인도라니…. 동료 퇴직 교사들도 내가 인도에 간다고 하니 여행을 그렇게들 좋아하시는데도 못 들은 체하며, "나중에 우리 하와이로 갈까, 오키나와로 갈까" 하는 궁리만 했었다. 하지만 우리 부부는 사진과 이야기로 들은 인도라는 세계가 몹시 궁금했다.

방콕을 떠나 저녁 무렵 캘커타 공항 가까이에 이르니 비행기 밑이 안개 낀 것처럼 뿌옇다. 아래가 보이지 않을 정도다. 안개가 아니라 매연이었다. 말로만 들었는데 실감이 난다. 캘커타는 매연으로는 세계에서 둘째가라면 서러운 곳이라고 한다.

2017. 2. 20. 월

착륙을 앞두고 비행기 안에서 아들이 전자비자*를 달라고 했다. 비자를 살펴보던 아들의 얼굴이 사색이 되었다.

"왜 그러니? 뭐가 잘못됐어?"

"비자에 있는 엄마 이름이 틀려요."

내 이름 끝 자인 '숙' 자가 'SOOK'로 표기되어 있어야 하는데 'SOOOK'로 되어 있다는 것이다. 출발 전에 비자를 나도 보고, 남편도 보고, 며느리도, 아들도 봤는데 이를 발견하지 못했다. 여행의 달인이 걱정하니 모두가 불안에 휩싸였다.

비행기가 공항에 내리니 일반 비자 소지자는 여권 수속을 밟는 분주한 창구로 가고, 우리는 전자비자라 두어 명만 서 있는 창구로 갔다. 앞에서 외국인이 까다롭게 절차를 밟는다. 한 사람당 20~30분은 소요되는 것 같다.

아들은 만약의 사태로 내 입국이 취소되면 남편 정 장로와 며느리가 먼저 입국하고 아들은 나와 방콕으로 돌아가서 전자비자를 재신청하여 입국해야 할 것이라고 했다. 그리되면 며느리도 얼마나 난처하겠는가.

내가 할 수 있는 것이라고는 기도밖에 없다. 다급하게 기도할 곳을 찾으니 화장실밖에 보이는 게 없다. 뛰어들어가 소리 내어 기도했다.

"하나님 아버지, 저희가 이곳에 온 것은 은둔의 땅 인도 데마

---

* 당시 인도의 전자비자는 인터넷으로 신청해서 신청자가 프린트하여 소지한 후 입국 신고 시에 제출하는 순서로 되어 있었다.

지에서 선교하고 봉사하기 위해서이잖아요. 무사히 통과할 수 있도록 직원의 눈을 감겨 주세요."

그동안 해외를 여러 곳 다니면서 비행의 안전을 위해서는 늘 기도했지만, 입국 심사를 앞두고 화장실로 뛰어들어간 것은 처음이다.

걱정되는 마음으로 나오니 곧 우리 차례다. 직원이 우리더러 한 사람씩 오라고 한다.

정 장로부터 나갔다. 고분고분하며 애써 부드러운 표정 짓는 얼굴이 어색하지만 이해가 간다. 직원은 서류를 꼼꼼히 보더니 의외로 싱겁게 정 장로를 통과시켰다.

다음은 내 차례다. 직원은 피곤한 듯 연필로 서류를 체크하는 자세가 건성이다. 전자비자를 대충 살펴본 후 한쪽으로 밀어 놓는다. 끝났다는 뜻이다.

'벌써? 할렐루야! 하나님 아버지, 감사합니다.'

아이들도 다 수월하게 통과가 되어 수속 창구 뒤에서 넷이 만나 하이파이브를 하며 좋아했다. 여권에 쓰인 이름이 다름에도 통과가 되었다는 것은 말 그대로 기적이라면서 아들은 그제야 얼굴을 폈다. 아들은 가이드 역할을 맡고 있는데 만일 내 입국만 거절된다면 낭패가 아니겠는가. 하지만 하나님은 우리의 걱정을 환희로 돌려놓으셨다.

"두려워 말라. 내가 참으로 너를 도우리라"(이사야41:10).

검사대를 통과하여 짐을 찾아 나오니 캘커타 공항은 방콕 공항과는 너무 다르다. 화려한 광고판 따위가 눈에 띄지 않는다. 밤에 도착한 이유도 있겠지만 사람들도 별로 없다.

택시를 타려면 공항 안에서 표를 구입해서 번호를 받아 타는 시스템이다. 트렁크에 짐을 싣는 만큼 요금을 더 준다. 나중에 안 것이지만 에어컨을 켜도 별도로 요금을 낸다.

아들이 공항 근처에 예약한 리조트로 가는 택시의 창문 안으로 뜨거운 열기와 코로 숨쉬기 어려운 매연이 들어찬다. 공항 안에는 사람이 그렇게 없더니만 공항 밖 도로는 차들로 꽉 막혀 있다. 여기저기서 경적을 울려대 정신이 하나도 없다. 신호등도 잘 보이지 않는데, 있어도 없는 것처럼 알아서 길을 간다. 공항 근처는 아무리 후진국이라도 그 나라의 얼굴인데 깨끗하게 해 두지 않나. 여긴 그런 부분에 전혀 개의치 않는 것 같다.

한창 도로 공사 중인 시끌벅적한 곳에 택시가 멈춘다.

'잘못 왔나?'

아들이 사진으로 보여 주었던 것과는 딴판이었다. 고개를 갸우뚱하며 건물로 들어가는데 힌두교 우상의 사당이 문 앞에 놓여 있다. 사람 키보다 큰 형상에 긴장하며 깜짝 놀랐다.

체크인을 위해 현관으로 들어서니 앞을 가릴 정도로 연기가 뿌옇고 따가운 냄새가 코를 찌른다. 숨이 막힐 정도로 강한 모기향이다. 아들만 남고 나머지는 문을 열고 밖으로 빠져나왔다. 나오니 모기향은 약해지나 모기들이 덤벼든다.

'쥐 떼가 아니라 모기 떼구나.'

인도에 왔다는 것이 이제야 조금 실감이 난다. 수건으로 서로의 몸을 치며 모기 떼를 쫓아 주고 있는 우리 셋을 아들이 유리문 안에서 측은하게 바라본다. 우리는 아들이 모기향에 갇힌 채로 방문 등록을 진행하는 모습을 안쓰럽게 바라본다.

방 두 개를 배정받은 뒤 우리는 한방에 모여 늦은 식사를 했다. 가져온 컵라면과 고추장을 꺼내 놓고 리조트에서 주문한 음식과 함께 저녁을 먹었다. 나온 음식의 주재료로는 거의 카레가 들어간다. 우리나라 닭도리탕 같은데 여지없이 카레로 범벅이다. 그래도 인도에 왔으니 현지 음식에 익숙해져야 한다. 그렇게 생각하고 먹으니 맛이 나름 괜찮다. 게다가 가족이 함께 먹으니 기분이 최고다. 식후 각각 방으로 돌아갔다.

셋고 잠자리에 들었다.

새벽 2시경.

우리나라 시간으로 치면 새벽기도 시간 정도 되었을 것 같다. 아직 자고 있는데 복도에서 막대기로, 똑- 똑- 똑- 똑- 똑-, 바닥 치는 소리가 들린다. 크게 들렸다가 점차로 작게 들렸다가 또 크게 들렸다가 한다.

잠이 확 깨면서, 악한 영들에 휩싸인 느낌이다. 인도에 우상이 많다고 들었는데 예수 믿는 사람이 온 것을 경계하는 것인가? 이럴 때는 예수의 이름으로 물리치는 게 최고다.

"예수 그리스도의 이름으로 명하노니 악한 영들은 떠나갈지어다!"

큰소리로 몇 번을 외쳤다. 잠시 후 아이들이 자는 방 쪽 복도에서도 같은 소리가 들린다.

"똑— 똑— 똑— 똑— 똑—"

"예수 그리스도의 이름으로 명하노니 악한 영들은 물러갈지어다!"

더 큰 소리로 외치고 기도한 뒤에 찬양하기 시작했다.

생명줄 던져 생명줄 던져 물속에 빠져 간다
생명줄 던져 생명줄 던져 지금 곧 건지어라

한참 찬송을 부르는데 정 장로가 놀라며 일어난다.

"아니 여보, 자다 말고 왜 혼자 시끄럽게 그래요?"

"밖에서 이상한 소리가 계속 들려서요. 악한 영이 우리의 선교여행을 방해하나?"

정 장로는 코가 매운지 몇 번 쿵쿵거리고는 다시 이불을 뒤집어쓰고 코를 골기 시작한다. 하지만 나는 잠이 다 도망갔다. '정신 바짝 차리고 근신하여 깨어 있자'라고 생각한 뒤 잠을 청해 보았지만 실패하여 결국 날밤을 새웠다.

날이 밝아오면서 남편하고 서둘러 짐을 정리한 후 복도로 나갔다. 밤에 소리 나던 복도는 휑하여 인적도 없고, 소리도 없고, 아무것도 없다. 믿을 수 없는 기분이다.

복도 창문 너머로 내려다보니 마당 한쪽에는 개가 축 늘어져 있고, 고양이도 누워서 쉬고 있다. 나무가 푸르르고 정원이 무척 넓다. 리조트 뒤쪽으로는 채소 가꾸는 밭이 있고 그 너머에는 원두막 같은 휴게소들이 군데군데 있다. 이름 모를 큰 나무들도 열대 우림같이 늘어서 있다. '과거에는 좋은 리조트였겠구나'라는 생각이 든다. 리조트 위로는 까마귀 떼가 한가로이 날아다니고 있다.

먼지투성이인 이 리조트는 지금은 폐허가 된 느낌이다. 리조트 주변의 동물 배설물을 치울 생각도 안 하는 것 같다. 그런데 누워서 쉬고 있는 줄 알았던 고양이 주변에 까마귀 떼가 모여 무얼 먹고 있다. 고양이 사체였다.

'이 나라는 자연과 사람, 동물이 한데 어우러져 사는 나라인가 보다. 사체까지도 치우지 않고 그대로 자연으로 돌려보내는 곳이구나.'

그렇지만 어젯밤의 일 때문에 데마지에 갔다가 돌아올 때 또 이곳에서 묵는다고 생각하니 '절대로 다시 오고 싶은 숙소는 아니다'라는 생각이 밀려왔다. 남편도 "차라리 공항 바닥에서 자더라도 나는 이곳에서는 다시는 안 잔다"라고 선언했다. 귀국할 때도 이곳에 머물도록 아들이 예약해 놓았기 때문이다. 모두 기다렸다는 듯 동의해서 돌아올 때는 숙소를 바꾸기로 했다.

2017. 2. 21. 화

짐을 챙겨 캘커타 공항으로 갔다. 공항 입구부터 검문이다. 검색대에서 남자와 여자가 서는 줄이 다르다. 군인이 2인 1조로 신분증을 확인한 후 들여보낸다. 공항 안으로 들어가서도 짐 하나하나 개인 소지품까지도 살펴본 후 통과 딱지를 붙여 준다.

철저하게 하는 것은 좋은데 좀 심한 것 같다. 하지만 '이렇게 하니 13억이 넘는 인구 1,500여 부족을 다스리겠지'라는 생각도 든다.

캘커타에서 비행기로 2시간을 날아 아쌈의 주도인 구와하티에 도착했다. 페구 목사님이 사는 데마지까지는 차로 10~12시간 정도 더 가야 한다.

공항에서 짐을 찾은 뒤 여행사에서 제공하는 6인승 승합차에 몸을 실었다. 데마지로 가는 길에 카지랑가(Kaziranga) 국립공원에 들러 가족 간 시간을 보낸다. 이곳은 유네스코에 등재된 국립공원이다. 남편이 데마지 주변을 검색하다가 발견하여 가 보자고 제안했다. 3박 4일간 머물며 지프차 사파리 등을 체험할 것이다.

카지랑카로 가는 도중에 점심을 먹고 5시간여에 걸쳐 230km를 달려 목적지 숙소인 와일드 그래스 리조트에 도착했다. 자연친화적인 구조와 재료들로 지어졌다. 새들의 지저귐과 야생초들이 우리를 반겨 준다. 숙소 주변을 돌아다니는 것만으로도 값진 경험이 된다.

카지랑카 국립공원은 서울의 1.4배 크기를 자랑한다. 11월부터 다음 해 4월까지만 개방하는데, 1월까지는 성수기여서 한 곳을 보는데도 몇 시간씩 줄을 서서 기다려야 한단다. 우리는 성수기를 벗어나서 2월 22~24일까지 관광이라 여유롭게 구경할 수 있다.

카지랑카 국립공원에는 호랑이가 100마리 정도 있고, 야생코끼리가 1,200여 마리, 인디아 사슴이 48,000여 마리, 인도코뿔소(외뿔코뿔소)가 전 세계의 70%인 2,400여 마리가 있고, 물소가 1,900여 마리, 그 밖에 킹코브라 등 많은 야생 동물들이 서식하고 있다고 한다.

3박 4일 중 첫날은 공원의 동쪽을 둘러보고, 다음 날은 서쪽을, 마지막 3일째에는 주변 마을을 방문한다.

첫째 날에는 주로 새들을 관찰했다. 코뿔소와 사슴도 곳곳에서 볼 수 있었다. 내셔널지오그래픽에서만 보다가 지프차를 타고 동물들이 사는 공원을 직접 달리고 있으니 형언할 수 없이 좋다. 우리가 좋아하니 안내하시는 인도 가이드도 들떠서 설명해 주신다.

다음 날은 이른 아침에 투어를 시작했다. 비가 내려서 아침 안개가 살짝 드리워 있었다. 야생의 푸른 초원에 안개가 낀 풍경은 지금도 잊을 수 없다.

이날은 코끼리를 타고 공원을 돌아보는 날이다. 지프차로 한참을 달리면 타는 곳이 나온다. 5m 높이의 건물로 올라가 안내에 따라 코끼리 등에 오른다. 둘이 타는 사람도 있고, 넷이 타는 사람도 있다. 코끼리들은 일가족이 떼를 지어 간다. 우리는 엄마와 아빠 코끼리에 탔다. 아기 코끼리는 부모 곁을 따라온다. 코끼리들은 하루 일과(?)를 끝내면 넓은 초원으로 이동하여 맘껏 배를 채운다고 한다. 코끼리들이 먹는 풀이 몇 톤 정도라고 하니 그 양이 엄청나다.

한 시간 정도 걸려 코끼리 투어가 끝나고 잠시 휴식한 후 우리는 벵골 호랑이를 보기 위해 다른 지역으로 이동했다. 안전요원 한 분이 동승한다. 위험한 상황을 대비하여 총을 갖고 계신다. 우거진 숲 깊숙이 지프차는 달린다.

이곳은 비가 많이 오는 지역이라 비가 왔을 때 높이를 재는 수위표(水位標)*가 있다. 우기의 폭우는 인간에게만 아니라 동물들에게도 생사가 달린 일이다. 비가 올 것으로 예상이 되면 동물들은 높은 지대로 피해 간다고 한다. 그런데 이번 2020년은 장마가 심하여 많은 동물들이 미처 피하지 못하고 수장되었다는 소식을 들었다.

호랑이를 실제로 보는 것은 보장할 수 없는 일이다. 아주 운이 좋으면 볼 수 있다고 한다. 지프차가 혹시나 있을 호랑이를 찾아 이동하고 있는데 순간 가이드가 한쪽을 가리킨다. 사슴 떼가 멀리 머물고 있고, 외떨어진 작은 섬 같은 곳에 새들이 모여 있는데 그 한쪽에 웅크리고 있는 새끼 사슴 한 마리가 있다. 왜 새끼 사슴은 움직이지 못하고 가만히 있는가. 자기를 먹잇감으로 노리고 있는 호랑이의 위용에 놀라 얼어붙어 그렇다고 한다.

멀리서 호랑이 울음소리가 들린다. 요즘에는 가이드들도 호랑이 보기가 힘들다고 한다. 그런데 오늘은 호랑이를 볼 것 같은 감(感)이 든다면서 가이드는 흥분하고 있다. 호랑이는 자기가 다니는 길만 다닌다고 한다. 어느 길목에서 가이드끼리 연락을 하니 다른 곳에 있던 일행들도 모여들기 시작했다. 카메라맨도

---

* 한 건물에 눈금으로 된 자 같은 것이 세로로 된 기둥에 적혀 있어서 그 높이를 재어 비 온 양을 잰다. 한강 수위를 잴 때 다리에 그어진 눈금을 보고 아는 것과 비슷하다.

있고 어린아이들도 있다. 모든 차량이 그대로 멈춰서 호랑이가 지나가기를 기다렸다.

아니나 다를까, 우리가 가는 길 숲 사이로 한 마리 호랑이가 그 위용을 드러내더니 유유히 길을 건넌다. 우리는 계속 숨을 죽이며 사진을 찍고 그러면서도 기쁨에 들떠 있다. 호랑이는 길을 건너 수풀 더미로 자기 흔적을 가렸다. 호랑이를 보다니, 우리보다 가이드가 더 좋아하고 난리다.

투어를 마치고 숙소로 돌아가는 길에 아쌈 녹차밭을 둘러보았다. 기념품 가게에 들러 녹차와 후추를 샀다. 마음씨 좋은 우리 가이드는 마을 구경도 시켜 주었다. 동네 아이들이 우리 차 뒤를 따라 뛰며 즐거워한다. 시골에서 나도 어렸을 적 손님이 왔다가 가실 때 뒤따라 달리던 생각이 났다. 가이드는 자기 가족도 우리에게 소개해 주었다. 사는 것은 화려하지 않아도 문명의 발생지답게 의식은 깨어 있다.

카지랑가 마지막 셋째 날에는 주변 마을을 잠깐 둘러본 뒤 우리의 최종 목적지 데마지로 출발했다. 카지랑카에서 데마지까지는 길을 약간 돌아서 가기에 거리는 350km 이상이다. 승합차로 9시간 정도 걸린다. 티베트에서 발원하여 방글라데시로 흐르는 거대한 브라마푸르트 강(Brahmaputra River)도 건넌다. 홍수 시에는 강이 범람하곤 한단다. 강을 건너는 콜리아브호모라 다리(Kaliabhomora Bridge)는 3km가 넘는다.

카지랑가를 벗어나 달리는데 코끼리 떼가 줄을 지어 지나간다. 한참을 가니 이번에는 소 떼가 무리를 지어 도로를 가득 메운 채로 지나간다. 차들은 이 떼가 지나가기를 기다렸다가 달린다. 한쪽에서는 도로를 가득 메운 사람들이 – 동네 사람들 같다 – 나와서 길을 닦고 있다. 망치로 다듬고 연장을 써 가며 일하고 있다. '저렇게 해서 언제 다하지'라는 생각부터 든다. 빨리 끝내려는 의지보다, 일이 있다는 것만으로 충분하다고 느끼는 걸까. 한국과는 확연히 다르다.

데마지는 인도 북동부 끝자락, 히말라야산맥 아래에 자리하고 있다. 데마지와 인접한 아루나찰 프라데쉬 주는 중국 티베트 자치구와 국경선을 이루고 있다. 그래서인지 아루나찰 프라데쉬나 데마지에는 티베트 계통 사람들이 많다. 곧 만날 페구 목사님도 먼 조상이 티베트인이라고 한다.

데마지는 미씽(Mishing) 또는 미리(Miri)라고 불리는 부족의 주요 거주지다. 미씽족은 13, 14세기 티베트에서 이주해 왔다. 기독교는 1960년대 이후 선교사들로부터 각 개인에게 전해져 온 듯하다. 주로 생활이 어려운 사람들이 복음을 받아들였단다.

데마지에 도착했을 때는 날이 어두워진 뒤였다. 두 번의 비행과 긴 시간 차량 이동 끝에 도착한 우리를 페구 목사님은 반가움과 안쓰러움으로 맞아 주셨다. 목사님 댁에 도착하니 늦은 시간인데도 20여 성도들이 밤을 밝히는 환한 미소로 우리를 환영해 주었다. 외부에서 손님이 왔을 때 뜨겁게 반기는 모습이 우리 옛 정서와 비슷하다.

한국에서 많은 분이 이곳에 오고 싶어 하셨고, 함께하지는 못했지만 한국에 있는 교역자와 온 성도가 데마지교회를 위해 기도하고 있다고 알리니 페구 목사님은 "사도행전 1장 8절 말씀이 생각납니다"라고 하시며 영어성경, 미씽어성경(데마지 사람들은 미씽어를 사용함)으로, "오직 성령이 너희에게 임하시면 너희가 권능을 받고 예루살렘과 온 유대와 사마리아와 땅끝까지 이르러 내 증인이 되리라 하시니라"하고 낭독하셨다. 말씀을 읽은 후 함께 찬양하고 기도했다. 언어는 통하지 않으나 서로를 위해 기도할 때 주님의 사랑이 느껴지는 순간이다.

기도가 끝나자 목사님은 마련해 둔 식탁으로 우리를 안내하셨다. 현지인은 보통 손으로 식사를 하는데 우리에게는 스푼과 포크를 준비해 주셨다. 양배추 삶은 것과 카레와 닭볶음탕이 나왔다. 가스레인지가 없기에 이 음식을 만들기 위해 얼마나 고생하셨을지 상상이 간다. 그렇게 먹는 밥은 그냥 밥이 아니다.

식사를 마친 후 와이셔츠, 넥타이, 양말, 양산, 액세서리, 티셔츠 여러 벌, 주방용품 등 한국에서 준비해 온 선물*을 페구 목사님과 사모님께 전달했다. 이후 찻집으로 가서 차를 마신 후 숙소로 돌아왔다. 한국에서 커피를 마시는 것 이상으로 인도에서는 차를 마신다고 한다.

페구 목사님이 마련해 주신 숙소는 릴라 호텔(Leela Hotel)로 최

---

* 티셔츠, 머리핀, 머리띠, 브로치, 목걸이, 귀걸이 액세서리 등은 서울 남대문의 크리스천 상인들께서 후원해 주신 것이다. 우리는 양말, 양산, 넥타이, 와이셔츠, 주방용품, 스케치북, 색연필 세트 등을 챙겨 갔다.

근에 지어진 것이다. 이 동네에서는 그나마 제일 낫다고 한다. 정화조 시설이 미비하여 오수 냄새가 코를 찌르지만 각오하고 온 것이 아닌가. 창문도 제대로 닫히지 않아 모기의 출입을 충분히 막지 못하지만 그래도 감사하다. 잠을 잘 수 있고 찬물이라도 나오니 좋게 생각하면 좋을 수밖에.

인도 사람들도 데마지가 어디에 있는지 모르는 이가 많다고 한다. 데마지 사람들 또한, 한국 사람들이 그렇게 세계여행을 많이 다니는데도 한국 사람을 본 적이 없다고 한다. 재미난 것은, 한국은 몰라도 삼성은 알고 북한 김정은은 안다는 점이다.

내일은 시내에서 떨어진 오지 미씽족 가정 예배 처소 세 곳을 방문한다. 한국에서 가져온 학용품, 옷가지, 액세서리 등을 가지런히 구별해 놓고 잠자리에 들었다.

2017. 2. 25 토
아침 8시.
페구 목사님이 우리 숙소로 오셨다. 아침 식사는 다른 목사님 댁에서 마련해 주셨다. 그 목사님은 현재 티베트교회에서 사역 중이라 안 계시고 가족들에게 우리 일행을 잘 대접하라는 당부를 남기셨다고 한다.

노모가 계시고 부인과 세 자녀가 사는 집이다. 집 외부는 깔끔하게 단장되어 있고 마당에는 진한 피튜니아가 한가득 피어 있다. 가족 모두 우리를 반갑게 맞아 주신다. 한국에서 가져온 액세서리 선물을 사모님께 드리고 식탁에 페구 목사님과 둘러

앉았다. 정 장로가 대표로 기도하고 아들이 영어로 통역했다. 식탁에는 카레, 삶은 배추, 삶은 호박, 사과, 석류, 닭볶음 등이 올라와 있다. 입맛에 잘 맞았다. 식사 후에는 오늘 나갈 사역을 위해 통성으로 기도했다. 곧 방문할 지역이 어떤 곳인지 나는 전혀 모르기에 "하나님께서 인도하시는 대로 순종하겠습니다" 라고 기도했다.

사모님은 나와 우리 며느리를 위해 미썽족 전통 복장을 선물로 주셨다. 신혼인 며느리에게는 화사한 주황빛 옷으로, 내게는 무게감 있는 검정 바탕에 자수로 짜인 옷을 입혀 주셨다. 사모님은 아들이 둘 있는데 장가가면 며느리에게 주려고 직접 짜 놓은 것이라고 한다. 그렇다면 보통 소중한 것이 아닐 텐데 우리에게 내어 주신 것이다. 그 아름다운 마음을 무엇에도 비할 수 없다.

우리 가족은 페구 목사님과 지프차를 타고 가고, 목사님의 남동생과 사모님은 오토바이를, 따님인 리마와 사촌 동생 요셉(구와하티에서 대학을 다니고 있는데 우리가 온다 하여 일주일 시간을 내어 우리와 같이 다니고 있음)도 오토바이를 타고 함께 예배 장소로 향했다.

데마지 시가에는 바나나, 파파야 등 열대 나무들이 서 있었다. 그런데 시내를 벗어나니 넓은 들판이 펼쳐진다. 순식간에 다른 세상이다. 아직 건기라 들판에 건초 더미가 펼쳐져 있다. 시간이 정지된 것처럼 소 떼가 느릿느릿 풀을 뜯고 있다.

첫 번째 예배 처소에 이르렀다. 40년 전 미국 선교사에게서 조부모께서 복음을 받고 3대째 믿음을 지키고 있는 가정이다.

어려운 환경 속에서도 믿음의 대를 이어가고 있다는 자부심이 있었다.

겉보기에는 허술한 대나무 껍질로 만든 집이었으나 안으로 들어가니 부엌이 있고 잠자는 곳도 따로 갖추고 있다. 발코니 쪽으로 나가면 넓은 마루가 나온다. 삼면이 트여 있고 한쪽 면만 건물과 이어져 있다. 바닥이 얇고 긴 대나무로 엮여 있어 틈새로 아래가 보인다. 땅에는 돼지, 닭, 염소들이 자유롭게 돌아다니고 있다.

집주인은 우리를 보고 얼굴과 머리 색이 비슷한 몽골리안이라며 기뻐한다. 페구 목사님은 우리 네 가족을 돌아가며 소개하시고, 함께 성경 읽고 찬양하는 시간을 가졌다. 예배 후에는 한국에서 가져온 선물을 드렸다.

집주변으로 널따란 들판이 펼쳐 있다. 외부 손님이 와서 그런지 동리에 사시는 분들이 호기심을 갖고 하나둘 모여들더니 마당은 동네 주민들로 가득 차게 되었다. 예배를 드리려고 오신 것은 아니지만, 우리를 환영하며 반갑게 맞아 주셨다. 우리가 누구라고 이런 환대를 받는가. 요즘 한국에서는 상상할 수 없는 일이다.

두 번째 장소로 이동했다. 가정집이면서 동시에 예배 처소인 가정교회다. 들판에는 소들이 한가롭게 마른풀을 뜯고 있다. 새들도 옆에서 먹이를 쪼아먹는다. 돼지들은 땅을 파헤치며 먹이를 즐기고 있다. 각자의 모습대로 평화롭게 지내고 있다.

목적지를 앞에 두고 지프차가 아니면 건너기 어려운 개울이 나온게. 길이 제대로 나 있지 않아 아슬아슬하게 운전대를 잡아야 한다. 곡예를 하는 것 같다. 우기에는 범람하기에 통행할 수 없단다. 다리가 있으면 좋겠는데 정부에 그럴만한 예산이 없다고 한다. 우리나라 돈 700만 원이면 다리를 하나 놓을 수 있다는데….

예배를 마친 후 질병이 있는 자들을 위한 기도 시간을 가졌다. 한눈에 봐도 사연이 있는 듯한 20대 여성은 심한 우울증을 앓고 있었다. 젖먹이가 있는데도 아기를 놔두고 혼자 밀림으로 들어가 15일을 지내다가 돌아왔다고 한다. 아기가 죽지 않은 것도 다행이지만 이 자매가 밀림에서 살아 돌아온 것도 기적이다. 무슨 일을 당했기에 갓난아기까지 팽개칠 정도였을까. 데마지 사람들은 가난해도 대체로 얼굴이 밝았지만 이 자매는 유독 시무룩하고 절망에 사로잡혀 있었다.

우울한 얼굴의 젊은 여인이 있으면 나의 시선은 늘 그리로 향한다. 어렸을 때 우리 시골에 나보다 조금 어린 여자애가 있었다. 동네에서 알아주는 부잣집 딸이었다. 애는 착했지만 밤이고 낮이고 정신이 나간 듯 히죽거리면서 동네를 배회하고 다녔다. 그 애는 나를 특별히 잘 따라서 내가 어디로 가면 그냥 좇아오곤 했다. 시간이 흘러 언젠가 그 애 소식을 들었는데 혼자 떠돌아다니다가 논두렁에 빠져 잘못되었다는 이야기였다. 이후로 정신이 온전치 않아 보이는 여인들을 보면 나의 일처럼 마음이 간다.

페구 목사님은 이 여인을 위해서 소리 내어 기도하자고 했다.

마무리 기도는 나보고 하라신다. 여인을 위한 기도를 마치니 한 남자 청년이 기도를 요청하며 나왔다. 그는 밤중에 잘 때 종종 정신을 잃었다가 깨어난다고 한다. 몸이 아픈 다른 이들도 기도를 요청한다. 우리는 환우들을 위해 주 예수 그리스도의 이름으로 간절히 병 낫기를 위해 기도하였다. 하나님께서 성도들이 올리는 치유의 기도에 응답해 주셨을 것을 믿는다. 작별할 때 서로 아쉬움이 컸다.

세 번째 사역지로 이동했다. 앞서 방문한 곳과 비슷한 대나무 집이다. 나무로 된 계단을 올라가니 40여 성도들이 바닥에 빙 둘러앉아 기다리고 있었다. 우리에게는 작은 의자를 권해 주셨다. 대나무로 된 바닥이 오래 앉기에 불편할까 봐 배려하신 것이다. 페구 목사님은 우리 가족을 한 사람씩 모두 소개하셨다. 이후 다같이 찬양하고 기도한 후, 이번에는 아들이 영어로 말씀을 전하고 페구 목사님이 미씽어로 통역했다.

예배가 끝나니 이번에도 동네 사람들이 하나둘 몰려오신다. 한국에서 온 손님들이 미씽족 전통의상을 입고 있으니 더욱 반가우셨을까. 같이 사진을 찍는데 다들 활짝 웃고 있다. 손님의 방문이 큰 즐거움이었던 우리 옛 시골을 여기서 만나는 것 같다. 특별한 선물을 받는 게 아니어도, 누가 우리 마을을 방문한 것이 선물 같았던 그때는 지금에서 생각하면 이해가 되지 않을 지도 모른다.

사역을 모두 마치고 숙소로 돌아오는 길에 다시 개울을 만났다. 지프차로 순식간에 건너야 한다. 조금이라도 머뭇거리면 빠질 수 있다. 건너면 소들이 풀을 뜯는 들판이 반겨 준다. 시원하게 가로지르면 다시 아슬아슬한 언덕길이다. 풀밭에서 뛰노는 아이들이 우리를 보자 손을 흔들어 준다. 나도 아이들을 향해 반갑게 손을 흔들어 인사한다.

저녁은 페구 목사님 댁에서 차려 주신 만찬을 먹었다. 카레, 닭도리탕, 삶은 양배추 등이 나왔다. 인도에 가기 전에 먹을 것을 걱정했는데 와 보니 아무 문제가 없다. "감사함으로 받으면 버릴 것이 없느니라"라고 고백했던 사도 바울처럼 감사함으로 받으니 닭도리탕 비슷한 것의 뼈에 살이 붙을락 말락 하든 하나도 문제가 되지 않고 맛있기만 하다.

식사 후에는 한 교인의 초청을 받아 홍차를 나누며 교제한 뒤 숙소로 돌아왔다. 내일 예배를 위해 서둘러 잠자리에 들었다.

2017. 2. 26. 일

오늘은 페구 목사님이 시무하시는 데마지교회에서 예배를 드린다. 내부는 어떻게 생겼을까? 예배는 어떻게 드릴까? 궁금한 게 많다.

페구 목사님 댁에서 10분 정도 걸어서 교회에 도착했다. 성도님들은 먼저 와 의자에 앉아 계셨다. 왼쪽에는 여자 성도들이, 오른쪽에는 남자 성도들이 앉아 있다. 4년 전 아들이 방문했던 이후로 우리가 최초로 방문한 한국인이라니 대한민국 홍보대사가 된 것 같다. 교우들의 수줍은 미소에서 우리를 향한 반가움이 읽힌다. 그저 감사한 마음이다.

교회 내부에는 어떠한 장식도 없고 의자 정도만 있다. 앞으로 준비해야 할 것이 많아 보이지만 건물에 연연하지 않고 예배에만 집중하는 모습이 힌두교의 나라에서 인상 깊었다. 때는 2월 말로 교회에는 여전히 작년 성탄절 현수막이 그대로 덜렁 걸려 있었다. 외적인 환경에 관심을 두지 않는 듯한 그 장면이 오히려 참신했다.

예배는 정해진 형식이 없이 목사님께서 말씀을 낭독하고, 찬양하고, 교우들과 함께 통성으로 기도하다가 다시 말씀 보고, 찬양하고, 기도하는 식이다. 우리 가족은 앞에 나가 찬송 '예수 사랑하심을'을 영어로 불렀다. 기도할 때는 모두가 일어나서 뜨겁게 간구한다.

예배를 마친 후 식사 시간이 되었다. 순식간에 좌석 배열이 기역(ㄱ) 자로 바뀌었다. 어르신들이 먼저 앉으시면 젊은 여자 성도님들이 배식을 해 드렸다. 어르신의 식사가 끝나면 어린이들 그리고 청장년 순으로 질서 있게 식사한다. 남자 청년과 여자 청년은 좌우로 나뉘어서 앉았다. 비록 열악한 환경이지만 어른에 대한 공경이 살아 있었다.

우리 일행을 위해서는 설교 강단 위에 식탁을 놓아 주셨다. 목사님과 다른 교인들은 바닥에서 식사하셨다. 우리는 손사래를 치며 바닥에서 같이 먹으려 했지만, 이곳에서는 이렇게 하는 게 손님에 대한 예우라고 하였다. 자기는 굶을지라도 나그네는 먹여서 보내던 우리 옛 시골 정서를 여기서 또 한 번 만나는 느낌이다.

우리는 한국에서 가져온 젓가락을 꺼냈다. 손가락으로 밥을 먹던 교인들이 신기한 눈으로 쳐다보더니 앞으로 나와 우리 앉은 식탁을 둘러싼다. 한번 해 보라고 젓가락을 건네니 못한다고 손을 흔든다. 그게 그렇게 재미있는지 모두 크게 웃는다.

예배 후 숙소로 돌아와 잠시 쉬다가 날이 어둑해졌을 때 페구 목사님을 따라 다른 목사님 댁을 방문하였다. 전깃불도 없는 밤중이라 집 형체를 알아볼 수 없었으나 흙바닥에 대강 나뭇조각을 얹어 놓고 나무판자를 이어 집 내부를 가려 놓았다. 헝겊으로 된 포장만 열면 옆집과 연결된다. 페구 목사님이 집주인인 목사님 내외에게 우리를 소개하려고 포장을 여니 옆집 사람이 쑥 나와서 인사를 한다. 내 집 네 집 없이 사는 것 같다.

들어가니 방이라고 할 게 따로 없고 흙바닥에 간이 나무 침대를 놓고 그 위에서 주무시는 것이다. 부엌이라고 해도 조리기구로는 가스레인지와 냄비, 프라이팬, 간단한 식사 도구 정도가 전부다. 그 옆으로 난 방을 보니 중학생 되는 아들 둘이 희미한 촛불 아래 공부하고 있다. 어느 나라나 자녀교육에 대해서는 열심이다.

데마지에는 목사님이 열 분 정도밖에 안 계신다고 한다. 예배 처를 구하기가 힘들어 교회를 공유하며 예배를 드린단다. 어두컴컴한 곳에서 차를 마시며 그런 이야기를 나눈 뒤 함께 기도하고 집을 나왔다.

페구 목사님이 이번에는 힌두교 가정을 방문하겠느냐고 하여 가까운 이웃에 있는 그 집으로 인도받았다. 집주인 되시는 아주머니는 이 지역 교사라고 한다. 집은 초입부터 다르다. 전깃불도 환하고 꽃들이 입구에 심겨 있다. 한쪽에는 내가 어렸을 때 많이 사용하였던 도구들이 보였다. 절구통, 맷돌, 삼태기, 호미 등등이다. 모양도 거의 비슷하다. 지금 내가 인도에 있는 것이 아니라 한국 시골에 있나 싶을 정도다. 눈길을 떼지 못하고 한참 바라보고 서 있었다.

집으로 들어가니 차를 대접해 주셨다. 먼저 기도해도 되느냐고 하니 좋다고 하여 기도도 해 드렸다.

대화를 나누고 집을 나오니 우리를 꼭 보기 원하는 분들이 있다고 하여 페구 목사님을 따라 그 집으로 향했다. 집주인은 집사님이면서 공무원으로 데마지의 유지이시다. 들어가는 입구를 지나면 넓은 화원이 있고 2층으로 된 유럽풍 건물이 나온다. 집에서 일하시는 분도 따로 두고 있다.

데마지에 계신 목사님들이 다 모이시기로 했다는데 네 분이 오시고 나머지 분들은 사역 때문에 못 오셨다고 한다. 우리를 초청한 것은 앞으로 미씽족 그리스도인들이 살아갈 방도에 대해 우리 의견을 듣고자 함이라고 한다. 가까이 사는 성도들도 찾아와 함께하였다. 다과를 나누면서 페구 목사님이 이야기를 꺼냈다.

"데마지 성도들은 대부분 가난하여 살아가기가 힘듭니다. 녹차밭에서 일하든가, 미싱 일을 하든가 하며 살아가고 있습니다. 재봉틀 10대가 있으면 성도들이 재봉 기술을 익혀 수익을 올리고 싶습니다."

시내를 다니다 보면 가게 앞에 재봉틀을 내놓고 일하는 사람들을 심심치 않게 봤었다. 이곳도 서서히 전통복을 벗고 간편한 바지 차림으로 변해가고 있는 것이다.

정 장로와 나는 평안의교회 이름으로 왔기에 담임 목사님 및 지도자들과 의논하여 대답을 드리겠다고 했다. 긍정적으로 생각하셔도 좋다는 말도 남겼다. 어차피 교회 이름으로 해도 우리가 헌금해서 도울 작정이었기 때문이다. 모두 감사한 마음으로 찬양을 하나님께 올려드렸다.

이어서 페구 목사님은 이 집 주인에게 기도 제목이 있다고 했다. 다가오는 4월에 진급시험이 있는데 좋은 결과를 얻을 수 있도록 기도를 부탁하였다. 이를 놓고 함께 기도하자고 하니까 초대해 주신 집사님 부부와 그 어머니, 그리고 십대의 두 자녀가 가운데로 나와 무릎을 꿇고 앉는다. 3대가 기도 받는 자세가 놀랍다. 우리는 마음을 다하여 다시 기도했다.

다양한 만남을 마치고 숙소로 돌아오니 몸이 녹초가 되어 있다. 그런데 마음은 보람으로 벅차다. 이런 날이 앞으로 또 올 수 있을까?

다음 날 아침, 페구 목사님이 일찍 숙소로 찾아오셨다. 오늘은 우리 식구가 데마지를 떠나는 날이다. 준비해 온 선교헌금을 목사님께 전달하고 아쉬운 작별 인사를 나눈 뒤 승합차를 타고 구와하티로 향했다. 이번에는 중간에 어디에 들리지 않고 곧장 11시간을 달린다.

구와하티에서는 하루를 묵었다.

이튿날 비행기로 캘커타에 도착해서는 지난번 묵었던 리조트로 가지 않았다.

캘커타에서 비행기로 방콕에 내려 다시 하루를 묵고, 거기서 아들 내외와 작별하여 우리는 인천공항으로 향했다. 이번 여행을 통해 아들 내외와 더욱 가까워졌다는 점이 특별하게 다가온다. 함께한 11박 13일은 서로를 알아가고 배려하는 소중한 시간이었다. 이런 시간을 또 가질 수 있을까?

여행 가방에는 성도들에게 드릴 선물이 가득 차 있다. 주일에 나누어드릴 생각을 하니 벌써 흐뭇하다.

"프레이즈 더 로드(Praise the Lord)!"

미씽족 기독교인들이 인사말처럼 쓰는 말이다.

인도를 다녀와서 정 장로가 수요예배에 사진을 보여 주며 선교 보고를 하였다. 재봉틀 이야기가 나왔는데 별 반응이 없어 우리가 헌금을 하여 보내 드렸다. 이후 페구 목사님은 재봉틀을 사서 배우고 있다며 사진을 보내 왔다. 우리 일행을 극진히 대접해 주신 데마지 교인들의 따뜻한 모습이 아직도 눈에 선하다.

"하나님 아버지, 인도 아쌈주 데마지교회와 페구 목사님, 그리고 그곳 성도님들과 주민들 모두를 축복하셔서 놀라운 구원의 역사가 불길처럼 타오르게 하소서. 우리를 주의 나라와 봉사에 마음껏 사용하여 주옵소서. 아멘!"

인도 데마지의 가정교회. 2023년 통계로 데마지 전체 인구는 약 79만 명이고, 기독교인은 약 1만 명이다. 신학교를 졸업하고 안수를 받은 목회자는 적지만, 대신 가정예배 처소가 활발한 편이다.
먹든지 마시든지 잠자든지 일하든지 가족이 시간을 함께하는 그들은 경제적으로는 어려울지라도 관계적으로는 부유하다. 어떤 것이 더 잘 사는 길일까?

땅의 시작으로서 땅끝

"오직 성령이 너희에게 임하시면 너희가 권능을 받고 예루살렘과 온 유대와 사마리아와 땅끝까지 이르러 내 증인이 되리라 하시니라"(사도행전1:8).

영숙 씨 가족의 방문을 환영하며 페구 목사님이 영어와 미씽어로 낭독했던 이 말씀은 영숙 씨를 전도와 봉사에 가슴 뛰게 만들었던 성경 구절이기도 하다.

영숙 씨는 중년을 넘겨서 익숙한 세상을 벗어나, 가 본 적 없는 '땅끝'으로 나아갔다. 땅끝은 특별한 땅이다. 땅끝에서 영숙 씨는 맏며느리도, 맏이도, 누구의 아내나 누구의 엄마도 아닌 그저 영숙 씨로 섰다. 세월의 치레와 굴레가 벗어지는 곳이 땅끝이었다. 동시에, 잃어버린 줄 알았던, 너무 오래 감추어져 있었던 원래의 모습이 다시 드러나게 되는 곳이었다. 세월의 찌꺼들에 묻혀 다 사라진 줄 알았던 자기의 모습 말이다.

영숙 씨의 호기심 많고 도전을 좋아하는 모습은 땅끝에서 조금도 제약받지 않았다. 그곳은 그걸 숨길 필요가 없는 세상이었다. 오히려 땅끝에서는 그런 특성이 더욱 장점으로 부각되었다.

맏며느리를 향한 의무의 언어, 잘한 것도 당연하게 여기는 시선 등은 땅끝에 없었다. 대신, 멀리서 미소를 들고 이곳까지 찾아온 영숙 씨를 놀랍게 여기어 환영하고 존귀하게 대접해 주는 곳이었다. 그런 의미에서 땅끝은 잃었던 자기를 회복하되, 이전보다 더 아름다워진 자기로 회복되는 곳이 된다.

어쩌면 아이러니하다. 한국은, 집안은, 가까운 곳은, 영숙 씨의 가치를 알아준다거나, 잘한 것을 잘했다고 인정하는 것에 인색했던 것 같다. 그런데 아무 혈연관계도 이해관계도 없는 땅끝에서는 그토록 환영과 귀하게 여김을 받았다는 것이다. 선지자가 자기 고향과 집안 외에서는 존경받지 않은 곳이 없다는 그런 말씀처럼 말이다(마태복음13:57).

한국의 부모님들은 그 진가를 인정받지 못하는 때가 많다. 가정에서, 집안에서, 사회에서, 대단치 않은 취급을 받을 때도 많다. 하지만 외국에 나가면 존귀한 존재로 받아들여질 요소들이 많다. 한국은 맏이를 불편하게 여기고 맏며느리를 당연한 존재로 알았지만, 외국에서는 맏이와 맏며느리의 몸에 밴 희생과 섬김과 인내가 놀라움과 존경을 불러오는 통로가 되는 것을 본다. 어려서 시골 대가족 안에서 형성된 인간성은 - 즉, 우리가 당연하게 여기는 우리 부모님들 안에 있는 그 심성은 - 실은 인류가 바라고 좋아할 만한 요소가 풍부하다는 것이다. 이를 '한류적 인간'이라고 하면 어떨까. 시골에서 자란 우리 엄마 아빠들의 어린 시절과 이후 고생의 감내야말로 가장 자랑하고 내놓을 만한 한류가 아닐까.

갖은 고생과 곤경을 겪은 사람들마다 자신을 작게 여기지 말고 더 넓은 곳으로 대담하게 던질 준비가 된 셈이다. 그 '고난의 문신'은 참 아름다움을 세상에 보여줄 것이다. 지금까지의 고생과 몸에 맞지 않는 역할은 지금까지로도 충분하다. 이제는 충분히, 새 옷을 입을 때다. 내가 좋아하고 나에게 맞는 그 옷이 이제부터의 새 옷이다. 지금까지 쌓아 온(쌓아 오게 되었던) 고생과 수고는 헛

되지 않다. 그만큼 했으니 이제는 자기가 좋아하는 것을 해도 괜찮다는 세월의 권유이기도 하니 말이다.

산다는 것은, 사방에서 오는 고통을 겪는다는 뜻이기도 하나, 그것이 전부는 아니다. 곤경 속에도 피난처가 기다리고 있고, 절망은 기쁨으로 바뀔 기회를 노리고 있으며, 어느 순간부터 정체와 퇴보라고 생각했던 인생이 그런 어두운 시간들을 거름 삼아 되레 진한 빛을 발하는 따스한 사람으로 만들어 주었음을 보고 놀랄 것이다.

제멋에 산다는 청춘들보다 더 멋지게 살아야 할 시기는, 온갖 고생으로 지치고 몸이 시들어 버린 지 한참도 더 지났다고 생각하는 바로 지금이 아닐까! 자기 권리를 강력 주장하는 세상 그 누구보다, 고생하신 부모님들이야말로 멋지게 살 권리가 우선하지 않을까! 그것은 자기 외에는 설득력이 발휘되지 못하는 입술 차원의 주장이 아닌, 걸어온 시간이 몸에 새겨 놓은 고난의 문신이 변호해 주는 권위에서 오는 것이니까. 앞으로 자식의 최대 의무 또는 최상의 효는 부모님의 그런 삶을 뒷바라지하는 데에 있다고 해도 과언이 아닐 것이다.

이 땅에서 온갖 고생을 겪은 뒤, 새로운 세계인 땅끝으로 자신을 내던질 때, 더 이상 누구의 엄마 누구의 아빠도 아니다. 누구의 남편 누구의 아내도 아니다. 그 정도 나이가 되었고 그 정도 고생을 했다면, 그때부터는 그냥 자기 자신이니까.

남들을 인정해 주는 것에 인색한 이 세상이 자기를 아무리 초라하게 느껴지도록 분위기 조성을 할지라도, 집 문을 열고 드넓은 땅끝으로 자기를 던지는 순간, 잃었던 자기를 더욱 아름다운 자기로서 만날 것이다. 자녀들은 그런 엄마 아빠의 모습에서 가장 큰 감동과 배움을 얻을 것이다. 그리고 그들은 그 뒤를 따를 것이다.

대가족 품에서 자란 시골 소녀는 도시의 여성 엘리트로 성장하여 사회적으로 존경받는 커리어를 쌓아 가면서도, 맏며느리로서는 상당한 고난을 겪는다. 하지만 거기서 멈추지 않고 더 넓은 세계로 자신을 내던진다. 그 투신을 통해 만나는 것은 결혼과 분주한 삶으로 인해 사라졌다고 생각한 '본래의 나'였다. 완전히 새로운 세상으로 들어가자, 완전히 잊었다고 생각했던 가장 '나다운 나'가 거기서 기다리고 있었다. 새장 속에 가두어 두었던 자기를 드넓은 세상으로 내보내어 주자 놀라운 경험이 이어졌다. 듬성듬성한 흰머리와 약간 휜 허리는 참신한 소망과 가능성에 제약이 되지 못했다. 그리 원치 않는 삶의 모습이 너무 오래 지속되어온 것 같아도, 땅끝으로 자기를 통 크게 던져 보아야 한다. 혹시 모른다. 아니, 아마 그럴 것이다. 사라진 줄로만 생각했던 자기 모습이 사라진 것이 아니었음을 발견할 것이다. 잠시 묻어 두었던, 또는 멈추어 두었던, 자기의 모습은 더 크고 아름다운 모습으로 많은 이들을 축복할 것이다.

5부
문신
1975년~

보령 옥계초등학교

1974년 군산 교육대학을 졸업하고 이듬해 3월 충남 보령군 청라면 옥계리에 있는 옥계초등학교로 발령이 났다. 옥계초로 가는 버스는 대천읍에서 하루 네 번만 운행한다. 버스가 대천 읍내를 벗어나면 곧 두 갈래 길로 나누어진다. 큰길은 청라면을 거쳐 청양, 대전으로 가고, 밭길 사이로 난 작은 길이 옥계로 간다.

까딱하면 밭 아래나 저수지로 빠질 수 있는 비포장 사잇길을 버스가 아슬아슬하게 통과하며 모퉁이를 돌고 저수지 옆을 비껴간다. 30분 뒤 목적지 옥계초등학교에 도착한다.

학교 뒤편으로는 충남에서 두 번째로 높은 오서산이 있고, 학교 앞 작은 도로 옆으로는 큰 내가 흐른다. 학교 주변으로 아담한 초가집들이 듬성듬성 있고, 왼편 언덕에는 교회가 서 있다. 그 아래로 9학급의 아담한 단층 학교가 앉아 있으니 곧 나의 첫 근무지인 옥계초다.

첫 발령지에 대한 기대를 안고 학교에 도착하니 감개가 새롭다. '아이들을 만나면 무슨 말부터 해야 하나? 어떤 아이들일까?' 어린이들, 학부모, 지역주민, 교사들과 만남, 가르칠 교재 내용 등 모든 것이 가슴을 설레게 한다.

첫 담임은 2학년 어린이들이다. 머리를 박박 깎은 남아들이나 단발머리 여아들은 눈빛에 거짓이 없어 보인다.

첫 발령지에서 특히 기억나는 것은 운동회다. 매년 가을에 열리는 운동회는 학교 행사의 꽃이다. 운동회는 주로 추석 다음 날이나 개천절 같은 공휴일에 열렸다. 사회에 진출한 졸업생들도 학교를 찾아 운동회에 함께했다.

프로그램 중에는 50여 명의 동문이 동참하는 달리기 시합도 있다. 성인이 된 옥계초 졸업생 네다섯 명이 출신 부락별로 조를 짜서 시합한다. 1, 2, 3등은 즉석에서 팔각성냥이나 빨랫비누 같은 상품을 받는다. 이어서 옥계초 어린이들도 달리기 시합을 한다. 1, 2, 3등은 손목에 도장을 찍어 준다. 어린이들은 운동회 다음 날 공책이나 연필 등의 상을 받았는데, 그때까지 손목에 찍힌 등수가 지워지지 않도록 조심하며 씻지 않는다.

운동장에서 경기가 진행되는 동안 운동장 뒤편은 장난감 파는 아저씨들이 차지한다. 입으로 불면, 삐-이익 삐익, 소리 나는 나팔 모양 장난감을 판다. 아이들이 그걸 사서 이곳저곳에서, 삑삑 불며 돌아다닐 때는 잔칫집을 연상케 한다.

프로그램에 맞춰 나오는 음악 소리가 학교 전체를 울리는 동안 주변에서는 맛있는 음식 냄새가 코를 자극한다. 한쪽에서 동리별로 커다란 솥을 걸고 국밥을 만들고 계신다. 아동석 뒤에서 냄새를 풀풀 내며 끓이는 돼지국밥은 운동회 때 맛보는 대표 음식이다. 운동회는 어느 한 학교만의 행사가 아닌 온 동리 사람이 참여하는 마을잔치이기도 했다.

발령 첫해, 무용을 지도할 여선생님이 없었다. 나에게 그 일이 맡겨졌다. 1, 2학년은 동요에 맞춰 간단한 안무를 만들어 포크 댄스를 지도했다. 4~6학년은 고전무용으로 부채춤을 가르쳤다. 여학생 150명 정도가 50 × 70cm 되는 부채를 양손에 하나씩 들고 춘다. 대형과 동작, 순서 아웃라인 등은 무용 강습에서 배운 것을 응용했다. 아이들을 가르치기 위해 방학이면 서울로, 군산으로 가서 강습을 받아 두었다.

발령 3년 차에는 고적대(밴드부)를 지도하였다. 관심이 있어서 자원했다. 고적대 구성은 내가 맡은 5학년 2반 여아들 50명으로 했다. 고적대가 다루는 악기는 큰북, 작은북, 리코더, 멜로디언, 아코디언, 실로폰 등이다.

운동회를 총괄하는 체육 선생님의 호루라기 소리에 맞추어 운동회 개막 팡파르가 울리면 고적대가 선두에서 북을 치며 전교생의 행진을 돕는다. 청군과 백군으로 나누어진 학생들은 6학년부터 3학년까지 순서대로 짝을 맞추어 운동장을 돌다가 질서 있게 자기 응원석에 앉는다. 1, 2학년생은 담임 선생님이 바로 응원석으로 데리고 간다.

운동회 프로그램 중에 '16방향 바꾸기'가 있다. 조회대를 기준으로 운동장 한가운데에 횡으로 4열을 지어 선다. 그 상태에서 기수인 차근숙 어린이의 호루라기 신호에 맞춰 방향 돌기를 한다. 군대 열병식 하는 것처럼 말이다. 하얀 스커트에 흰색 티, 흰색 베레모를 차려입고 행진하는 고적대는 관중의 눈을 사로잡는다. 대원은 각자의 악기를 들고 기수의 호루라기에 따라 움직인다. 나는 고적대의 16방향 바꾸기가 끝날 때까지 운동장 중앙에 서서 지도한다.

각 학교마다 하는 운동회가 끝나면 면 단위의 체육 대회가 이어진다. 옥계초가 속한 면은 청라면이다. 청라면에 속한 부락민들은 청라초등학교에 모여 같이 운동회를 열어 우애를 다진다. 달리기, 줄다리기, 큰 공굴리기 등으로 시합한다. 면 체육 대회는 주로 어른들이 참여하고 학생들은 찬조 출연 정도다. 옥계초 고적대는 600여 명 이상이 모인 청라초 운동장에서 행진으로 퍼레이드를 하고, 16방향 바꾸기 시범을 보인다.

고적대를 위해 1인 1악기를 지도했던 5학년 2반 여아들을 그대로 이어받아 6학년 담임을 맡았다. 2년간 꾸준히 아이들에게 악기와 함께 노래와 율동을 가르쳤다.

어느덧 2년을 함께한 아이들의 졸업식 날이 다가왔다. 보통 졸업식과는 다르게 해 보자고 아이들과 약속했다.

"6년 동안 학교에 보내 주신 부모님께 감사한 마음으로 합창과 기악으로 부모님을 기쁘시게 해 드리자."

아이들도 좋다고 호응한다. 합창으로는 '고향의 봄' 이중창을,

기악으로는 '머나먼 곳 스와니강'을 해 드리기로 했다.

강당이란 것이 따로 없었기에 칸막이로 된 교실을 이용하여 졸업식장을 만든다. 6-1반 교실과 6-2반 교실의 벽은 콘크리트가 아닌 나무 문짝으로 되어 있기에 문짝을 들어내면 두 개의 교실이 하나로 합쳐지며 순식간에 강당처럼 되는 것이다.

졸업식을 축하해 주시기 위해 보령군교육청의 담당 장학사, 청라면 면장, 옥계리와 청룡리, 장현리, 신산리 이장, 학부모회장, 자모회장 등등의 유지들이 오신다. 평소 밭일은 물론, 산에서 나무도 하고 저수지나 냇가에서 물고기도 잡고 다슬기도 주우면서 매우 바쁘게 지내시는 학부모님들도 이날은 어떻게 해서든 참석하신다.

졸업식 무대 정면에는 융단으로 된 검은 천이 걸려 있다. 그 왼쪽에는 내빈이, 오른쪽에는 교장 선생님과 여타 선생님들이 앉아 계신다. 중앙 앞쪽에는 졸업생이, 뒤쪽에는 재학생이 앉는다. 그 뒤로 학부모님들이 앉아 계신다. 학부모님과 내빈을 합하면 대략 70여 분 정도다.

공연이 시작되기 전에 담임인 나는 짧은 인사말을 전한다.

"졸업식에 참석하신 내빈 여러분 그리고 학부모님, 오늘 졸업하는 6-2반 어린이들이 그동안 부모님께서 키워 주시고 보살펴 주심에 감사하며 악기로 연주해 드리겠습니다. 많은 박수로 응원해 주세요."

50여 명의 졸업생이 기악 합주와 2부 합창을 시작한다. 보통 때에는 악보를 보고 하지만 이날은 보지 않고 한다. 2년간 하던 것이니 악보가 없어도 문제가 되지 않는다. 먼저 스와니강 합주를 했다. 가사가 없기에 아이들에게 이 곡은 연주하는 소리일 뿐이다. 소리가 주는 애절함 정도일 것이다.

2부 합창곡인 고향의 봄은 가사를 따라 부른다.

나의 살던 고향은 꽃피는 산골
복숭아꽃 살구꽃 아기 진달래
울긋불긋 꽃대궐 차리인 동네
그 속에서 놀던 때가 그립습니다

꽃동네 새동네 나의 옛고향
파란 들 남쪽에서 바람이 불면
냇가에 수양버들 춤추는 동네
그 속에서 놀던 때가 그립습니다

얼마 뒤면 서로 더는 볼 수 없다는 것을 아는 아이들의 입에서, 그립습니다 그립습니다, 하는 가사는 부르는 이와 듣는 이 모두의 눈가를 자극한다.

공연이 끝나자 선생님과 내빈 및 학부모님들은 기립 박수로 기쁨을 표현해 주신다.

'졸업식에서 졸업생들이 직접 나와 부모님께 감사하는 연주와 합창을 하는 건 처음일 거야.'

지금은 초중고 졸업식에서 흔히 볼 수 있지만, 그때는 그런 일이 없었다. 내가 아는 한에서는 그러한 시도로는 최초일 것 같다. 마음에 감동이 오는 대로 행동에 옮기는 것이 내 특징이다.

졸업식이 다 끝나고, 재학생들은 먼저 운동장으로 나와 교문까지 양쪽으로 줄을 이어 선다. 졸업생들이 그 가운데로 지나갈 때 박수로 축하해 준다. 교문을 빠져나가는 아이들을 운동장에 서서 바라보는 나는 2년간 함께 지내며 정이 들어 서운함이 컸으나 티를 내지 않는다. 아이들과 작별 인사를 하며 표정을 평상시처럼 보이려고 노력한다. 아이들도 아쉬움을 감추고, 졸업장과 악기가 든 가방을 메고 교문을 나선다. 헤어지는 시간이다. 각자 집으로 돌아가 자기 길을 찾아야 한다. 친구들아, 안녕!

아이들을 모두 떠나보낸 뒤 교무실로 왔다.

그때였다. 창문을 보니 아이들이 달리고 있다. 교문을 나가던 우리 반 졸업생들이 차근숙 반장으로부터 시작하여 다른 애들까지 뒤를 따라 학교로 뛰어 돌아오는 것이었다. 애들은 정든 교실로 들어오더니 50여 명이 창문 커튼을 붙잡고 목놓아 울기 시작했다. 커튼이라도 붙잡고 울어야 멋쩍지 않으니 붙잡았을 게다. 무슨 말이 필요한가. 울음이면 다 말한 것 아닌가. 텅 비었던 교실은 삽시간에 울음바다가 되었다. 졸업식장에서 울지 말자고 그렇게 약속했었는데….

교무실에서 교실로 돌아온 나도 더는 참을 수 없다. 선생님과 아이들이, 아이들과 아이들이 부둥켜안고 눈물만 흘리는 시간이다. 6년 동안 한 교실에서 공부한 생각도 날 것이고, 졸업하면 각자 흩어져 언제 만날지 모른다는 아쉬움도 이유였을 것이다. 친구가 우니까 덩달아 울음을 참지 못하는 애도 있었을 게다. 한참을 시원하게 울고 난 뒤에야 각각 집으로 돌아갔다.

사실 눈물의 출처가 졸업하는 아쉬움만은 아니다. 중학교에 가는 애들도 있지만, 중학교 들어갈 형편이 되지 않는 애들은 취업을 위해 맨몸으로 객지로 떠나든지, 아니면 청소나 빨래 같은 집 안일이나 밭일, 농사일 등으로 앞길이 고정된다는 현실을 모르는 6학년은 없었다. 자기 앞에 그런 무거운 운명이 놓여 있음을 아는 아이들과, 자기는 중학교에 가지만 어느 동무는 그러지 못한다는 것을 아는 아이들이 보여 준 눈물은 어른스러운 것이었다.

당시 생활이 어렵다 보니 머리를 깎고 다니는 어린이들이 많지 않았다. 머리가 긴 여자아이들은 머리를 감을 기회도 별로 없어서 머리에 이와 서캐가 많았다. 머리 깎아 준다고 머리를 내밀라고 하면 그때만 해도 애들이 순순히 말을 들었다. 머리를 깎아 주다가 이가 나오면 이도 잡아 주고, 우물 곁으로 데리고 가서 비누로 머리도 감겨 주었다. 나는 그런 게 좋았다. 어느 때는 하루에 스물한 명까지도 깎아 준 적이 있다. 그렇게 하지 않고 가만히 있어도 되었지만, 그런 애들이 눈에 띄었다.

선생님들의 일반적인 분위기는 대학원 진학, 논문 발표, 학습자료 제작 등 자기 계발에 열을 올리는 것인데 나는 그런 쪽에는 신경을 쓰지 않았다. 첫 발령을 받을 때부터 아이들에게 관심을 쏟았다. 자기 계발에 힘쓰다 보면 아무리 아이들에게 신경 쓴다고 해도 어딘가 소홀해지기 때문이다.

첫 발령지에서 만났던 아이들은 장성하여 한국과 세계 곳곳에서 살고 있다. 기수였고 반장이었던 차근숙은 미국 플로리다주에서 미용사로 일하고 있고, 그의 아들은 의학박사이다. 반에서 키가 가장 컸던 이관분은 일본 사람과 결혼하여 일본에서 농사짓고 있다. 그가 옥계초에 다닐 때는 학교까지 30분 이상을 씩씩하게 걸어서 다녔다. 장성하여 그가 한국을 방문했을 때 우리집을 찾아와 큰절을 했다. 오서산 밑에 '돌모루'란 곳이 집인 김순례란 아이도 있었다. 남자같이 씩씩하고 항상 미소를 짓는 아이다. 내 곁에서 떠나지 않고 온갖 잔심부름을 기쁨으로 감당하는 친구였다. 어른이 되어서는 교보생명에서 최우수 사원으로 여러 번 상을 받았다. 얼마 전 그에게서 전화가 왔다. 몇 살이냐고 물어보니 나하고 불과 열두 살 차이였다. 학교에서는 선생님과 제자였으나, 지금은 세월을 같이하고 있다.

천안 병천초등학교

결혼 후에 천안으로 내신을 내어 병천초등학교로 발령이 났다. 병천은 '아우내'가 본래 이름인데, 만세 운동으로 유명하다. 1919년 4월 1일* 유관순 열사와 3,000여 군중이 아우내장터에 모여 독립선언서를 낭독하고 독립만세를 외쳤었다.

병천초 앞에는 유관순 열사 사당이 있고, 사당 뒤로는 매봉산이 서 있다. 매봉산 정상에는 봉화탑이 있다. 3월 1일 전날 밤이면

---

* 양력 4월 1일(음력 3월 1일)이다. 참고로, 민족대표가 태화관에서 독립선언을 했던 날은 양력 3월 1일이다.

4~6학년 어린이들을 이끌고 봉화탑으로 올라간다. 이때 학생들은 불이 타는 횃불을 들고 오른다. 독립만세를 외치던 당시를 떠올리며 잊지 않기 위해 성화를 밝히는 것이다.

병천초는 활쏘기 도 지정 연구학교*다. 학생들은 학년별로 활을 제작한다. 재료는 플라스틱 봉과 낚싯줄, 대나무와 화살촉 등이다. 학교는 전교생이 활을 기본적으로 쏠 수 있도록 훈련한다.

병천초에 근무하는 동안 첫 임신을 했다. 임신 3개월일 때 운동회 고적대 퍼레이드를 맡게 되었다. 전임지에서 고적대를 지도했다는 걸 아시고 여기서도 맡기신 것이다. 4~6학년 중에서 남녀 50여 명을 뽑았다. 아이들은 음표와 박자에 까막눈이다. 열과 성을 다하여 지도했다.

다음 날 아침에 일어나니 아래 속옷에 붉은 것이 묻어 있다. 대수롭지 않게 여기고 출근했다. 수업하는데 아랫배가 뭉클한 느낌과 함께 밑으로 뭔가가 쑥 쏟아지는 것 같다.

'이게 뭐지?'

점차로 심해지고 있어 교감 선생님께 말씀드린 뒤 곧장 버스를 반 시간 타고 천안 산부인과로 찾아갔다. 의사 선생님이 진찰 후 들려주시는 말씀은 유산이라고 한다. 비도 오지 않는 여름 대낮, 가방에 있던 우산을 꺼내 쓰고 울며 집에 돌아왔다.

앞집에 사시는 병천고 수학 선생 사모님이 마침 우리집에 들르

---

* 학교마다 지역 특색에 맞게 1, 2년 과정으로 연구주제를 정하여 시 지정 또는 도 지정 연구학교로 삼아 연구 과정을 거친다.

셨다. 상황을 말씀드리니 유산이라 해도 수술을 해야 후유증 없이 다음 아기를 가질 수 있다고 하신다. 남편에게 연락한 뒤 다시 버스를 타고 산부인과로 갔다. 달리는 버스 안에서 통증이 심했다. 시골에서 사기그릇이 깨지면 대밭에 버리는데, 대밭에 갔다가 사금파리(사기그릇이 깨진 조각)에 손이나 발을 베는 경우가 있다. 이때 몹시 따갑고 쓰라린데 그와 비슷한 통증이다.

산부인과에 도착하여 마취 후 유산 수술을 했다. 황급히 도착한 남편은 병원비를 치르는데 넋이 나간 사람마냥 의료보험카드 대신 주민등록증을 내밀었다.

이후 습관 유산이 이어졌다. 계속 아기를 갖고자 했으나 한 번 유산이 되니 여러 해 어려웠다. 임신이 되더라도 피로가 쌓이거나 조금만 상태가 안 좋으면 다시 유산이 되는 식이다.

결혼하고 3년 뒤에야 출산에 성공했다. 아기 잃은 아픔을 뭐라고 설명할 수 없는 것처럼, 어렵게 얻은 아기는 보물을 갖게 된 것처럼 다 설명할 수 없다. 첫째는 딸이었다.

천안 성정초등학교

병천초에서 2년간 근무하던 중 집을 천안 시내 원성동으로 이사하여 천안 성정초로 발령받았다. 새로 간 학교에서도 운동회 매스게임이 맡겨졌다. 1981년에도 여전히 학교에서 가장 큰 행사는 운동회요, 운동회의 꽃은 매스게임이었다.

매스게임을 위해 4~6학년 여학생 600여 명을 지도했다. 운동장에 모이면 가득 찰 정도이다. 시범 보일 어린이들을 두어 명 뽑아서 지도한 후, 조회대에 세워 전체 어린이들이 따라 하도록 한다. 단상에는 마이크가 준비되어 있고 방송실에서 음악을 틀어 준다. 시범조가 단상에서 시범을 보이면 600여 어린이들이 따라서 한다. 딴짓하는 아이가 눈에 띄면 그를 지적하여 단상으로 올라오게 한 후 본보기로 짧게 호통치고 자리로 돌려보낸다. 전체 어린이가 긴장하며 연습하게 하려고 그리하는 것이다. 그때는 그런 방법이 효과가 있었다. 선생님에게 주의받는 것을 당연하게 여기던 때다.

단체활동에서는 질서가 매우 중요하다. 긴장 상태로 동작과 순서를 외우고 따라 해야 하기에 애들도 힘들고 지도하는 교사도 진이 빠진다. 그래서 운동회가 끝나면 학부모 대표들이 선생님들을 위해 교무실에서 조촐하지만 위로의 저녁식사를 대접했다. 한때 고적대를 지도하다가 유산을 했었을 정도로 힘이 드는 일이지만, 중요한 행사를 잘 마쳤다는 뿌듯함도 컸다.

부천 역곡으로

1982년에는 자녀 교육과 남편 출근 문제로 천안을 떠나 서울 근교 부천으로 살림집을 옮겼다. 가족들이 이삿짐을 싸고 트럭으로 날랐다. 나는 둘째를 임신하고 있었다.

출산을 하면 경기도로 내신하여 학교를 옮기기로 하고, 그때까지는 부천에서 천안으로 출퇴근했다. 새벽 6시 반에 집을 나와 버스로 영등포까지 간 뒤, 거기서 기차로 천안으로 간다. 천안역에 내려 30분 정도 걸으면 성정초등학교다. 학교에 도착하면 당직 아저씨가 그때야 교무실 커튼을 걷고 계신다.

　10월 말인데도 날씨가 쌀쌀하여 교실에서는 난로를 피웠다. 조개탄을 넣고 종이나 장작개비로 불쏘시개 삼아 불을 붙이는 것이 말처럼 쉽지 않다. 불을 붙이다 보면 어느새 손도 콧구멍도 새까맣게 된다. 만삭의 몸이라 힘이 들었는지 하루는 오른쪽 발끝이 발갛게 부어오른다. 조금 있으니 붓기가 힘줄을 타고 종아리로 올라온다. 급기야는 핏줄을 타고 허벅지까지 부어오른다. 퇴근 시간이 되어 기차를 탔다. 퉁퉁해진 엄지발가락 때문에 신발을 신을 수 없다. 신발과 양말을 벗고 절뚝거리며 기차에 올랐다.

　둘째의 예정일이 지나 혹시 통근 열차에서 출산할 수도 있는 일이었다. 실, 가위, 소독약, 기저귀 등 출산 도구를 보따리에 싸 들고 출퇴근했다. 사람들이 보면 우스운 꼴이다. 종종 열차나 비행기에서 분만하는 경우가 있었다. 승객 가운데 태기가 있으면 방송을 했다. 그러면 어디선가 도울 수 있는 분이 꼭 나타나 산파가 되어 열차 출산을 도와주셨다. 그런 장면을 그리며 나도 기본적인 출산 도구를 챙겨 대비했던 것이다.

　영등포역에 도착해 보이는 대로 병원에 갔더니 임산부라 특별한 약이나 처방도 없이 부어오른 발가락에 빨간약(머큐로크롬)만 발라 주고는 끝이다. 집으로 돌아와 쉬는데 산통이 와서 경인 국도로 나와 택시를 잡아탔다. 서울 ↔ 부천 ↔ 인천을 가르는 총알택시가 흥왕했을 때다. 택시가 쌍 깜빡이를 켜고 달리면 임시 앰뷸런스가 되어 차들이 길을 비켜 주었다. 기사는 순식간에 서울 한강성심병원에 우리를 내려 주었다.

밤 10시 58분. 간호사가 남편에게 아들이라고 하니 남편이 "됐다!" 하며 박수를 쳤다.

강화 양도초등학교

서른하나가 되던 1983년 천안에서 근무지를 옮겨 경기도로 내신을 내었다. 경기도교육청은 나를 강화군으로 발령냈고, 강화도교육청은 양도초등학교로 배정해 주었다. 부천에서 가까운 곳이면 좋았겠지만 타도(他道)에서 온 사람은 선택권이 없었다.

집에서 새 학교까지는 역곡 → 부천 → 부평 → 강화읍 → 양도 순으로 버스를 4번 탄다. 승용차가 별로 없고 대부분 대중교통을 이용하던 때였기에 버스는 항상 붐빈다. 도로도 대개 왕복 2차선 비포장으로 열악하다. 비가 오면 길이 진흙구덩이가 되기에 장화를 신어야 하는 곳도 있다. 그런 길로 걷다 보면 뱀이 지나다니는 것도 가끔 본다.

한겨울 눈이 많이 내렸을 때의 일이다. 버스를 타고 양도에서 강화읍으로 가는 도중에 모퉁이를 돌아 다시 작은 언덕을 올라야 하는데 버스가 미끄러져 올라가지 못한다. 남자 승객들이 내려 몇은 삽을 들고 흙을 파내어 버스 앞에서 뿌리고, 또 몇은 버스 뒤에서 밀어 간신히 언덕을 올랐다. 지금은 왕복 6차선 도로로 아주 잘 닦여 있다.

양도 주민들은 낮에는 바다나 밭에 나가 일하고 밤에는 화문석(왕골 겉껍질을 벗겨서 만든 돗자리)을 몇 사람이 조가 되어 짠다. 이것을 강화읍에 내다 팔아 수입원으로 쓴다. 정말 부지런할뿐더러 땅 한 쪽도 귀하게 여긴다. 인삼밭 가장자리가 남아 있으면 거기다 배추나 나물콩, 서리태 등을 심어 공간을 남기지 않고 알뜰하게 가꾼다.

강화 주민들은 생활력이 강해 강화에만 아니라 서울, 부천, 인천 등지에도 집을 가진 분들이 많았다. 자녀가 성장하면 그리로 보내 공부시키는 것이다.

학부모님들은 자녀의 생일이 되면 담임 선생님만 아니라 학교 관계자 전 직원을 집에 초대하여 대접했다. 어느 집에 가든지 꼭 나오는 게 있는데 찹쌀떡이다. 찹쌀떡 안에 들어가는 고물은 팥을 삶아 밤새워 만들어야 하는 것이다. 지금은 기성 팥고물이 있어서 떡 만들기가 쉽지만 그때는 집에서 고물을 만들었다. 아이들 생일이 되면 초대하시는 집마다 적은 양의 떡을 내놓는 게 아니라 큰 접시에 한가득 담아 내놓는다. 고물 내는 것이 얼마나 힘이 드는지 아는 나는 그저 탄복할 수밖에 없다.

3학년을 담임할 때의 일이다. 교장 선생님 손자가 우리 반에 있었다. 똑똑하지만 장난기가 있는 개구쟁이다. 수업 중에 교장 선생님이 살며시 들어오셔서, "애, 선생님 말씀 잘 들어라" 하고 나가신다. 학교장이시면서도 그렇게 당부하시는 모습이 순수해 보였다. 교장 선생님의 며느님은 가을이 되면 산에서 주운 밤을 10kg 되는 한 부대를 머리에 이고 오셔서는, 학교 앞 가게에 맡겨 놨으니 퇴근길에 찾아가라고 하신다.

체육 시간에 운동장 수업을 하고 있으면 학부모님이 오셔서 양동이를 내미신다. 그 안에 커다란 생선이 보이는데 '숭어'라고 하신다. 가지고 가서 가족과 끓여 먹으라신다. 강화에는 '중하'라는 새우도 잡힌다. 그것도 동이 채 들고 오셔서 나누어주신다. 강화 양도에는 그런 잔정들이 많으셨다.

해산물을 선물로 받으면 다시 양도에서 강화로, 강화에서 부평으로, 부평에서 부천으로 그리고 부천에서 역곡으로 가는 버스를 타고 들고 온다. 양도에서 강화로 가는 완행버스는 하루에 여섯 번만 다녀서 퇴근하고서 혹 버스를 놓치는 경우, 학교 앞으로 지나가는 승용차를 향해 손을 흔든다. 그러면 차가 멈추고 태워 줄 수 있는 데까지 데려다준다. 자리는 뒷좌석에 앉고, 보통 강화읍에서 내린다. 짐이 많으면 아예 인천에서 내려 주기도 했다. 당시는 차편이 좋지 않으니 운전자도 이해하고 도움을 주었다.

때때로 어머니가 곡식이 필요하다, 쌀이 필요하다, 고추가 필요하다, 말씀이 떨어지면 퇴근길에 강화시장에 들러 물건을 사서 버스를 기다린다. 정류장에는 운행 간격이 긴 직행버스를 타기 위해 벌써 줄이 죽 늘어서 있다. 나는 물건도 있으니 버스를 탈 때마다 신경을 곤두세워야 한다. 안면이 있는 기사님들은 내려오셔서 물건을 들어 운전대 옆 엔진 덮개 위에 올려 주셨다. 정류소도 아닌데 집 근처 횡단보도에서 내려 주시는 기사님도 있었다. 언제 생각해도 고마우신 분들이시다.

한번은 승객들이 꽉 찬 상태로 강화 다리를 건너 마송까지 왔는데 화장실이 급하다. 학교에서 우유를 마신 게 탈이었다. 버스가 아무 데서나 설 수는 없다. 기사님에게 급하다고 말하니까 중간에서 버스를 멈추어 주셨다. 눈에 보이는 다방으로 뛰어들어 급한 불을 껐다. 진땀 나는 순간이었다. 돌아오니 누구 하나 불평하는 사람이 없고, 아무 일 없었다는 듯 버스는 다시 달린다. 기다려 주신 기사님과 만원 승객들에게 고마울 따름이다.

부평에서 강화로 가는 직행버스를 타고 김포 시내를 벗어나면 검문소가 나온다. 검문소에는 헌병이 2인 1조가 되어, "잠시 검문이 있겠습니다"라고 말한 후 내부 좌석을 일일이 앞에서 뒤까지 살폈다. 간혹 소지품이나 몸수색이 필요한 사람은 내리라고 한 뒤 초소로 들어가 검문을 받고, 나머지 승객들은 정자세로 앉아 헌병이 지나갈 때까지 가만히 기다렸다. 이상이 없으면, "안녕히 가십시오" 한 후 내려서 다음 차에 올라 같은 방법으로 검문했다. 버스나 승용차나 예외가 없었다. 덕분에 교통 체증이 심했지만 불평하는 사람은 없었다. 당연한 일로 알았기 때문이다.

같은 학교에서 가르치시는 어느 여선생님은 이 검문소에 있는 군인과 사귀기도 했다. 둘이 서울 남산에서 데이트하는 것을 보았다. 지금은 검문이 없어져 이런 이야기가 생소하게 들릴 것이다.

학교에서 담임 외에도 특별활동으로 과학부를 맡았다. 학기 초 과학상자 조립에 재능이 있는 어린이를 4~6학년 중 선발하여 세 명을 뽑았다. 초등생을 대상으로 열리는 '전국 과학상자 조립 대회'에 참가하기 위해서다. 방과후 그 어린이들을 과학실에서 한 달간 지도한 후 전국 과학상자 대회에 데리고 나가 은상을 받아왔다.

경기도교육청에서도 과학경연대회를 열었다. '과학 상상 그리기 대회'라는 것이었는데, 과학으로 가능한 세계를 상상해서 그림으로 나타내는 것이다. 바닷속 세계를 연상하든지, 우주 세계를 나타내든지, 미래 도시를 표현한다든지, 자기의 상상 속에 있는 것을 그림으로 그린다. 여기에 출전하기 위해 각 학교에서 자체적으로 과학 상상 그리기 대회를 열어 우수 학생을 선정학고, 이 학생의 그림을 강화군교육청에 제출하면 최종 학생이 뽑혀 도 대회에 나가는 순서다. 강화군에서는 내가 지도한 학생의 작품이 군 대표가 되었다. 그렇게 참가하면 당시 경기도 21개 시·군 중 최소 장려상은 꼭 받아 왔다.

도 차원의 고무 동력기·글라이더 대회도 있었다. 나는 글라이더 날리기 종목을 준비했다. 교내 대회를 열어 좋은 성적을 거둔 어린이 한 명을 뽑아 그를 훈련한다. 토요일이면 다른 선생님들은 일찍 퇴근할 때 나는 이 아이와 학교에 남아 글라이더 제작과 날리기로 시행착오를 겪으며 준비했다. 글라이더는 직접 만들어서 날리는 것으로, 풀을 조금만 더 발라도 비행에 큰 차이가 생긴다. 대회 전날 아이를 집에 데리고 와 재운 후 아침 일찍 전철을 타고 수원과학고등학교에 도착해 대회에 참가했다. 기류가 좋지 않아 날리는 것이 쉽지 않았지만 그래도 장려상을 타 왔다.

양도초등학교는 9학급의 작은 시골 학교다. 그런데 아이들이 전국 단위, 도 단위 과학 대회에서 줄줄이 상을 받아 오니 학교나 주민들만 아니라 강화군교육청에서도 무척 좋아했다. 집에서는 집대로 온 신경을 썼지만, 학교에서도 매사 최선을 다했다.

몸이 내는 소리

3대 대가족을 부양하기에 수입이 넉넉하지 않아 정부미를 먹었다. 그때는 쌀가게에서 정부미를 일반미보다 훨씬 싼 가격으로 누구나 살 수 있었다. 지금은 정부미의 질이 좋지만, 그때는 훅 불면 날아갈 정도로 히마리가 없었다.

인천에서 양도초로 다니는 처녀 선생이 계시는데 도시락을 안 갖고 다니며 과자 같은 것으로 끼니를 때웠다. 선생님은 부평 나병환자촌에 사신다고 했다. 내 도시락에서 절반을 그 여선생님하고 나누어 먹었다. 아침밥을 안 드시고 오신 선생님에게 내 도시락을 주면 절반을 드시고, 남은 절반을 내가 점심에 먹는 식이다.

1,000원이 있으면 반찬을 사서 가족이 모두 먹을 수 있기에, 배가 고파도 우유 하나, 빵 하나를 사 먹지 않았다. 가정과 직장에서 그렇게 하는 것을 당연하게 생각했다. 이는 결국 서른둘이라는 나이 하나만 믿고 제대로 먹지 않은 채 몸을 혹사시킨 꼴이 되었다.

부천에서 강화까지 4시간을 왕복하며 아이들을 지도했다. 강화 출퇴근 초기에는 퇴근길에 부평에서 서예 학원에 다니고, 부천에서는 꽃꽂이를 배우며 다녔다. 집에 오면 늦게까지 아이들과 놀며 시간을 보냈다. 주말에는 서울대병원에 입원 중인 시어머니를 간병했다.

강화 출퇴근 3년 차에 몸이 이상하다. 50kg이 넘던 몸무게가 갑자기 43kg으로 떨어진다. 목에는 가래가 끓는다. 아침에 머리를 감는데 목이 옆으로 돌아가지 않아 손으로 머리를 잡고 돌려야 할 정도다.

엎친 데 덮친 격으로 집 지하에서 때는 연탄보일러의 가스가 굴뚝을 타고 올라가지 않고 방 안으로 스며들어 가스를 심하게 마셨다. 나만 면역력이 떨어져 있나 보다. 같은 방에서 자던 남편이나 딸과 아들은 괜찮았지만 나는 속이 니글거리고 머리가 땅기면서 어지럼증이 계속된다.

다음 날 아침, 출근할 힘이 없었지만 이날은 도 장학사님이 보시는 공개수업이 있는 날이다. 여느 때처럼 버스를 네 번 바꾸어 타면서 학교로 향했다. 공개수업을 진행할 때는 최선을 다해서 티가 안 났지만, 수업이 끝난 후 장학사님과 교장, 교감, 교무 선생님과 식사를 하는데 밥을 제대로 넘기지 못하고 있으니 염려하신다. 가스를 마셔서 그렇게 된 것이라고 알리니 교감 선생님은 다음 날 출근하지 말고 집에서 쉬라신다.

점심 후 퇴근하는데 다리에 힘이 빠져 몸의 균형이 잡히지 않는다. 다시 버스를 네 번 갈아타고 집에 와서는 바로 자리에 누웠다. 시아버지께서 김칫국을 마셔 보라고 하셔서 마신 후 잠을 자고 다음 날 하루 더 쉬니, 몸이 좀 나아지는 것 같았다.

며칠 후 아침에 기지개를 켜는데 이번에는 목이 뻐근하면서 침을 삼키려면 목에 이물질이 걸리는 느낌이다. 커다란 파스를 목 앞에 붙이고 일주일 학교에 나갔다.

목이 가라앉지 않아 학교에 이야기하여 조기 퇴근하고 부천에 있는 이비인후과를 찾으니 큰 병원으로 가라면서 의뢰서를 써 주었다. 어머니가 서울대병원에 입원해 계시니 그쪽으로 갔다. 어머니 담당 선생님께서 추천해 주셔서 일반외과 교수님을 뵐 수 있었다. 목을 만져 보시더니 바로 입원하라신다. 갑상선 종양. 준비도 없이 일반외과 동에 입원하였다.

수술 전 서약서에 사인하였다. 의사는 99% 양성이지만 1% 악성일 수도 있다고 했다. 입원실 침대에 누운 채로 목 주변을 면도기로 밀고 수술실 입구에 다다르니 머리에 수술 모자를 씌운다. 순간 아직 어린 딸과 아들이 눈에 밟힌다. 모자 아래로 눈물이 흘러내린다.

수술을 마치고 한 달가량 입원했다. 내가 없는 동안 집에 있는 남편과 고모, 삼촌들이 아들딸을 보살펴 주었다. 대가족이 이럴 때 좋다.

퇴원한 다음 날부터 출근했다. 버스는 여전히 갈 때 네 번, 올 때 네 번이다.

퇴근하고 집에 와 저녁에 잘 때는 남편이 뒷머리를 받쳐 주어야 누울 수 있었다. 그런 상태인데 덜컹거리는 버스로 계속 출퇴근하기 어려웠다. 4개월간은 학교 앞에서 자취했다. 다시 부천에 왔을 때도 몇 개월은 남편의 부축을 받아야 했다.

집에서나 학교에서나 교회에서나 몸을 사리지 않고 무엇이든 혼신을 다하면서, 갑상선 종양 외에도 이후 목디스크, 만성위염, 부비동염(축농증), 부정맥, 식도염, 고지혈증, 황반변성 등으로 치료를 받았고, 또 받고 있다. 오늘도 하나님의 은혜로 사는 것임을 고백한다.

부천동초등학교

강화읍 양도까지 가는 기나긴 통근의 4년도 끝이 왔다. 교사는 발령지에서 4년이 되면 희망 지역으로 내신을 낼 수 있었다. 경합이 없으면 대부분 희망지로 간다. 집에서 가까운 부천동초등학교로 내신을 내어 발령받았다. 걸어서 20분 거리로 성심여대(현 가톨릭대학교) 옆에 있는 학교다. 뒤편으로 춘덕산이 이어지고, 학교 아래로는 가파른 언덕이다.

내가 맡은 4학년은 8반까지 있다. 같은 학년을 가르치시는 네 분의 여선생님은 수업이 끝나면 한 교실로 모여 신앙 이야기를 나누었다. 365일 중에 방학과 공휴일을 제외하고는 거의 매일 모였다. 그러면 시간 가는 줄 모른다.

부임 3년 차인 1988년 2월에 교감 선생님께서 교무실로 부르신다. 부천시 초중고 국어과 공개 수업 연구가 가을에 있는데 해 보라고 콕 집어 말씀하신다. 교과와 단원 주제를 정하여 40분 수업을 꼼꼼하게 계획하는 시범 수업 연구는 바짝 신경을 써야 하기에 선생님들이 맡아서 하기를 부담스러워한다. 나는 누가 말씀하시면 거절을 못 하고 대부분 "예"라고 대답한다. 교감 선생님께서 말씀하실 때도 "예"로 답했다.

수업할 국어과 단원을 살피다가 4학년 2학기 교과서에 나오는 연극 단원 '숲속의 대장간'을 선택했다. 감각을 익히고자 서울 대학로에 가서 연극을 여러 편 관람했다. 남편이 표를 구해다 주면 주말에 아이들을 데리고 가서 어린이 연극을 관람하며 아이디어

와 영감을 얻는 것이다.

수업을 위해서는 무대 소품과 장식, 녹음기, 음악 등등이 필요했다. 연극 도구는 학교 창고에 보관된 합판을 찾아다가 만들었다. 퇴근하고 집에서 저녁을 먹은 뒤 교실로 돌아와 수업에 맞게 자르고 맞추고 제작하였다. 톱질은 큰 시동생에게 부탁했고, 색칠은 막내 시누이한테 요청하여 연극 도구를 준비했다. 집이 가깝고 가족이 많으니 이런 장점이 있다.

새소리와 배경음악 준비는 오후 시간을 활용했다. 그런 소리나 음악이 나오는 테이프를 틀어 놓고 그것을 녹음기로 녹음하는 것이다.

아이들이 준비할 대사는 교과서에 있다. 대사를 외우는 일, 역할에 맞는 소품 준비(가령 새와 까마귀, 토끼 복장이나 가면 따위)는 아이들이 직접 준비하게 했다.

도구들이 마련된 뒤 아이들을 모아 연습에 들어갔다. 준비부터 활동에 있어 연극에 능한 아이들만 하는 게 아니고, 약간 처지는 애들도 할 수 있도록 반 54명의 어린이를 전원 참여시켰다.

2막으로 된 연극의 내용은 교과서를 중심으로 진행하고, 수업 지도안은 내가 짜 둔 것에 따라 진행했다.

숲속의 대장간.

소년이 일하고 있다. 소년은 하얀 한복 무명 바지저고리를 입고 머리에는 하얀 수건을 동여매고 망치를 두드리며 일하고 있을 때 한 할머니가 다가온다. 할머니는 치마저고리를 입고 머리에 역시 수건을 두르고 허리를 굽힌 자세를 취하고 어눌한 말씨로 소년에게 칼을 갈아 달라고 한다. 그리고 퇴장. 그때 숲속에서 사냥꾼이 등장해 대장간에 토끼가 나타나지 않았느냐고 물어본다. 소년은 토끼를 대장간에 숨기고, 산새들과 까마귀는 사냥꾼의 나타남을 노래로 알린다….

부천시 초중고 국어과 교사와 담당자 30~40명이 연구 수업을 참관했다. 교장, 교감 선생님, 초중등학교 장학사님들도 참석하셨다. 부천시 국어과 시범수업은 기립 박수를 받았다. 수업이 끝나고 평가회가 열리는데, 연극영화과를 나왔느냐, 라고 질문하는 분도 있었다.

학부모들은 음식을 장만하여 오셨다. 공개수업을 마친 뒤 교실에 음식상을 차려 놓고 맛있게 드시는 모습이 잔칫집 풍경과 같았다. 지금은 식당으로 가는 문화이지만, 그때는 직접 손으로 만들어 대접하는 게 정성을 다한다고 생각하던 시절이어서 어머니들은 그렇게 섬기는 것에서 뿌듯함을 느끼셨다.

이듬해 교감 선생님께서 부르신다. 나를 보건복지부 장관상에 올리려고 하신단다. 요즘에 시부모님을 모시고 사는 사람이 흔치 않은데 그런 삶을 대견하게 여기셨단다. 시골이 아니면 1989년만 해도 시부모를 모시고 사는 가정이 주변에 거의 없었다. 그해 5월 보건복지부 장관상 대신 교육부 장관상이 나왔다.

교감 선생님이 공개수업을 말씀하셨을 때 "예"로 대답하고 수업에 정성을 다하는 모습을 좋게 여기시고, 거기다가 시부모님까지 모시고 사니 그런 상을 받게 하신 것 같다. 친정 할머니께서는 자녀들을 잘 키우셨다고 서천군에서 주는 장한 어머니상을 받으셨었고, 친정 엄마도 고부간에 잘한다고 서천군으로부터 고부상을 받으셨었다. 그렇게 보면 3대가 비슷한 상을 받게 된 것이다.

부천동초등학교는 나에게 특별하다. 믿음의 선생님들과 교제하며 다시금 하나님을 발견하는 시점이 된 곳이다. 선생님들과의 신앙 모임을 통해 지금의 교회를 찾기도 했다. 내가 하나님을 전적으로 신뢰하고 구원의 확신을 갖게 되었을 때 가족 구원의 역사도 이루어졌다.

부천남초등학교

부천동초등학교에서도 4년을 채워 1990년도에 부천남초등학교로 전근하였다. 전철역도 가깝고 버스도 학교 앞에서 내리는 교통이 편리한 곳이라 선호도가 높아 그만큼 가기 어려운 곳으로 알려진 곳이다.

남초등학교에서는 학부모에게도, 아이들에게도 수업 외에 복음을 전하기 위해 애썼다. 아이들에게 성경 말씀을 들려주고, 학부모들에게는 신앙 서적과 설교 테이프 세트를 선물했다. 전할 수만 있으면 만나는 사람에게 예수 믿고 천국 가자고 말했다. 지금은 학교에서 종교교육을 못 하게 하지만 그때는 맘껏 해도 문제가 되지 않았다. 그즈음 다시 교회에 다니며 은혜가 충만하여 말씀을 연구하고 보조 책자도 많이 읽던 때였다. 영혼을 향한 사랑이 뜨거운 시기였다.

교실에는 결손가정 아이들이 있다. 내가 첫 교사 발령을 받았던 70년대에도 어느 학교나 결손가정이 한두 명 정도는 있었다. 해가 갈수록 그 수는 늘어 갔다. 새로 온 학교 우리 반에도 네댓 명이 있었다. 내 눈에는 그 애들이 우선으로 들어온다.

교실에서 돈이 없어지는데 주로 애들의 학원비다. 지금은 텔레뱅킹이나 계좌이체, 부모님 카드 결제로 하지만 그때는 애들이 현금으로 학원비를 갖고 왔다. 부모님이 직장에 가는 애들은 학원비를 받아 와서 어디 보관할 데가 마땅치 않으니 신발주머니가 안전하다고 여기고 주로 거기에 넣는다. 그런데 집에 갈 때 확인하면 없는 것이다.

현금이 사라지는 사건이 발생하면 나는 생활기록부를 훑어보고 결손가정을 알아내어 그 아이에게 다가간다. 주로 남자애들이었다. 인격에 모독이 가지 않도록 달래서 이야기하면 거의 맞아떨어졌다. 양말 속에서, 바짓가랑이에서, 때로는 땅속에서 돈을 꺼내면서 돌려주었다.

누구의 돈이나 물건이 없어졌을 때 아이들 전체를 앉혀 놓고 들려주는 이야기가 예수님 이야기였다. 천국과 지옥에 관해 이야기하면서, 특히 거짓말을 하면 지글지글 끓는 불못에 들어간다고 들려준다. 이때만 해도 아이들은 무서워하며 순순히 돈을 꺼내 놓는 것이다.

2학년을 담임할 때 얼굴에 멍이 들고 다리를 절룩거리며 학교에 오는 아이가 있었다. 어깨를 보니 거기도 멍 자국이 시커멓다. 자초지종을 물으니 아버지가 일기를 쓰라고 했는데 쓰지 못하면 몇 대 맞고, 다음에 또 못 쓰면 배로 맞는다는 것이다. 그것도 쇠뭉치로 때린다고 했다.

아이 집을 방문하기로 했다. 학교 가까이 있었다. 학교에 외출 결재를 받고 아이 집으로 갔다. 들어가니 아이를 때리던 그 쇠뭉치가 마루 위에 걸려 있다. '빠루'라는 쇠막대인데 길이는 70cm 정도다. 무섭지만 애 아버지와 그의 두 번째 아내 그리고 돌이 되어 가는 젖먹이가 있는 방으로 일단 들어갔다.

아이가 잘못했다고 그렇게 무섭게 때리면 되겠느냐, 아직도 어린데 말로 타일러 주었으면 좋겠다, 라고 이야기한 후 집을 빠져나왔다. 담임이라 그런지 나한테는 아빠의 태도가 친절했고, 두 번째 아내도 착해 보였다.

그런데 얼마 후 아이는 더 무섭게 맞아서 움직이지 못할 정도가 되어 학교에 왔다. 교장 선생님께 이 상황을 말씀드렸다. 아이가 정말 맞아서 죽기 직전 같았다.

어느 날부터 아이가 보이지 않았다. 알아보니 둘째 아내는 밤중에 남편 몰래 젖먹이를 데리고 도주했고, 이 아이는 고아원으로 보내졌다고 한다. 이후로 어떻게 되었는지 모르지만, 아이가 참 착했었다. 좋은 양부모를 만나 잘 성장하기를 바랄 따름이다.

1학년을 맡았을 때의 일이다. 할아버지와 고모, 사촌 형하고 넷이 열악한 환경에서 사는 아이가 있었다. 나무판자를 얼기설기 엮어 놓은 집이었다. 집 안은 어둑어둑하고 방과 부엌은 문 하나로 연결되어 있다. 고모 홀로 식당에서 일하여 생계를 꾸려 갔다.

아이의 아버지는 주정뱅이였다. 아이의 엄마는 남편의 술주정을 견디지 못하여 취학 전 이 아이를 데리고 친정으로 도망쳤다. 아이 아버지는 술을 먹고 친정에 가 있는 엄마를 찾아왔다. 아내는 남편이 술에 취해 자고 있을 때 넥타이를 잡아당겨 남편을 살해했다. 이 장면을 아이가 목격했다. 엄마는 살인죄로 체포되어 형을 받고, 아이는 고모네 집으로 보내졌다. 얼마나 충격이 컸을까. 아이는 행동이 매우 과격해졌다.

1학년 '슬기로운 생활' 시간에 과일을 쪼개 보고 관찰하는 단원이 나온다. 실습용으로 작은 칼이 준비된다. 아이들이 다루기 위험하니 학부모 엄마들이 보조교사로 와서 도와주신다. 다른 애들은 칼을 조마조마하게 다루는데 이 애는 히죽히죽 웃어가며 휘휘 돌린다. 그러다 친구들 찌르는 시늉을 하고 급기야 쿡쿡 찌르기까지 한다.

그뿐만 아니다. 갖고 싶은 물건이 있으면 남이 보든 말든 아무렇지 않게 자기 가방 속에 넣어 버린다.

이 아이는 사랑이 절실한 아이라는 생각이 들었다. 아이 고모와 접촉하여 아이에 관해 대화를 나누고 아이를 위해 최선을 다했다. 학습 용품을 챙겨 주고, 집에 찾아가 과일이나 먹을 것을 살펴 주었다.

아이 엄마는 15년 형을 받았다가 감형되어 10년 형으로 복역했다. 출소 후 고모가 힘을 써 아파트 거처도 공급받고 아이는 엄마와 같이 살게 되었다. 엄마는 형무소에 있을 때 꽃 가꾸기를 배워 출소 후 화원을 차렸다.

남초등학교에도 신우회가 있었다. 믿음의 교사들이 매주 금요일 방과후 교실에 모여 예배드렸다. 학교와 어린이, 학부모, 나라와 민족을 위해 기도했다. 헌금을 모아 장애인 단체에 보냈다.

남초등학교 선생님들은 신앙과 관계없이 잘 어울렸다. 서로 유대가 깊어 방학에 함께 비행기를 타고 강릉에 놀러가기도 했다. 이때 비행기를 처음 타 보는 선생님도 있었다. 열린 교육 시범 학교가 있는 일본 나고야와 오사카도 단체로 방문했다. 무용 선생님을 중심으로는 2년간 연습을 하여 부천시민회관에서 사물놀이를 발표하고, 강강술래 같은 고전무용 공연을 했다. 남초등학교에서의 교사 활동은 반에서나 학교에서나 그리고 학부모와의 관계나 협조 면에서 즐겁고 활기찬 시간이었다.

시흥 계수초등학교

다난했지만 인정미 넘쳤던 부천남초등학교에서의 4년 임기도 끝났다. 부천에서 8년을 근무했기에 규정상 경기도의 다른 지역으로 내신을 내야 했다.

1995년, 집에서 가까운 시흥으로 내신을 내어 계수초등학교에서 근무하게 되었다. 계수초는 2층짜리 본관 한 동으로 1층에는 교무실, 과학실, 서무실과 1학년, 5학년 교실이 있다. 나머지 학년은 2층에 있다. 동편에는 병설 유치원이 떨어져 서 있다. 유치원 옆으로는 4~6학년 교과서에 나오는 식물들을 가꾸는 실습지와 어린이 놀이터가 있다. 놀이터에는 정글짐, 늑목 오르내리기, 지구본 회전무대, 미끄럼틀, 시소 등이 있다. 운동장이 널따랗게 펼쳐져 있고, 교문을 중심으로 좌우 울타리를 따라 소나무, 왕벚나무, 플라타너스 등이 늘어서 있다.

교문 밖으로는 시흥-광명 간 2차선 비포장 길이 나 있다. 도로 옆에는 과림저수지가 있는데 물고기가 산란할 때 올라오는 수초가 가득한 논이 위쪽으로 죽 펼쳐 있다. 학교에서 바라보이는 저수지 오른편 동산에는 푸르른 소나무가 군락을 이루고 있다. 이 소나무에 백로들이 한가롭게 앉고 나는 모습이 한눈에 들어온다. 학교 뒤편으로는 젖소를 키우는 목장들이 마을을 이룬다. 그야말로 목가적인 풍경에 둘러싸인 초록 학교다.

강화읍 양도초등학교는 도시와 떨어져 있어 시골 모습을 그대로 간직하고 있다지만, 계수초는 서울 옆 수도권이요, 시대적으로도 90년대 후반인데 자연 그대로의 모습을 보여 주니 놀라움을 일으킨다.

게다가 전교생은 64명밖에 되지 않는다. 서울이나 시흥, 부천으로 가기 위해 학교 앞 도로를 통과하는 운전자들은 넓은 운동장에 몇십 명 안되는 아이들이 조회 서는 모습이 신기한가 보다. 운전대를 놓고 이런 모습을 한참 바라보다가 가던 길을 간다. 잠시 자기들의 어렸을 적 시골 기억 속을 방문하고 왔는지도 모른다.

학교 분위기처럼 학생들도 천진난만하다. 내가 맡은 5학년은 모두 14명이다(웬만한 학교의 한 반 정원이 50명을 훌쩍 넘기던 때였다). 덕분에 디귿(ㄷ) 자로 책상을 배열해 놓고 수업했다. 그러면 한눈에 전원이 들어오고, 한 어린이도 빠지지 않고 발표의 기회를 주는 열린 수업을 할 수 있다. 의자에 앉아서 하는 수업도 있지만, 자율적으로 공간을 활용하여 자기 활동이 끝나면 다음 코스를 스스로 찾는, 개별 학습자 중심의 열린 교육이 절로 진행되는 것이다.

적은 수의 순박한 아이들과 있다 보니 하루하루 이곳에 정이 든다. 아이들에게 도움이 될 만한 것이 있으면 집에서 학교로 챙겨 갔다. 예를 들면, 아이들에게 백두산 천지를 보여주고 싶은데 학교에 마땅한 자료가 없을 때 집에 있는 커다란 백두산 천지 액자를 가지고 갔다.*

서울, 부천, 광명 같은 도시 사이에 위치하면서도 학생 수는 오지 학교 수준이니 선생님들도 한 학년에 딱 한 명씩이다. 수가 적으니 가족같이 똘똘 뭉쳤다. 학교 행사가 있으면 늦은 밤까지도 서로 협조하고 일을 도왔다.

이때 함께 근무하신 선생님들과는 지금까지도 애경사가 있으면 연락을 나눈다. 대부분 승진하시어 교장으로 퇴임하셨다. 도시 속 시골 같은 작은 학교에서 열과 성을 다하여 가르치고 근무하였던 시간을 아쉬워하며 함께 나이가 들어가고 있지만, 지금도 소식을 주고받는다는 사실이 새삼 놀랍다.

계수초로 발령이 난 첫해에 집안에도 일이 있었다. 남편의 사촌 누나가 질병으로 젊은 나이에 돌아가셨다. 우리 부부와 형제들은 천안 장례식장으로 모였다. 장례를 모신 후 집에 돌아가기 위해

---

* 영숙 씨 남편에 따르면, 계수초를 떠나 다른 학교에서 근무하던 어느 날, 계수초 제자 가운데 형편이 어려운 학생들이 있어 대학 등록금을 여러 차례 지원했다고 한다. 또한, 영숙 씨가 계수초에 있었을 때 교장 선생님은 영숙 씨 남편에게, "우리 학교에 천사가 둘이 있는데 하나는 학생이고 다른 하나는 이영숙 선생님"이라고 종종 말했다고 한다.

평택역으로 갔다. 남편은 출근으로 전날 먼저 부천으로 올라갔다. 나는 남편을 대신해 장지까지 가려고 장례식장에 남았다가, 장지에서 매장하는 것을 보고 올라가는 길이었다.

기차를 타기 전에 조카들에게 빵을 사 주려고 역을 빠져나가 빵집을 찾았다. 신호등 없는 도로 건너편에 빵집이 있다는 말을 듣고 횡단보도를 따라 길을 건넜다. 중앙선 가까이 이르렀을 때 한쪽에서 승용차가 다가오던 것만 기억나고 다음은 기억이 없다.

.

.

.

비몽사몽간에 우주 같은 어두운 공간을 떠돌고 있다가 눈을 떠보니 병원 응급실 한가운데에 동그마니 누워있는 나를 발견했다. 오른쪽 머리는 뭔가에 꿰매어 있는 것 같고, 콧등은 얼얼하고 따갑다. 옷은 다 벗겨져 있고 가운만 입혀 있다. 일어나려고 하는데 몸이 움직이지 않는다. 곧이어 이런 생각이 스쳐간다.

'예수를 믿지 않고 목숨을 잃었다면 나는 어떻게 되었을까?'

이어서,

"사람이 무엇으로 심든지 그대로 거두리라"(갈라디아서6:7)라는 말씀과 "나 보내신 이를 믿는 자는 영생을 얻었고 심판에 이르지 아니하나니 사망에서 생명으로 옮겼느니라"(요한복음5:24)라는 성경 구절이 머리를 스치고 지나간다.

의사 선생님이 다가와 가족들 연락처를 알려 달라고 하신다. 남편 연락처를 주었다. 평택역에서 기다리고 있을 막내 시동생의 삐

삐 번호도 전달했다.

조금 있으니 큰 시동생과 막내 시동생, 천안 고모와 고모부가 달려오셨다. 연락이 되지 않아 두 시간 동안 주변을 샅샅이 찾았단다. 당시 납치사건이 많던 때다. 식당 마늘 까는 데 팔아넘기는 일들이 있었는데, 그런 생각까지 했단다.

이어서 남편은 서울에서, 시어머니와 아이들은 전화를 받고 부천에서 황급히 달려왔다. 부둥켜안고 한참을 운 뒤 구급차를 타고 부천세종병원으로 이동했다. 3인실에서 두 달을 입원했다. 공무원이 병가를 낼 수 있는 기간이 최대 두 달이었다. 이후로는 학교로 출퇴근하며 물리치료를 1년간 받았다.

1995년 6월 29일 삼풍백화점 붕괴 사고가 있었다. 그 사고로 입원한 아가씨가 같은 병실을 썼다. 내가 일어나지 못할 때 그 아가씨가 2주간 대소변 시중을 들어 주었다. 부천 약대교회를 다닌다고 했다.

내가 입원했을 당시 남편은 취재차 유럽 출장 중이었다. 대신 큰 시동생 내외가 병문안을 왔다.

"형수님, 계속 누워 계시면 영 못 일어날 수도 있어요" 하며 준비해 온 끈을 병상 단단한 곳에 매달더니 그걸 붙잡고 천천히 일어나도록 도와주었다. 눈앞이 빙빙 돌면서 중심이 잡히지 않았다. 머리를 들기조차 어려웠다. 동서와 시동생은 침대를 붙잡고 한 발자국씩 떼고 걷는 연습도 도와주었다.

2주간 꼼짝 못 하고 한쪽으로만 누워있던 사람이 차차 몸을 일으켜 한 발 두 발 떼니 병실에 있는 분들이 손뼉을 치며 기뻐했다.

'내가 회복하면 병상에서 일어나지 못하는 환우들의 시중을 들어 드리리라.'

절로 다짐이 되었다.

몸이 나아지자 도움이 필요한 분들을 돌볼 수 있었다. 병실을 다니며 물이 필요하신 분들에게는 물을 떠다 드리고, 휴지통이 찬 곳이 보이면 비워 드렸다.

뇌진탕과 요추 3번, 4번 골절로 두 달간 입원 치료를 받은 후 퇴원했다. 병원을 나올 때 보니 머리 절반이 백발이 되어 있다. 집으로 가는 차에서 남편은 말했다.

"앞으로 어떻게 하면 당신한테 잘할 것인지 생각한다."

내 부모님 세대도 그랬지만, 우리 세대에도 부부간에 이런 표현은 잘 쓰지 않았다. 남편 집안이 다정한 언어를 쓰는 분위기도 아니었다. 그런데 남편이 이런 말을 했다는 것은 그만큼 진심이 어려 있다는 것이요, 용기가 없으면 할 수 없는 말일 게다.

이후 실제 행동으로도 잘하려고 애쓰는 것이 보였다. 이전의 행동들은 배려 그런 단어와는 거리가 먼 듯했는데, 생각해 주는 마음이 조금씩 전해졌다. 말도 함부로 하지 않고 조심하려는 노력이 보였다.

나는 사고 현장을 보지 못했지만 남편은 경찰과 같이 현장 검증을 했다. 남편은 내가 살아 있는 것이 기적이라고 말하며 나의 살아 있음에 고마워했다.

죽음에 이를 수 있는 사고를 당해서도 기적같이 살려 주신 것에는 분명 하나님의 뜻이 계실 것이다. 사고 이전의 삶이 믿지 않던 가정을 믿음으로 인도하는 도구로 쓰임 받는 것이었다면, 이 사고를 계기로 살려주신 뜻을 기억할 때 이제는 하나님 나라를 위해 주의 일에 헌신케 하시려는 작업이 아니실까?

파주 금촌초등학교

계수초등학교 박종림 교장 선생님은 파주분이시다. 학교에서 틈만 나면 나를 부르셔서 승진해 보라면서 파주를 추천하셨다. 파주는 접경지역이어서 똑같이 근무해도 승진 점수를 얻기가 더 수월하다. 이에 파주로 발령받으려는 교사들이 많았고, 경쟁 때문에 가는 것이 쉽지 않을 때였다. 교장 선생님의 말씀을 듣고 파주로 내신을 내니 바로 되었다. 계수초에서 4년을 마치고 파주로 자리를 옮겼다.

발령지는 파주 금촌초등학교다. 학생 수는 2,400명 정도에 교감 선생님도 두 분이 계시고, 직원은 100명이 넘는 대단한 학교다. 보통 1, 2학년 교실은 1층이나 2층에 있는데, 이 학교는 2학년 교실이 4층에 있을 정도다.

파주에 오기 전 남편과 이야기를 한 것이 있다. 매일 왕복으로 3시간 가까이 운전해야 하니 금촌에 방을 얻어 놓고 일주일에 하루 정도는 파주에서 머물고, 나머지는 집에서 출퇴근하겠다고 했다. 엄마랑 아기만 사는 사글세를 찾았는데, 남편이 거기는 엄마랑 아기만 있다면서 반대하고, 다른 집을 찾으면 또 저래서 안 된다며 반대했다. 결국 차로 출퇴근하게 되었다.

부임 첫해 2학년을 맡아 담임하며 수업과 생활지도, 운동회 준비 등 이전 학교들에서 하던 것처럼 최선을 다했다. 아이들을 하나하나 세심하게 살피고, 어려운 애들한테는 더욱 신경을 썼다. 아침 일찍 출근하여 학교 시작보다 먼저 도착하고, 차가 없으신 선생님께는 카풀을 해 드렸다.

부임한 해 첫 겨울이었다. 기록을 경신할 정도로 눈이 쏟아졌다. 파주로 가는 자유로는 빙판 자체였다. 짙은 안개까지 끼어 한 치 앞도 분간하기 어려웠다. 운전 경력이 3개월도 안 되던 때였다. 시속 30km 이하로 살살 기는데도 갈수록 두려움이 밀려온다. 중앙 분리대 주변으로는 분리대를 들이받아 미끄러진 승용차가 있고, 이를 견인하기 위해 온 견인차도 미끄러져 옆으로 누워 있다. 스스로 자빠진 차들도 곳곳에 흐트러져 있다. 도로는 자동차 수십 대를 휴지처럼 구겨놓은 아비규환의 현장이었다. 조심하여 비껴가는 수밖에 없다. 나중에 뉴스로 들으니 100중 추돌 사고가 있었다고 한다.

듣고 있던 극동방송 라디오를 껐다. 눈물이 쏟아지고 기도가 터져 나왔다. 주변 상황이 처참하니 나의 죄로 인해 이런 일이 벌어진 것만 같았다. 왜 그런 생각이 들었는지는 나도 모른다.

도로 복판에 차를 세울 수 없어 갓길로 살살 운전해 갔다.

학교 부근에 도착했으나 오는 동안 너무 놀라 그런지 학교 앞 조그마한 언덕을 넘지 못하고 버벅거리고 있었다. 내 뒤로는 차들이 긴 줄을 서게 되었다. 뒤에서 한 아저씨가 식식대며 오더니 자기가 운전할 테니 내려 보라고 한다. 차는 순식간에 올라갔다.

그렇게 한 해가 지났다. 출퇴근으로 힘이 들어서 그런지 눈 밑에 사마귀 같은 것이 생겨 병원에 가서 떼어 냈다. 항문이 쑤시고 따가워 책상 모서리에 항문을 기대어 놓고 수업을 진행하기도 했다.

2월에는 학년 편성을 한다. 나는 교감 선생님께 승진을 포기한다고 말씀드렸다. 몸이 못 견딜 것 같았다. 교감 선생님은 오후 수업이 없는 1학년 담임을 맡기셨다. 업무도 아주 간단한 걸 주셨다. 우편물이 오면 학년별로 분리하는 정도다.

파주에서 근무하는 동안 승진을 위해 목숨 건 선생님들을 여럿 보았다. 나는 그렇게 할 마음은 없었다. 차로 출퇴근하기도 벅찼다. 여기에 더해 집안일, 교회일 등으로 몸이 따라 주지 않았다. 그렇다고 금촌에 방을 얻어 지낼 상황도 안 되었기에 빨리 결론을 내리고 2년만 근무한 뒤 가까운 부천으로 내신을 내었다.

부천 부원초등학교

2000년도에 부천 부원초등학교로 발령이 되었다. 새로 간 학교는 집에서 승용차로 10분 거리다. 부원초등학교에서는 4학년을 맡으면서 동시에 윤리부장과 지역사회협의회를 담당했다. 지역사회협의회는 교육청과 지역사회가 연계하여 학부모의 수준을 향상하기 위한 단체로 공신력이 있다. 학부모들의 평생교육과 어린이들의 방과후 활동을 담당한다. 특히 학부모 교육을 많이 한다. 주로 학교에서 하지만, 교육청이 주최하는 곳에도 모시고 가기에 꽤 바쁜 편이다.

부원초의 어머니들이나 아이들은 도시에 사는 분들치고는 순수한 편이다. 학교가 있는 지역은 부천에서 생활이 가장 열악한 동네라고 한다. 학교 앞에는 굿당과 술집들이 즐비하다. 일주일에 한 번씩 교사, 학부모, 구청 공무원과 순찰을 돌았다. 겉은 가구점인데 지하로 내려가면 술집이나, 도박장 같은 성인 오락실이 나온다. 초등학교 주변에서 술집을 하는 것은 불법이다. 이를 통제하려고 해도 음식점으로 등록되어 있기에 막을 길이 없다고 한다. 음식점으로 올려놓고 낮에는 문을 잠가 놓았다가 저녁이 되면 야리꾸리한 사진 위에 불을 켜고 술장사 판을 벌이는 것이다.

학교에는 생활이 어려워 열악하게 지내는 학생들이 많았다. 토요일이면 평안의교회 여선교회에서 도시락을 전달하고, 명절에는 선물을 전했다. 하루는 여선교회에서 준비한 쌀과 참기름 등을 갖고 우리 반 아이 집을 방문했다. 생활이 어렵고 엄마가 안 계신 결손가정 아이였다. 벽돌로 지은 3층 집의 지하 1층에 아이가 살았다. 집 겉모양은 빨강 벽돌로 괜찮게 지어져 있는데 지하층으로 내려가니 상황은 달랐다. 문을 열자마자 반겨 주는 것은 집주인이 아니라 바글대는 바퀴벌레였다.

인기척을 하고 들어가니 거나하게 취한 아이 아버지가 있다. 대낮부터 인사불성으로 누워 있었다. 별다른 말을 할 수 없어서 가져간 선물만 드리고 나왔다. 나올 때 천장을 보니 하수도가 샌 것인지, 위층의 오물이 흘러내린 것인지, 누렇게 들떠 있어 언제 오물이 아래로 쏟아질지 모르는 상태였다. 이후로 교회에서 몇 번 더 도움을 주었지만, 아이의 소식은 들을 수 없게 되었다.

열악한 동네에 있는 학교여서 그런지 가정환경에 문제가 있는 아이들이 이전보다 확연히 눈에 띄었다. 나는 윤리부장이다 보니 그런 아이들에게 더 신경이 쓰였다. 6학년 남자아이가 1학년 여자아이를 성추행해서 학교 윤리위원회에서 아이의 학부모를 만나기도 했다. 성추행한 아이는 아빠와 떨어져 엄마와만 살고 있었다. 이 사건으로 인해 아빠가 계신 곳으로 전학을 갔다.

그 밖에 어린이 왕따, 학교폭력 등등을 관리했다. 중학생들과 연결되어 폭력과 금품갈취 등을 일삼는 초등학생들이 있었다. 부원초와 가까이 있는 모 초등학교 애들이 주도권을 잡고, 주변의 부원초와 복사초는 들러리로 짝을 이루고 다녔다. 각 학교마다 이런 문제를 해결하기 위해 교육청 주최 초중고 윤리담당 교사회의를 한 달에 한 번 간격으로 열었다.

아래는 부원초등학교 윤리부장을 하면서 2004년 7월 20일 자로 학교신문에 게재했던 내용이다.

기본이 바로 선 어린이가 되자

고대 그리스의 철학자 아리스토텔레스는 "도덕은 기술과 비슷하므로 단순히 생각하는 것만으로서가 아니라 실천하여 몸에 배게 하지 않으면 안 된다"라고 말하고 있습니다. 또 뒤르껭이라는 분은 "자라나는 세대들을 도덕적으로 발달시키는 일이 학교의 가장 중요한 일"이라고 했습니다.

따라서 학생 생활 교육은 교직원, 학부모, 학생, 지역사회, 시민단체, 행정기관과 함께 범시민 운동으로 전개하여 학생들이 기본 생활에 대한 바람직한 의식과 행동을 갖도록 중점과제 네 가지를 선정하였습니다.

네 가지는 '친절, 질서, 청결, 예절'입니다.

친절 면에서 실천할 사항은
첫째, 웃음 띤 얼굴로 먼저 인사하기
둘째, 친구의 장점 찾아 말해주기입니다.

질서 면에서 실천할 사항은
첫째, 여럿이 모이는 곳에서 차례 지키기
둘째, 횡단보도 바르게 건너기입니다.

청결 면에서 실천할 사항은
첫째, 화장실 깨끗이 사용하기
둘째, 쓰레기 먼저 줍기입니다.

예절 면에서 실천할 사항은
첫째, 용의 단정히 하기
둘째, 고운 말 사용하기(전화 예절 바르게 실천하기)입니다.

그런데 우리 어린이들의 실태를 살펴보면
첫째, 선생님을 아침에 만나도 그냥 쳐다보거나 제대로 예절에 맞게 인사하는 어린이가 적고, 친구를 만나도 인사를 거의 하지 않으며
둘째, 실내에서 소리를 지르거나 떠들고, 웃어른께 말을 할 때

"엄마가 갖다줘"처럼 존댓말을 사용할 줄 모르며

셋째, 복도에서 함부로 뛰고 장난치며, 여러 사람이 함께 사용할 때 서로 먼저 하려고 다투며 차례를 지키지 않고 질서를 지키지 못하는 어린이가 많으며

넷째, 자기 물건이나 주변을 정리하지 못하며, 물건을 잃어버리고는 자기가 잘 두었는데 없어졌다고 하는 어린이가 많으며

다섯째, 친구가 학습 용구를 가져오지 않아 공부를 못 해도 나누어 쓸 줄 모르고 도와주지 않으며, 놀이를 할 때도 장난감이나 놀이기구를 저 혼자만 차지하고, 친구를 이해하거나 친절하게 대하는 것이 매우 부족하며 이기적이고

여섯째, 식사할 때 자세가 바르지 못하고, 손을 씻지 않고 식사하며, 편식이 심하고 음식을 남기는 어린이가 많으며

일곱째, 화장지를 사용할 때 필요한 만큼만 잘라서 사용해야 되는데 필요 이상 잘라서 화장실 바닥에 버리는 어린이들이 많으며

여덟째, 컵을 사용한 후에는 깨끗이 씻어서 소독기 안에 넣어야 되는데 물을 먹고 컵을 정수기 주변에 그대로 놓는 경우가 많습니다.

그러므로 '세 살 버릇 여든까지 간다'라는 말이 있듯이 기본이 바로 선 생활을 실천하고 습관화시켜야겠습니다.

이를 돕기 위해 전교어린이회에서는 어린이회장, 부회장을 비롯해 회원 스물여덟 명이 기본이 바로 선 친절부장, 질서부장, 청결부장, 예절부장을 선정하여 매주 금요일 아침 8시 30분

에 회의실에 모여 금주와 다음 주의 생활에 대해 의논합니다. 각 층마다 정수기와 화장실 바른 사용, 복도 통행 등 역할을 맡고 있습니다. 잘 지키는 어린이에게는 추천하여 시상하도록 하고, 잘 지켜지지 않는 부분은 원인을 파악하여 바른 생활을 습관화할 수 있도록 의논합니다.

친절부에서는 미소 띤 얼굴로 먼저 인사하고, 친구의 장점을 말할 줄 알며, 누가 시키지 않아도 스스로 휴지도 줍고, 정수기 주변도 치울 줄 아는 어린이를 찾아내며

질서부에서는 복도에서 뛰지 않고 좌측통행을 하면서 한 줄로 차례 지키기와, 횡단보도에서 안전선에서 차례를 지키면서 건너는 것을 중점으로 두고

청결부에서는 물컵을 사용하고 깨끗이 닦아서 소독기에 넣는 것과, 화장실 사용 시 화장지를 바르게 사용하고 있는지를 보며

예절부에서는 선생님이나 어른을 뵈었을 때 공손히 인사를 하고, 때와 장소에 맞는 옷차림과 고운 말을 사용하고 있는가를 중점으로 전교어린이회 회원 전원은 우리 학교 어린이들의 기본이 바로 선 생활을 위해서 노력할 것입니다.

우리 어린이 모두는 이런 취지를 잘 알고 지금까지도 잘해 왔지만 앞으로 더 잘하리라 봅니다.

여러분이 지키는 기본이 바로 선 생활은 학교뿐만 아니라 가정, 사회 모두의 바람입니다. 나 한 사람이 먼저 이를 알고 실천할 때 밝은 가정, 즐거운 학교, 아름다운 사회가 될 것입니다.

꺼내어 볼 수 있는 엄마의 사진 한 장에도 감사하는 것부터 시작이다. 엄마의 진가를 배우고 느끼는 그 일 말이다. 나의 청춘에서 엄마의 청춘으로 돌릴 수 있는 시선의 공간을 마련해 놓고 살아야겠다. 그렇지 않고 잊기에는, 잊히기에는, 너무 아까운 것이 엄마의 젊은 날이다. 지금의 나보다 어렸던 사진 속 엄마를 만나러 가는 것 빼먹지 말자.

만남

2003년도에는 학년부장을 맡고 1학년을 담임하였다. 공휴일인 3월 1일, 다음 날 열리는 입학식 준비를 위해 학교에 갔다. 혹시 책걸상이 부족할지 몰라서 경비 아저씨께 책걸상 한 세트를 2층 교실로 가져다주시도록 부탁드렸다. 아저씨가 해 주신다고 하였으나 남편은 그냥 둘이 나르자고 했다. 책상에 의자를 얹어서 들고 계단으로 발을 떼는 순간 책상다리에 내 발이 걸렸다.

꽈당!

그대로 시멘트 바닥에 고꾸라지고 말았다. 손과 발에서 맥이 쫙 빠진다. 몸을 일으키려 해도 말을 듣지 않는다. 바닥에 쓰러진 채 숨을 고르고 안간힘을 써서 일어났다. 그런데 입속이 빈 것처럼 이상하고 입천장에는 뭔가 쑥 박힌 것처럼 아프다. 가까운 세종병원을 찾으니 치과가 없다면서 인천 길병원으로 가라고 한다.

그전에 잠깐 집에 들렀다. 화장대 거울을 보니 맹구 같다. 위 앞니 두 개가 안 보인다. 부러지거나 빠진 게 아니라 입천장에 박혀 있다. 길병원 응급실로 향하며 기도했다.

'하나님 아버지, 빠진 이가 제자리에 붙게 해 주세요.'

치아가 탈골된 상태로 응급실에서 3시간 가까이 기다린 후 의사 선생님을 뵈었다. 진단명은 '이의 골절'이다. 입천장에 붙어 있는 이를 제자리로 옮겨 놓은 후 철사 같은 것으로 고정해 주셨다.

넘어질 때 코뼈도 부러졌는데 2주일이 지나면 자동으로 붙는다고 한다. 그렇지 않으면 수술을 해야 한단다. 2주간 지켜보기로 했다. 문제는 내일이다. 새 학기 입학식이 있어 새로운 아이들과 학부모를 만나는 날인데….

이튿날 아침.

입학식은 학교 운동장에서 열렸다. 1학년 담임인 나는 콧등은 멍들고 입술 부위는 부어 있다. 학부모들에게 말을 하려고 입을 열면 이를 고정한 철사가 드러난다. 몸은 욱신욱신 쑤셔 대고 발바닥은 눈깔사탕만 한 혹이 박혀 있는 것 같아 땅을 밟으면 따끔따끔하다. 학부모들은 나의 고통을 눈치채지 못했을 것이다. 말해 주지 않았으니 알 리가 없다. 아니면 알고도 말을 꺼내지 않았을 수 있다.

입학식은 정신없는 날이어서 내 몸 상태는 안중에도 없이 시간이 지나갔다. 가장 궁금한 것은 1학년 우리 반 아이들이다. 어떤 아이들이 있을까, 기대하고 둘러보는데 눈에 띄는 남자애가 있었다. 잘생기고 총명한 귀공자 느낌의 그 아이가 수빈이다.

입학식 다음 날부터는 한 주간 학부모들이 교실 뒤에 서서 수업을 참관한다. 모두 엄마들이 오셨는데 유일하게 남성 한 분이 양복 차림으로 한 주를 참관하셔서 인상 깊었다. 그분이 수빈이 아버님이다. 안산에서 공직자로 근무하시는데 아이 엄마가 없어 오신 것이라고 했다.

하루는 수업 중 아이들이 자기 소개를 하는 시간이었다. 노래를 부르면서 게임하듯 소개한다. "당신은 누구십니까?"라고 전체 어린이가 노래를 부르다가 한 명이 다른 사람을 가리키면 그 어린이가 답을 한다. "나-는 아-무개" 하면, 다른 아이들이 "그 이름 왕자/공주 같구나" 이런 식으로 화답하며 한 바퀴 도는 것이다.

　수빈이가 소개하는 차례가 왔다. 수빈이는 정해진 대로 "나-는 김-수빈" 하며 자기 소개를 하는 것이 아니라 불쑥, "선생님 이름이 뭐예요?" 하고 물었다. 선생님 이름이야 이미 알려 줬으니 기억할 텐데. 게다가 묻는 태도도 공손하지 않고 빈정대는 투다. 흔한 말로 한가락 하는 모습으로 물었다. 당시 '야인시대'라는 연속극이 인기를 끌고 있었는데 학생들이 즐겨 보고 흉내를 냈다. 수빈이도 그 프로를 보고 배운 것 같았다. 다만 초등학교 1학년생이 그런 식으로 말하니 예상치 못한 일이라 조금 당황했다.

　쉬는 시간이 되면 수빈이는 어린이들이 쓰지 않는 이상야릇한 말과 어른들이 쓰는 비속어를 칠판에 적고, 그러면 아이들은 그걸 보고 마구 웃어 댔다. 수빈이에게 그런 말을 쓰면 안 된다고 타이르는 것은 통하지 않았다.

　4월부터 급식이 시작되었다. 두 명의 도우미 어머니들이 급식을 돕기 위해 오신다. 하루는 수빈이 기분이 별로였나 보다. 이 애 저 애에게 주먹으로 발로 찝쩍거려 본다. 밥을 받기 위해 서 있는 키 큰 여자아이에게 접근하더니 머리채를 잡아 벽에 세게 밀었다. 떠밀린 아이는 놀라 울음을 터뜨리고, 급식하던 도우미 어머니는 어찌할 바를 모른다. 도우미 어머니께 죄송하다고 말씀드리고 수빈이를 자리에 앉게 했다. 그러자 수빈이는 다시 그 여자아이에게 달려가 바닥에 눕혀 팔꿈치로 짓누르는 것이다. 그 여자애는 키가 크지만 무척 순했다. 날마다 엄마가 학교에 데려다주고 또 데리러 오신다. 수빈이는 엄마가 없는데, 그 애는 엄마가 매일 붙어 있었던 게 보기 싫었던 걸까.

더는 참을 수 없었다.

"너 어디서 친구를 때리고 넘어뜨리라고 배웠어? 응? 너 정말 이렇게 해도 괜찮은 거니? 응?" 하며 주의를 주니, 선생님이고 어른이고 보이는 게 없는 듯 교실을 이리 뛰고 저리 뛰며 난장판을 만든다.

담임 교사로서 수빈이를 어떻게 지도해야 할지 걱정이 태산이었다. 또 한편으로는 내가 화를 낸다고 해결될 문제가 결코 아니라는 생각이 들었고, 아이의 마음을 달래 주는 것이 급선무 같았다. 우선 원인을 찾아보기로 했다.

이날 밤 10시경 수빈이 아빠가 전화를 주셨다. 오늘 수빈이가 학교 가기 전부터 기분이 좋지 않아 학교에서 잘 지냈나 걱정이 되어 혹시나 하여 전화하셨다고 한다. 한 시간 이상을 통화한 것 같다. 오늘 일어난 일을 그대로 말씀드리고, 함께 관심을 두고 지켜보자고 했다.

수빈이 아버님은 그런 일이 있고 난 뒤로 자주 전화를 주셨다. 수빈이가 왜 성격이 거칠어졌는지, 수빈이를 어떻게 지도해야 할지 등에 관해 많은 의견을 교환했다. 자세한 이야기를 들으니 수빈이가 사랑이 그리워 아이들과 담임인 나에게 돌격적이고 거친 말을 사용한다는 것을 알 수 있었다.

이후로 나는 수빈이가 친구들에게 잘해 주면 그 큰 덩치를 내 무릎에 앉혀 놓고,

"수빈아, 너 정말 잘한다. 훌륭해!" 하며 머리를 쓰다듬고 사랑

표현을 해 주었다. 그제야 여덟 살짜리답게 좋아서 방긋거린다.

그러다가도 순식간에 돌변한다. 친구나 선생님을 좋아하다가도 뭐가 자기 맘에 안 들면 수업 중에라도 소리를 지르고 아이들을 때리고 발로 차고 손에 잡히는 대로 집어던진다. 애들은 겁먹고 울고 난리다. 수업은 엉망진창, 중지. 대혼란.

퇴근하고 가방을 내려놓으면서 남편에게, "나 정말 선생 못하겠어요. 등줄기에서 힘이 다 빠져요. 우리 반에 너무 힘들게 하는 아이가 있어요."

그러다가도 또 이런 생각이 지나간다.

'수빈이가 사는 환경이 어떤지 집에 한번 가 봐야겠다.'

다음 날 수빈이에게 "집에 같이 가 봐도 되니?" 물으니 좋다고 한다. 학교에서 불과 5분 거리였다. 토요일 수업이 끝나고 퇴근길에 수빈이와 함께 집으로 갔다. 3층 단독주택의 베란다 끝 모퉁이 2층으로 올라가는 계단 밑의 반지하방이 그의 집이었다.

다섯 평도 안 되는 반지하는 간이 부엌, 조그만 화장실, 방 한 칸이 전부다. 한두 사람 지나다닐만한 공간이다. 방에는 작은 책상과 아빠와 둘이 눕는 아담한 침대 하나뿐이다. 냉장고를 여니 텅 비어 있다. '아니, 이럴 수가!' 하는 순간에 나도 모르게 눈시울이 뜨거워진다.

수빈이 아빠는 아침 여덟 시에 출근하고 같은 시간에 수빈이는 등교한다. 수빈이는 아빠가 오시는 저녁 여섯 시까지 이 학원 저 학원에서 시간을 보낸다. 수빈이는 틈만 나면 아빠한테 전화한다. 아빠는 교육청에서 근무하시는 인테리이시다. 웬만한 어머니보다도 자녀 사랑이 더 대단하시다. 학교 근처에 볼일이 있으면 꼭 학교에 들르셔서 담임에게 빵 등을 간식으로 사다 주시고 부리나케 가신다. 남자분이 그렇게 하기 힘들다.

수빈이가 좀 더 밝은 생활을 할 수 있지 않을까 하는 생각에 학부모선도위원회 회의 때에 어머님들께서 혹시 소외되고 외로운 어린이를 돌보고 싶으신 분 있으시면 말씀해 주시라고 하니까 한 분이 뜻을 같이하셨다.

토요일 오후마다 그분 집으로 수빈이를 데려가기로 했다. 그 집에는 네 살 위인 5학년 형이 있다. '형과 같이 지내면서 형제간의 우애 같은 것도 느끼며 좀 더 안정된 생활을 할 수 있지 않을까' 하는 생각이 있었다. 수빈이 아버지도 이를 좋게 여기시고 동의해 주셨다.

수업이 끝나고 수빈이가 달리 갈 데가 없으면 나는 수빈이를 교실에 남겨 놓고 피자를 사 주거나 이야기를 들어 주다가 아빠가 오실 때쯤 집으로 보내기도 했다. 주변의 관심과 사랑으로 수빈이는 거친 행동과 욕설이 차츰 줄어들었다.

여름방학이 다가왔다. 수빈이 아버지가 말씀하시는데 안산으로 이사 가게 될지 모른단다. 처음에 힘들게 할 때는 솔직히 아이가 빨리 다른 데로 전학 가기를 바랐는데, 어쩌면 이제 못 볼 수도 있다고 하니까 무척 섭섭해진다.

수빈이네는 10월 초 안산으로 터를 옮겼다.

다음 해 12월.

수업 중에 전화가 걸려 왔다. 소리가 잘 들리지 않았지만, 전화기 너머로 수빈이를 아느냐고 묻는 말이 어렴풋 들렸다. 가슴이 철렁했다.

'뭐가 잘못됐나!'

왜 그러시느냐고 물으니, 수빈이 아버지께서 교육부에서 응모하는 수기에 나를 주인공으로 썼단다. 보통 담임을 하면 힘들게 하는 아동들에게는 으레 더 관심과 신경을 쓰는 것인데 주인공이라니 부끄러울 따름이다.

전학 간 수빈이는 스승의 날이 되면 꼭 찾아뵙겠다고 했다. 그리고 정말 찾아왔다. 밝고 쾌활한 수빈이를 보니 무척 반갑다. 그런데 난리다. 수빈이는 좋아서 그런지 아파트 현관에서 수박을 한 손으로 들고 뛰다가 박살을 냈다. 집으로 들어와서는 좋다고 덤벙거리다 음료수를 엎고 유리컵까지 깨고 난리다.

한 해가 가고 다시 한 해가 지나 수빈이 아버지에게서 오랜만에 전화가 왔다. 수빈이 안부를 물으니 반에서 성적도 2등을 하며 잘 자라고 있다고 하신다. 이렇게 되기까지 아빠의 헌신적인 노력이 많으셨다.

'수빈아, 지금 네 곁에 없지만 항상 너를 위해 기도하고 있단다. 바르게 자라 이웃에 꼭 필요하고 세상에 있어야만 할 사람이 되라고.'

시간이 흘러 이 글을 쓰는 지금, 수빈이는 늠름한 장교로 이 땅에 봉사하고 있다고 한다.

아래는 수빈이 아버지가 응모하여 수상한 글이다. 사전에 양해를 받았다.

절망 속에서 희망을 선물해 준 선생님

가정의 시련

2001년 봄 우리 가정은 호된 시련을 맞이했다. 단란하고 아름답던 가정이 남들이 말하는 결손가정이 된 것이다. 성실하게 살아오던 아내가 이상한 종교에 빠져서 가정을 돌보지 않았다.

직장 일로 가사에 많은 신경을 쓰지 못했지만, 나름대로 단란한 가정을 가꾸고 있었기에 쉽게 가정이 파괴되리라고는 상상도 못했다. 결국 아내는 사랑하는 아들을 남긴 채 가정의 재산 대부분을 매각하여 다른 지역으로 이주해 버렸다.

졸지에 아이와 단둘이 남게 된 나는 민형사상 소송을 포기하고 여섯 살인 아이를 데리고 살고 있던 안산을 떠나, 아이를 돌봐 줄 수 있는 친척이 살고 있던 부천 소사동의 조그마한 단칸방에 둘만의 보금자리를 틀었다.

아이는 엄마가 떠나자 심히 불안해했고 정서적으로 힘들어했다. 나는 직장에서나 사회에서 결손가정이라고 알려지는 것이 무척 괴로웠고, 아이를 혼자 키우는 상황에서 밀려드는 직장 일로 심각한 우울증과 건강 악화에 시달렸다. 그중에서도 가장 큰 문제는 역시 아이 양육이다.

아이가 정서적으로 어려움을 극복하고 안정을 찾기를 바랐으나 쉬운 일이 아니었다. 매일 정시에 퇴근하여 아이와 놀아 주고 최선을 다하여 돌봐 주었으나 혼자서는 여전히 한계가 있었다.

아이는 가끔씩 엄마를 찾았고, 그러면서도 엄마로 인한 상처로 여성에 대한 혐오감을 갖기 시작했다. 매일 밤 12시에 아이를 재워 놓고 아이의 얼굴을 바라보고 있노라면 눈물이 주르르 흘러내렸다.

어떤 일이 있더라도, 이 어려움을 극복하고 잘 키우겠다고 아이의 손을 잡고 마음속에 다짐 또 다짐을 했다.

1년 후면 초등학교에도 가야 할 텐데, 하는 생각에 아이의 정서적 불안감과 상처를 어떻게 잡아 줄 것인가 무척 고민스러웠다. 한마디로 매일매일이 희망이 사라져 버린 불안과 고통의 연속이었다.

문제아가 된 아들

2002년 아이가 일곱 살이 되어 부천의 한 유치원에 들어갔다. 유치원에서의 생활은 극도로 불안정하고 항상 문제를 일으켰다. 특히 아이들과의 관계에서 큰 덩치와 힘을 무기로 다른 아이들을 복종시켰으며, 여아들에 대한 적대감이 강했다.

유치원 선생님은 매일 사고를 치는 아들 때문에 무척이나 힘들어했고, 늘 긴장하지 않을 수 없었다. 가끔 걸려 오는 선생님의 전화 목소리만으로도 아이의 상태가 진전되지 않음을 알 수 있었다. 행복했던 가정의 상실과 엄마의 부재가 내가 상상한 것 이상으로 아이에게 큰 영향을 주었던 같다.

덩치가 남산만 한 아이가 큰 목소리로 한번 소리를 지르면 반 전체가 흔들렸고, 다른 원아들은 우리 아들을 무서워했다.

　1년 동안의 유치원 생활은 아이를 진정으로 사랑해 주고 상처를 보듬어 주려는 노력이 부족했기에, 별다른 진전 없이 정말 문제가 많은 아이로 점점 낙인되어 갔다.

　또한 매일 걸려 오는 유치원에서의 전화는 나를 점점 실망과 근심으로 흔들리게 했다.

　'오늘은 누구를 때렸을까?'

　퇴근 시간이면 언제나 걱정이 앞섰다. 개인적으로 직장의 일이 무척 힘들었지만, 그래도 아이만 변할 수 있다면 무엇이든 하겠다는 생각으로 단 하루도 늦게 귀가해 본 적이 없었다. 모든 회식 자리와 친구나 동료와의 만남은 항상 뒤로 미루어지거나 최대한 짧은 시간 내에 끝냈다.

　그러나 이러한 노력에도 불구하고 아이의 정서와 태도에 별다른 진전이 없었다. 아빠 혼자의 힘으로는 부족한 것이 많았던 것이다. 잠자리에 들기 전 아이와 두 손을 꼭 잡고, 유치원에서 다른 아이들을 잘 돌봐 주고 상도 많이 받는 모범 어린이가 되어 달라고 부탁했다. 아이는 내 말귀를 알아듣는지 고개를 끄덕이면서 금세 잠이 들었다. 잠자는 아이의 얼굴 속에서 엄마에 의해 버림받았다는 상실감과 적개감으로 분노에 찬 슬픔을 느낄 수 있었다.

　유치원 생활 1년 동안 아이는 더욱 거칠고 정서적으로 불안한 모습으로 자라고 있었다. 초등학교를 입학해야 하는데, 이런 상황에서 얼마나 학교생활에 적응할지 걱정이 앞섰다. 나 또한 직장 일과 아이 양육이라는 커다란 짐 속에서 자신감을 상실하고 힘든 생활을 살아가고 있었다.

'누군가가 조금만이라도 우리 아이에게 관심을 가져 주고 애정으로 보살펴 준다면 얼마나 좋을까?'

수없이 되뇌이며 아이에게 이런 환경을 만들어 주었다는 죄책감으로 거친 사막 한가운데 비참하게 쓰러져 있는 듯 좌절의 깊은 늪으로 빠져들고 있었다.

2003년, 아이는 드디어 초등학교 1학년이 되었다. 부천의 외곽인 소사동에 있는 부원초등학교에 배정을 받았다. 나는 선생님이 누가 될까 무척 고민이 되었다. 보통의 부모들은 1학년 선생님은 젊고 막 교대를 졸업한 새내기 선생님이 담임이 되기를 바란다. 세상의 때가 덜 묻고 열정이 있어서 선호한다고 들었다. 나 또한 그런 기대 속에 '우리 아이 담임 선생님이 누굴까?' 무척 궁금했다.

아이가 워낙 거칠고 성격이 강하고 정서가 불안정하여, 이런 아이를 잘못 지도하면 더욱더 문제아로 낙인되기에 가장 큰 걱정은 어떤 선생님을 만나느냐는 것이다. 절대적으로 아이의 인생이 갈림길에 놓여 있었다.

희망의 등불 이영숙 선생님

드디어 입학식 날이 되었다. 우리 아이의 담임 선생님은 예상과는 달리 40대 후반의 온화한 인상의 이영숙 선생님이셨다. 한편으로는 젊은 선생님이 아니라 실망스러웠지만, 부드럽고 사랑이 담긴 미소 속에서 선생님의 인품을 엿볼 수 있었다. 큰 기대를 안고 맞이한 선생님!

그러나 그분은 우리에게 희망의 등불이 되어 주셨다. 남들이 문제아라고 말하는 아이를 서서히 그분의 교육철학과 방법으로 변화시켜주셨다. 엄마와 같은 사랑으로 안아 주고 보듬어 줄 때마다 아이는 서서히 정서적으로 안정을 되찾았고, 선생님을 무척이나 따랐다.

전교에서 유명한 아이가 되어 문제를 일으킬 때마다, 수업에 지장을 줄 정도로 심한 정서적 불안감을 드러낼 때마다, 선생님은 아이를 엄하게 대하시는 동시에 어머니와 같은 사랑으로 보듬어 주시면서 깊은 인내를 통하여 아이와 대화를 하셨다.

선생님은 부모와 함께 학교와 가정에서 노력함으로써 '변화하는 아이 만들기'를 시도해야 한다시며 거의 매일 전화상담을 하셨다. 아이의 문제로 전화를 드릴 때마다 "이 아이는 희망이 있는 우수한 아이입니다. 아버님이 포기하지 마시고 저와 함께 지도해 봅시다"하시며 선생님은 나를 격려해 주셨다. 선생님의 말씀 한마디 한마디는 지칠 대로 지친 우리 부자의 삶에 커다란 희망을 선물해 주셨다.

매일매일 아이와의 전쟁으로 지쳐 가고 있는 나에게 선생님의 이런 격려와 지도는, 피곤과 절망으로 추락하는 새에게 날개를 달아 준 것 같이 새 힘과 소망을 심어 주셨다.

문제아로 치부해 버리면 편한 삶이 되실 것을. 선생님은 우리 아이를 문제아가 아닌 '우수한 아이'라고 인식하시면서, 변화되리라는 확신을 갖고 다양한 방법들을 동원하여 아이를 지도해 나가셨다.

결손가정과 저소득층에 대한 가정 방문 - 1단계

2003년 4월 초 어느 봄날이었다. 여느 때처럼 나는 직장 일을 마치고 전철로 퇴근을 하고 있었다. 창밖으로 내다보이는 봄 풍경들이 마음을 살며시 들뜨게 했다. 누구든 만나서 회포라도 풀고 싶었지만, 학원에서 돌아온 아들 녀석의 전화에 이내 포기하고 마음을 정리한다.

전철을 내려 왁작거리는 시장을 돌아 골목길로 접어들었을 때 저 먼발치로 한 아이가 소리 지르며 뛰어오고 있었다.

"아빠! 아빠!"

우리 아들이 숨을 헐떡거리며 쥐잡듯이 조용한 골목에 큰 울림을 만들어 내고 있었다.

"아빠! 오늘 우리 선생님이 가정방문 오셨다. 집에 오셔서 밥이 있는지 없는지도 보시고, 내 책상에 앉아 보셨다. 그리고 밖으로 데리고 나가 맛있는 것도 사 주셨다."

뜻하지 않게 담임 선생님이 우리집을 방문한 것이다. 남자 둘이 사는 집이라 나뒹구는 옷가지가 널려 있고, 아침 식사 후 안 씻은 그릇이며 기타 여러 가지 방 안 풍경이 내 머리를 필름처럼 스쳐갔다.

나는 속으로 '요즘도 가정방문을 다니는 선생님이 계신가' 하고 의아해하면서, 그리고 '이왕 다니시려면 간부급 가정이나 대접을 잘 받는 가정을 방문하시지' 하는 생각과 함께, 그런 곳보다 문제가 있고 어려움이 있어서 정말 선생님의 방문이 힘이 될 수 있는 가정을 방문하시는 선생님이 교육자로서 깊은 소명 의식을 가지신 분이라는 것을 느낄 수 있었다.

그날 저녁, 우리 두 부자는 침대에 누워 이런저런 대화를 했다. 아이는 비록 어리지만, 선생님이 자신에게 큰 기대를 하고 계시다는 것을 알고 있었고, 자신이 반에서 큰 역할을 하고 있다고 자랑했다.

"근데 우리 선생님은 엄마 같아! 내가 잘못하면 혼내시다가 같이 우신다. 그리고 꼭 껴안아 주시면 엄마같이 포근해."

아이가 잠들기 전 무심결에 내놓은 한마디가 내 마음을 찡하게 만들었고, 그날 저녁 나는 밤새 감사의 마음으로 흐느껴 울 수밖에 없었다.

나중에 알고 보니 선생님은 학기 초에 결손가정이나 문제가 있는 아이들의 집을 직접 방문하시는 것이었다. 그날도 우리집 뿐아니라 몇몇 아이들의 집을 방문하셔서 가정환경을 체크해 보시고 지도계획을 세우신 것 같다.

보통 가정방문은 옛날의 흘러간 추억거리로 생각한다. 여러 여건상 교사가 과거처럼 가정을 방문하는 것은, 결손가정 및 불우가정을 중심으로 방문하는 것은 대단히 어려운 일이며 실제로 실행에 옮기는 분도 적을 것이다. 아동의 전체적인 환경을 깊이 있게 파악하시려고 가정방문을 손수 다니시며, 그에 따른 교육적 인성지도를 하시는 선생님이 아직도 계시다니 놀랍기만 했다. 그것도 대도시에서 말이다.

갑작스럽게 찾아온 가정방문!

한편으로는 집도 지저분하고 음료수 한잔 대접도 못 해드려서 죄송했지만, 마음속에서 선생님에 대한 감사와 존경이 솟구쳤다.

선생님이 힘들고 어려운 환경 속에서 자라나는 아동 하나하나에 관심을 가지시고 자신의 시간과 물질을 투자하여 헌신하시는 노고는 우리 가정 안에 조그마한 기적의 불씨를 살려 놓았다. "한 사람의 좋은 교사를 능가하는 것은 없다"라는 말이 생각나는 밤이었다.

교실 밖의 인성 교육 - 2단계 지도

이영숙 선생님은 교실 안에서만 수업을 하시는 분이 아니셨다. 어느 날인가 아들은 신이 나서 들어왔다. 선생님이 몇몇 아이들을 토요일 수업시간 후에 따로 만나 피자집에 데리고 가셨다.

나이 오십이 다 되어 가시는 선생님이 저소득층이나 결손가정의 몇몇 아이들을 데리고, 교실이 아닌 피자집에서 맛있는 음식을 사 주시면서 제2의 수업을 하고 계셨던 것이다. 아이 하나하나의 좋은 점을 칭찬해 주시고, 부족한 부분이나 고칠 점을 조목조목 알려 주셨다고 한다.

아이는 선생님의 이런 관심에 늘 기운이 넘쳐났고, 학교에서도 이전보다 더욱더 열심히 하려고 하였다.

아이의 생일날이었다. 아이의 손에는 조그만 편지와 커다란 앨범이 들려 있었다. 선생님이 생일 선물로 주신 것이라고 하였다. 그 편지의 내용은 아이를 사랑하신다는 말씀과 앞으로 멋진 사람이 될 것이라는 격려 편지였다.

아이에게는 누구보다도 선생님이 최고가 되어 가고 있었다. 교실 안에서 지도하는 것이 보통의 아이들에게는 정상적인 것이지만, 소외되고 가정환경에 문제가 있는 아이들에게는 교실 밖에서의 만남과 생활지도를 통해 관심과 사랑을 전달하는 것이 대단히 효과가 있는 것 같다.

우리 아이는 교실뿐만 아니라 생활 전체에서 선생님을 '멘토'로 좋은 인격 형성을 쌓을 수 있는 계기를 가지게 되었다.

아이는 선생님의 그런 관심과 사랑이 통했는지 조금씩 정서적 안정과 생활 태도에 변화가 일어났다. 거칠던 말이 부드럽고 좋은 언어로 순화되어 갔으며, 다른 아이와의 다툼도 현저히 줄어 가고 있었다.

이영숙 선생님은 담임 교사로서 일시적인 영향을 미친 것이 아니라, 한 가정을 다시 세우고, 평생을 좌우할 인격 형성에 지대한 영향을 주었다.

형제 결연을 통한 인성 교육 지도 - 3단계 지도

어느 날인가 선생님으로부터 전화가 걸려 왔다. 선생님은 아이가 많이 좋아지고 있다고 말씀하시며, 아들의 학교생활에서의 안정과 인격 형성을 위하여 전교 어린이 부회장인 5학년 학부모의 집과 결연을 맺는 것이 어떻겠느냐고 물으셨다.

정원이란 아이는 부원초등학교에서 성적도 우수하고 전교 어린이회 부회장의 역할을 하는 등 모범 어린이였을 뿐만 아니라, 인성도 바르고 '리더십'도 있는 아이였다. 정원이 어머님은 선생님의 안내 아래 자신이 조그마한 도움만 될 수 있다면, 우리 아이를 동생처럼 결연을 맺어 함께 놀며 공부도 같이할 수 있는 결연을 맺고 싶다는 의사를 표시했다.

선생님은 정원이란 학생이 모범생이고 배울 점이 많으므로, 우리 아이의 성격이 형을 닮아 갈 수 있도록 하자는 뜻으로 긍정적이고 적극적으로 결연을 주선하셨다. 나는 선생님의 제안이 좋은 영향을 미칠 것이라는 확신이 들었다.

한창 모방심리가 강한 저학년의 특성상 좋은 형이 있다는 것은 아이의 정서와 인격 형성에 긍정적인 역할을 할 수 있다는 판단이 들었다. 선생님의 주선으로 아들은 일주일에 두 번 정도 정원이 형의 집을 방문하였다.

선생님의 판단대로 형제 결연은 좋은 효과를 낳기 시작했다. 우리 아이는 정원이와 재미있게 공부와 놀이를 함께하면서 우애와 정을 나누었다. 정원이의 공부 모습과 생활 태도를 보고 아이는 집에 와서 많은 이야기를 하였다. 또 정원이 어머님의 따스한 마음씨도 잊지 못할 추억으로 남아 있다.

아이의 기질을 인정하고 활성화시키는 교육 – 4단계

대부분의 사람들이 보면 우리 아이는 심각한 문제아가 틀림 없다. 유치원에서나 학원에서의 생활도 마찬가지였다. 만나는 선생님들마다 힘들다고 전화가 왔다. 유난히 타고난 체질이 특별한 데다, 한참 예민한 시기인 여섯, 일곱 살에 정서적인 혼돈과 마음의 상처를 입은 것이 장작에 기름을 부은 것처럼 악영향을 미쳤다.

아이는 가정에서도 유치원에서도 학원에서도 문제아가 되어 갔고, 사촌 형제들 사이에서도 힘든 과정을 겪으며 소외되어야 했다. 진심으로 그 아이의 눈빛과 사랑을 이해할 수 있는 사람이 없었을 뿐만 아니라, 문제아로 낙인찍어 혼내기만 하여 오히려 부작용만 초래했다.

그러나 아이가 초등학생이 되어 이영숙 선생님을 만나고 나서부터 문제아나 정서장애아가 아니라, '가망성이 있는 기질이 강한 아이'로 규정하고 격려함으로써 변화가 이루어지고 있었던 것이다.

선생님은 아이가 리더십이 무척 강하고, 아이들을 끌어들이는 언변술과 매력이 있다고 말씀하시며 반에서 반장 격으로 아이들을 통솔하는 책임을 부여하기 시작했다. 처음에는 다른 학부모들 사이에서 선생님이 문제아를 반장이라 명하여 반 아이들을 책임지게 한다고 투덜거리는 이야기도 나왔다고 한다.

그러나 선생님은 우리 아이가 반의 분위기를 좌우하며, 이 아이를 잘 지도한다면 반 전체가 살아날 수 있고, 훌륭한 개인적 재능을 발휘하게 할 수 있을 것이라며 학부모들을 설득하고 끊임없는 믿음을 보내셨다. 결국 선생님의 지도대로 우리 아이는 변화하기 시작했다.

반 아이들도 초창기의 모습에서 벗어나 리더십이 있고 유머스럽게 자신들을 돌봐 주고 아껴 주는 반장 격 아이의 탄생을 눈으로 확인하면서 우리 아이를 무척 좋아하게 되었다. 선생님의 이런 노력 덕분인지 아이는 시간이 지날수록 자신의 강한 기질을 선한 쪽으로 사용하고 자신감을 회복하고 있었다.

정서적으로도 자신을 믿어 주고 사랑해 주시는 선생님이 계시다는 사실에 힘을 얻는지 놀랄 만큼 안정감을 찾아가고 있었다. 처음에는 거의 매일 다른 아이들을 때려서 반 아이들이 무서워서 피하고 선생님에게도 화를 표출하며 대들고 책상을 치는, 한마디로 무서운 아이에서, 반 전체를 통솔하며 우수한 성적을 내는 모범 어린이로 기적 같은 변화가 일어나고 있었던 것이다.

나는 이런 일을 상상하지 못했다. 초창기에 거의 매일 학교에 불려가거나 담임 선생님에게 결국 결손가정의 아동 문제점을 보여 드리겠구나 생각했다.

그러나 이런 예상과는 달리 한 아이의 미래 가능성을 믿고 마음속의 깊은 상처를 보듬으며, 보통 사람과는 다른 시각으로 아이를 보아 주고 격려해 주시는 선생님의 교육관으로 인하여 우리 아이는 어느새 리더십 있고 공부도 잘하는 모범 어린이로 변화되고 있었다. 선생님은 외지고 아무도 알아주지 않는 곳에서 새 생명의 교육을 실천하는 진정한 교육자요 참스승이었다.

2003년 4월 16일 나는 선생님을 만난 기쁨과 감격에 부천시 교육청 홈페이지의 '칭찬합시다' 코너에 '새 교사상을 여시는 이영숙 선생님'이란 제목으로 다음과 같은 글을 올렸다.

"아이를 부원초등학교에 맡기고 나서 가장 큰 발견은 요즘도 이런 훌륭하신 선생님이 계시다는 것입니다. 아이들 하나 하나에 세심한 배려를 해 주시고 친히 가정방문까지 와 주시며 아이들의 문제를 해결해 주시려고 하시는 선생님을 전 제가 살아온 삶 가운데 처음 뵈었습니다.

진심으로 교육을 통하여 바른 인성을 가르치시려고 최선을 다하시는 선생님을 뵐 때 정말 감사하다는 말씀밖에는…. 직접 아이들과 친해지시려고 아이들에게 맛있는 것까지 사 주시며 기쁨으로 양육해 주시는 분, 분명 이 시대의 새 교사상을 여시는 분이십니다."

2004년 8월 17일 나는 선생님을 찾아뵐 시간이 없어 교육청 '칭찬합시다' 코너에 다음과 같은 글을 올렸다.

"안산으로 이사 온 지 벌써 몇 개월이 지났습니다. 지금도 수빈이에 대한 선생님의 사랑과 격려가 생각납니다. 진정으로 아이를 사랑하셨던 선생님께 제대로 인사도 못 드리고 안산으로 전학을 오게 되어 늘 마음에 걸렸습니다. 지금도 1학년 4반을 담임하고 계시다고 들었습니다. 그 반 아이들은 참으로 행복할 것입니다.

늘 선생님이 긍정적인 시각으로 지도해 주신 덕에 우리 아이는 새 학교에서 모범적으로 잘 생활하고 있습니다.

선생님이 아니셨더라면 힘든 삶의 과정에서 아이와 저는 모든 것을 포기할 수도 있었지만, 선생님의 따스한 사랑과 교육관이 저희 가정에 새 희망을 던져 주셨습니다.

선생님의 사랑에 감사드리며, 늘 건강하세요."

"한 사람의 좋은 교사를 능가하는 것은 없다"

지금까지 어려서부터 많은 선생님의 지도를 받고, 직장에 근무하면서도 많은 선생님들을 보아 왔다. 초임 교사 시절의 교육에 대한 열정을 간직하면서 소명 의식을 갖고 교사직을 감당하는 것이 정말 어렵고, 실제로 그렇게 하시는 분들도 적어지고 있다.

나이 오십에 가까우신 선생님이 그렇게 맑고 순수한 마음으로 아동을 지도한다는 것 자체가 놀랍고 드문 일이다. 선생님의 열정, 사랑과 확고한 교육철학으로 완전히 새로운 아이로 만드신 점에 있어서 정말 존경스러운 분이시다.

교육 현장에서, 교단에서, 정말 이런 분이 많아질수록 교사의 교권은 말하지 않아도 세워질 것이며 저절로 고개를 숙이게 될 것이다. 스승의 날 매년 아이와 함께 선생님을 찾아뵙기로 했다. 올 스승의 날에도 어김없이 선생님을 찾아뵈었다.

아이는 선생님을 만난다는 사실에 들떴고, 선생님 또한 전학을 간 이후에도 궁금해하시며 스승의 날을 기다리신다고 했다.

올해 만남에서는 우리 가족을 집으로 초청하셨다. 집에서 손수 차와 식사를 대접해 주시면서 또 다른 추억을 만들어 주셨다.
언제나 선생님은 우리 가정의 멘토로 자리잡고 있을 것이다.

절망에서 희망을 선물해 주신 선생님!
선생님의 온화한 미소가 오늘 유달리 보고 싶다.

부천부안초등학교

부원초등학교에서도 어느새 4년이 지나 잊지 못할 추억들을 뒤로하고 떠나야 할 시간이 왔다. 이번에는 집에서나 교회에서나 모두 가까운 부안초등학교로 발령을 받았다. 5학년 2반 아이들을 맡았다. 운동회도, 수업 연구도 하는 교사로서의 일상이 다시 시작되었다.

부안초에서도 윤리부장이 맡겨졌다. 6학년 어린이 중에 성인만큼 덩치가 좋은 다섯 아이들이 어울려 다니며 다른 애들을 겁주었다. 학교 그늘진 곳에서 다른 어린이들의 돈을 빼앗고 폭력을 쓰며 못살게 구는 아이들이다. 한 달에 한 번씩 학교폭력실태 조사를 하면 늘 올라오는 주인공들이다. 그 아이들을 담임하는 선생님께 말씀을 드려서 나는 이 아이들과 수업 후 일주일에 세 번씩 따로 시간을 갖기로 했다.

학부모 상담실이 있는 휴게실에서 이 다섯 아이와 만났다. 처음에는 통닭을 사 준다고 모이자고 하고, 다음에는 피자, 만두 등 아이들이 좋아하는 것을 먹으며 서로 돌아가면서 하고 싶은 말을 해 보라고 했다. 들어 보면 대개 한부모 가정의 자녀들이었다. 집에서 충분한 사랑을 받지 못하고, 그렇다고 주변에서 누가 관심을 주는 사람도 없다 보니 또래끼리 어울리며 힘자랑을 하고 있었던 것이다.

아이들이 팔씨름을 하자고 제안한다. 당연히 내가 질 수밖에 없다. 그런데 그 모습이 애들에게는 그렇게나 재미있나 보다. 손뼉을 치며 그 큰 몸을 흔들어 가며 웃어 댄다. 점차로 친해지면서,

"내가 다니는 교회가 있는데 학교에서 가까운 곳에 있는 평안의 교회란다. 어린이 예배가 있는데 한번 나와 보지 않을래?"라고 하니, 세 명이 교회에 나오기 시작했다. 초등학교를 졸업할 때까지 교회에 잘 다녔다. 중고등부에 올라가면서는 하나둘 안 보이더니 나중에는 아예 못 보게 되었다.

지금쯤 어느 곳에 있을까? 하나님의 말씀을 들려주었으니, 살아가면서 어느 때에는 생각이 나겠지. 내가 지금 그 아이들을 기억하고 생각하듯이.

2005년.
53세가 되어 이제는 교사직을 내려놓아야겠다는 생각이 들었다. 지금까지는 아이들 가르치는 일을 해 왔고, 앞으로 해야 할 가치 있는 일은 무엇일까 헤아려 보았는데, 그것은 '주 하나님을 위해 일하는 것이 아닐까'라는 마음이 종종 들었기 때문이다. 그때마다 가족들에게 넌지시 학교 일을 그만두고 교회 봉사에 온전히 매진하고 싶다고 이야기했었다.

"30년 이상 직장생활을 하다 보니 하나님 일을 하는 것이 가장 값지다는 판단이 든다. 나도 때가 되면 직장을 그만둘 것이다."

정년까지 10년 가까이 남았는데 교직을 떠난다는 것이 간단한 결정은 아닐 것이다. 호봉도 높아져 경제적으로 안정적인 길이겠지만, 그보다는 남은 삶과 열정을 하나님 일에 쏟고 싶고, 그러기 위해서는 교직을 내려놓는 게 좋을 것이라고 생각했다.

2007년 8월 명예퇴직을 신청했다. 남편에게 퇴직 신청서를 썼다고 하니 얼굴에 수심이 드리운다. 그때 나와 남편은 부산행 열차에 타고 있었다. 옆좌석의 남편은 아무 말도 못 하고 멍하게 있거나 몸을 이리 뒤척 저리 뒤척 어찌할 줄을 모른다.

"여보, 뭘 그렇게 걱정해요."

"내가 뭘 걱정한다고 그래."

평상시 걱정도 없어 보이고 큰소리도 많이 치던 남편인데 내가 퇴직한다는 한마디에 얼굴에 근심이 가득하다니, 남편의 이런 모습은 처음이다.

"퇴직해도 굶어 죽지 않을 테니 얼굴 좀 펴요."

남편은 2001년 코리아헤럴드에서 명예퇴직을 했다. 새로운 사장이 회사를 인수해 자기 사람을 데려와 앉히는 바람에 기존 간부들 대부분이 회사를 그만두어야 했다. 그런 일을 겪은 남편은 힘들어했지만 바로 다른 언론사에 들어가 일했다. 봉급은 크게 줄었어도 일하는 것만으로 즐거워 보였다.

남편 수입이 줄며 가족과 주변은 학교에 나가는 나를 바라보고 있었다. 그런데 퇴직을 한다니 걱정이 되긴 되었을 것이다. 나는 남편에게 대응책을 잘 이야기했다. 퇴직해도 연금이 나올 테니 너무 걱정하지 않아도 된다고 말이다.

다음 해인 2008년 2월 28일 퇴직하였다.

이 소식을 들은 친구 노정숙 교감은 "너 같은 사람이 교직에 있어야 하는데 왜 그만두었느냐"라 며 기간제 교사를 주선해 주었다. 친구의 강권으로 2년 더 교사로 2009년까지 일했다. 하나님과의 약속이 달라진 것 같아 2010년에는 일체의 학교생활을 접고 교회 봉사에 나를 쏟았다.

1971년 고3 때 담임 선생님이 가정 방문을 오셔서 "무엇이 되고 싶으냐"라고 물었을 때, 외딴섬에 가서 아이들을 가르치고 싶다고 대답했었다. 이후로 정말 아이들 가르치는 일을 하게 되었다. 학교생활에 최선을 다하여 살아온 만큼 그 시간 동안 후회도 없고 자기 연민도 없다. 아이들과 재미있게 지내며 힘을 다했기에 그 아이들이 성장하여 가정과 이웃과 사회에 꼭 필요한 사람으로 살아가고 있을 것이라고 믿는다.

아이들을 새로 맡아 담임하는 3월이면 아이들과 꼭 약속을 한다. 1년의 표어를 어린이들과 나누는 것이다. "오늘 할 일을 내일로 미루지 말자", "무슨 일에든지 최선을 다하자", "책을 하루에 한 권씩 읽자" 등등.

오늘도 어김없이 학교종이 울린다.

마치는 글

2016년 1월 7일 목요일 아침.

아들이 카리브해 아이티(Haiti)로 떠나기 전 엄마 삶을 기록해 보라며 공책과 볼펜을 챙겨 주었다. 한 주가 지나고 두 주가 지나고…. 이제 얼마 뒤면 아들이 돌아오는데 그동안 무얼 썼다고 말해야 하나.

실은 오래전부터 지난 삶을 정리 기록해 보고픈 마음이 있었다. 남편과 아들이 책을 출판하며 경비가 수천만 원이 들어가고 있었다. 책을 팔아 이익금을 갖다 준다고 했으나 받아 본 적이 없었다. 대신 남편에게서 각서 한 통을 받았었다. 일천만 원을 받고 내 삶의 이야기를 대필해 주기로 한 것이다.

그 기간이 무려 10년이 넘었다. 기다려도 끝이 없을 것 같았다. 남편에게 부탁하지 않고 직접 쓰기로 했다. 서툴지만 기억나는 대로, 두서없지만 솔직하게 쓰고자 했다.

오전 내내 집 안을 왔다 갔다 하다가, 또 간장도 달여 놓고, '이제는 써야지' 하고 컴퓨터 앞에 앉는다. 틈틈이 하나님께서 마음을 허락하시는 대로 글을 쓰자고 생각만 해도 즐겁다.

"주님 감사합니다. 저에게도 글 쓰는 은혜를 주시니 얼마나 감사한지요."

순서를 어떻게 시작해야 하나 생각하는 중에 가족 구원 간증을 먼저 다루기로 했다. 영혼 구원 중 가족 구원이 가장 중요하다고 생각하기 때문이다.

처음에는 이렇게 정하고 글을 써 나갔다. 교회일과 가정일, 집안일 등등 바쁘게 지내면서 쓰기에 원고가 어느 정도 정리되는 데만도 5년이 더 걸렸다.

그렇게 쓰인 초고를 아들이 읽어 보고는 가족 구원보다 엄마의 어린 시절 내용이 먼저 나오는 게 좋겠다며 1부로 넣는 바람에 가족 구원 간증이 2부로 바뀌었다.

이때부터 책의 편집을 맡아 준 아들은 자기 세대가 부모님 세대의 생활상을 잘 모르는데 엄마의 글 속에서 세대 간 만남이 이루어진다고 했다. 내가 어려서 겪었던 평범한 일상 풍경이 아들 눈에는 '다른 나라' 처럼 새롭게 다가온다는 것이다.

다 잊어버렸다고 생각한 지난 일들이 글을 쓰면서 되살아나, 다시 그때를 느껴 보는 경험을 했다. 글 쓰던 날들이 내게도 특별한 시간이 된 것이 분명하다. 다만 두서없이 쓰다 보니 부끄러울 따름이다.

시골 대가족에서 태어나 성장하여 학교에 다니고, 교직 생활을 하고, 퇴직 후 교회 봉사에 몰두한 시간이 70년이 넘었다. 2022년 남편 정 장로와 동반으로 교회 장로직을 은퇴했다. 이제는 '남은 시간을 어떻게 보내야 하나?' 하는 물음표가 남는다.

언제가 될지 모르지만 스페인의 산티아고 순례길을 걸을 생각이다. 캄보디아 깜뽓의 송 선교사님이 사역하시는 센터에서 자원봉사 하고 싶은 마음도 있다. 한국어를 배우려는 캄보디아 사람들은 많은데 가르칠 교사가 부족하다고 하셨다. 숙소도 다 되어 있고 가르칠 장소도 마련되어 있다. 과분한 환대로 맞아 주신 인도 데마지의 페구 목사님도 기억에 남는다. 인도 오지에서 봉사하는 노년의 꿈도 꾸어 본다. 이 모든 것이, 사람이 계획할지라도 걸음을 인도하시는 분은 하나님이시기 때문에 하나님께서 허락해 주셔야만 가능한 일이다. 물론 꿈꾸어 보는 것만으로도 신나는 일이다. 앞으로 얼마만큼 시간을 허락하실지 몰라도 주 안에서 하고 싶은 일들을 맘껏 해 보고 싶다.

우리는 하나님께서 이 땅에 보내신 선한 청지기다. 세상을 떠나 하나님 앞에 나아갈 때는 믿음 하나로 간다. 세상에서 힘들게 쌓은 물질이나 소유는 모두 내려놓고 간다. 물질이란 살아 있는 동안 하나님이 기뻐하시는 곳에 선히 사용하라고 맡겨 주신 것이다. 재물이 목표가 아니라 하나님 나라를 목표로 삼아야 한다. 그런 마음으로 남은 시간을 섬김의 삶에 바치고 싶다.

어려서부터 믿음 생활을 했으나 하나님을 만난 것은 결혼하고 하나님을 간절히 사모하던 시기였다. 하나님의 음성이 들리고 은혜로 충만하던 때다. 내가 구원을 확신하고, 믿지 않는 가족의 영혼이 불쌍해 보이던 때다. 하나님 앞에 간절히 매달렸을 때 가족 구원의 역사를 이루어 주셨다.

결혼 후 남편의 부모님과 형제 3남 5녀 중 3남 4녀가 믿음 생활을 하는 역사가 일어났다. 이제 시댁의 여동생 가정 하나만 십자가를 걸면 된다.

친정은 남동생 내외와 자녀를 인도해야 한다. 아버지께서 구세군에서 일하셨기에 우리 가족은 자연히 믿음 생활을 하였다. 그 기간이 상당히 오래였으나, 안타깝게도 하나님을 만나지 못하고 종교란에 기독교로 적는 정도의 시간이었다.

군산 구세군을 떠나 고향으로 돌아가면서 신앙생활은 멀어졌다. 친정 엄마와 동생 가족은 다시 옛 생활에 젖어 들었다. 그 시간은 오늘까지 반세기 가까이 이어지고 있다.

시간이 많지 않은 것 같을지라도 때가 되면 하나님께서 남은 그루터기처럼 신앙을 회복시켜주실 것을 믿는다. 아흔이 넘은 친정 엄마는 지금도 밤이 되면 주기도문으로 기도하시고 낮에는 틈나는 대로 찬송을 하신다고 한다.

시댁에 하나, 친정에 하나. 앞으로 두 개의 십자가를 더 걸어야 한다. 예수께서 "오직 성령이 너희에게 임하시면 너희가 권능을 받고 예루살렘과 온 유대와 사마리아와 땅끝까지 이르러 내 증인이 되리라"라고 말씀하셨는데, 가장 가까이 있는 가족을 먼저 전도해야 하지 않겠는가. 이를 위해 오늘도 기도한다.

책을 쓰도록 인도해 주신 하나님과 믿음을 유산으로 남겨 주신 부모님께 감사드린다. 긴 세월 희로애락을 함께한 친정과 시댁 식구들께도 감사드린다. 돕는 배필 정우택 장로께도 감사드린다. 이구동성 사방팔방으로 뛰고 달리는 나를 말없이 지켜봐 주었다. 신앙생활을 같이할 수 있었다는 점도 감격적이다. 애경사를 함께 나눈 평안의교회 황요한 담임 목사님과 사모님, 성도님들께도 감사드린다. 부족한 글을 읽어주신 독자 여러분께도 감사드립니다.

"나는 내 사랑하는 자에게 속하였고 내 사랑하는 자는 내게 속하였으며 그가 백합화 가운데에서 그 양 떼를 먹이는도다"(아가서6:3).

"나의 사랑, 내 어여쁜 자야 일어나서 함께 가자"(아가서2:10).

2023년 5월 8일
이 영 숙

편집자의 말

1.
항상 곁에 있으니
당연하게만 알았습니다.
그러면서 몰랐습니다,
그게 얼마나 특별한 것이었는지는.
그렇게 수십 년을 보내다
문득 깨달아집니다.
늘 거기 있는 존재가
늘 거기 있을 존재가
아니란 것을,
우리 엄마들 말입니다.
그때부터 엄마의 이야기가
다르게 다가옵니다.
내 존재의 출처로서
쏙쏙 들어옵니다.

2.
이제 절을 올립니다.
책에 등장하는 모든 분께,
이 땅에서 한 장소와 한 시간을 지키어
살아주신 모든 분께,
삼가 절을 올립니다.
시골에서 전통을 보존해 주셨던 분들께는
그래서 그 이야기를
오늘 들을 수 있게 해 주신 분들께는
곱절로 큰절 올려 드립니다.
어르신들의 이야기는
엄마 아빠의 이야기는
볼수록 신비에 찹니다.
그때 거기 계셔 주셔서
감사드립니다, 영웅들이시여.
이 말씀만 드리고
이만 물러가옵니다.

1953년 엄마의 문신

초판 1쇄 2023년 5월 23일

지은이 이영숙
엮은이 정재헌
펴낸이 정재헌
펴낸곳 주의 것
출판등록 2016년 8월 31일 제2021-000185호
주소 경기도 김포시 김포한강10로133번길 107 디원시티 시그니처, 338호 (구래동)
전화 (031) 991-5578
팩스 (031) 991-5577
전자우편 yesupeople@naver.com
홈페이지 http://www.yesupeople.com

ISBN 979-11-979705-2-1 03810

저작권법에 의해 보호를 받는 저작물이므로 무단 전제와 복제를 금합니다.
잘못 만들어진 책은 구입처나 출판사에서 교환해 드립니다.
책 내용을 사용하려면 저자와 출판사에 문의 바랍니다.